国家出版基金项目
NATIONAL PUBLICATION FOUNDATION

石鸥 主编

刘斌 编著

百年中国教科书图文史

1840—1949

体育

SPM 南方传媒
全国优秀出版社
全国百佳图书出版单位
广东教育出版社
·广州·

图书在版编目（CIP）数据

百年中国教科书图文史 : 1840—1949. 体育 / 石鸥
主编；刘斌编著 . -- 广州 : 广东教育出版社，2024.
10. -- ISBN 978-7-5548-6449-4

Ⅰ. G423.3-092

中国国家版本馆CIP数据核字第2024RM9258号

百年中国教科书图文史 1840—1949 体育
BAINIAN ZHONGGUO JIAOKESHU TUWENSHI 1840—1949 TIYU

出 版 人：朱文清
丛书策划：李朝明 卞晓琰
项目负责人：林检妹 黄 倩
责任编辑：孔 婷
责任校对：肖炜曦
责任技编：杨启承
装帧设计：邓君豪
出版发行：广东教育出版社
　　　　　（广州市环市东路472号12—15楼 邮政编码：510075）
销售热线：020-87615809
网　　址：http://www.gjs.cn
邮　　箱：gjs-quality@nfcb.com.cn
发　　行：广东新华发行集团股份有限公司
印　　刷：广州市岭美文化科技有限公司
　　　　　（广州市荔湾区花地大道南海南工商贸易区A幢）
规　　格：889 mm × 1194 mm 1/16
印　　张：12.5
字　　数：250千
版　　次：2024年10月第1版
　　　　　2024年10月第1次印刷
定　　价：148.00元

如发现因印装质量问题影响阅读，请与本社联系调换（电话：020-87613102）

导　论

小课本，大启蒙，大学问，大政治。

需要构建中国特色的课本的学问——教科书学。

教科书学只能建立在多领域、多维度研究成果基础上，尤其是建立在教科书文本丰富、教科书发展史得到基本梳理、教科书理论研究成果突出、教科书使用研究取得明显进展等基础上。

很显然，教科书发展史的研究是重要维度。教科书发展史就是教师教什么、学生学什么的历史，就是教育教学内容的历史，就是一代又一代的先辈对后辈的期望的历史。这种历史的研究，要依赖过往人们的教育活动所保留下来的实物或遗存来进行。本套教科书图文史就是注重遗存的教科书实物的体现——聚焦于1840—1949年我国教科书文本实物。

—

19世纪中叶以来，中华大地风起云涌，巨大裂变在社会的各个领域发生。1862年京师同文馆的成立与大量洋务学堂的创办，标志着我国古代教育的开始退出和新式教育逐渐兴起。新式教育能否成功，很大程度上取决于能否提供适应时代的新式教科书。一代开眼看世界的知识分子行动起来，新式教科书如雨后春笋般涌现，新知识、新思想、新观念如开闸之水，轰然涌入古老的中国。中国传统的知识系统为西方以近代学科为分类标准构建起来的新知识系统所冲击，中华民族壮丽的启蒙大幕徐徐拉开，中国近现代教科书事业也走上了一条可圈可点之路。

教科书是时代的镜子。1840—1949年中国近现代教科书发展历程，折射出中国艰难曲折的变革之路、复兴之路。教科书的发展史，就是中华文明的进步史，是中国社会的变迁史，是中华民族的心灵史。

（一）西学教科书的引进时期

大约处于19世纪中至19世纪末这一时期。科举时代，没有近代意义的新式教育和新式学堂，只有启蒙教育和科举预备教育，学生初学"三百千千"，进而学"四书五经"，我们称之为"教材"，但不是现代意义上的教科书。现代意义的教科书是从19世纪后期开始，伴随着新式学堂而逐渐发展起来的。当时大量西学教科书被教会学校和洋务学堂引进，拉开了中国现代教科书发展的帷幕。这一过程表现出如下基本特征：

第一，现代教科书处于萌芽阶段。作为教科书，这些西式教材的基本要素不全，没有分年级编写，基本上还没有使用"教科书"一词，多用"读本""须知""入门""课本"等来命名。不仅"教科书"文本还未出现，即便现代意义的"科学"也没有找到恰当的名称，所以当时出现了不少类似于"格致""格物""火学""汽学""名学""计学"等教材。这些教材整体上处于前教科书阶段，或现代意义的教科书的萌芽阶段。

第二，教科书多从西学编译而来，且多出现在科学技术领域。这些西式教材主题多为洋务运动中最急迫需要的知识类型，如工兵、制造、天文、算学等，同时也适应了当时洋务学堂的教学需要。教材的编译和出版多与教会的印刷机构以及洋务运动的教育与出版机构相关，如墨海书馆、美华书局、京师同文馆、江南制造局翻译馆等。西式教材的编译者主要由中国学者和欧美传教士共同组成。

第三，教科书与一般科技类西学书籍没有明显界限，广泛流布于社会和学堂。19世纪中晚期的中国，从国外译介的西学著作和教材几乎是相同的，没有本质区别。它们既是开明知识分子了解西学的门径，也被充作教会学校和早期新式学堂的教学用书，甚至中国一些地方的书院也多以它们为教材。

（二）自编教科书的兴起与蓬勃发展时期

这一阶段起始于19世纪末南洋公学自编教科书，止于清朝终结。这是教科书的引进与自编自创结合、引进逐渐为自编自创所取代的阶段，是教科书涉及学科基本齐全的阶段，也是教科书要素日益完整的阶段。这一时期产生的教科书，我们一般称为"新式教科书"，以区别于前一阶段的以翻译为主的"西式"或"西学"教科书。有学者认为，"西学"与"新学"二词意义相仿，但新学在1894年后方见盛行。西学更重在引进之学[1]，新学则已经有国人自动、主动建设，用本国语言消化的味道了[2]。这很能够说明近代西式和新式教科书的微妙区别。这一时期的标志性事件是我国第一个近代学制的颁布，延续1300多年的科举制度的废除，以及第一套现代意义的教科书产生。这一时期教科书发展的主要特征是：

第一，学堂自编教科书不断涌现。伴随着科举制的取消，新式学堂迅猛出现，对新式教科书的需求激增，以南洋公学、上海澄衷蒙学堂、无锡三等公学堂等为代表的学堂自主编写的教科书影响大、使用范围广，逐渐打破了编译的西学教科书垄断的格局。

第二，我国最早的现代意义的教科书产生。适应1904年《奏定学堂章程》的正式实施，中国第

---

[1] 王尔敏. 中国近代思想史论[M]. 北京：社会科学文献出版社，2003：18.

[2] 孙青. 晚清之"两政"东渐及本土回应[M]. 上海：上海书店出版社，2009：12.

一套现代意义的教科书——《最新教科书》（商务印书馆1904年版）出版发行，紧接着由清学部编撰的第一套国定本教科书也开始陆续出版发行。这些教科书首先是以"教科书"命名，其次要素基本齐全，分册、分年级、分学科编写，有配套教授书发行，已经是很完整的现代意义的教科书了。[1]

第三，教科书编写主体发生变化。这一阶段的教科书作者大多是中国学人，以留日学生群体为主，部分教科书原型也来自日本教科书。以商务印书馆和文明书局等为代表的中国本土民间书坊开始加入教科书编写与出版队伍。

（三）教科书的兴盛与规范化时期

时间大致定位在中华民国成立到壬戌学制颁布及其相应的教科书编写出版使用[2]。中华民国的建立，把教科书推向了重要的发展阶段。清末到民国早期，各种思潮纷至沓来，形成了中国历史上教科书受各种新思潮、新主义影响，发展最开放、最活跃的时期之一。新教育思潮下多样化的教科书不断涌现，为民国共和思想的传播和民国教育的发展作出了重要贡献。这一阶段的主要特点有：

第一，清末旧教科书全部退出，民国新政体要求下的新教科书迅速登场。为适应1922年新学制需要，成套而完整的教科书逐渐实现对学校教学的全覆盖，零散的、单本单科的、小型出版机构的教科书逐渐被挤出学校、挤出市场，新教科书编写与出版机构以商务印书馆、中华书局以及后起的世界书局为突出代表。

第二，教科书编写主体再次发生变化。1922年新学制的出台，以适应该学制的教科书的编写出版，把留欧美学生推上了教育的前台。留欧美学生逐渐取代留日学生成为教科书的主要编撰队伍，大批崭露头角的学者参与到教科书的编写中。

第三，以白话文编写的教科书逐渐取代文言文教科书，横排教科书逐渐取代竖排教科书，教科书外在形式基本定型。从表面来看，白话文只是一种语言形式，它与教育内容的新旧无必然的关系。但白话文具有平民性和大众性，对国民文化的普及，对塑造国民全新的世界观、价值观都意义重大，可以说，白话文是传播新文化、新思想的有效载体。民初白话文的使用，使得现代教科书以摧枯拉朽之势普及。同理，没有海量的教科书，任胡适等知识分子如何呼号呐喊，白话文的普及都可能非常缓慢。

（四）多种政治制度并存下的教科书发展时期

这一阶段大致从1927年开始，一直持续到1949年。前期是教科书稳定、制度化并略显沉闷时期；中后期是教科书全面服务抗战、服务尖锐的阶级对抗的时期，是一个统整和分化并行的时期。

---

[1] 在我们看来，现代意义的教科书要符合如下基本条件：分册、分开级编写，按学科编写，有配套的教授书或教授法。
[2] 因为根据新学制编写的教科书全面投入使用总会滞后于新学制实施几年，所以此阶段约到1927年前后。

抗日战争的爆发致使中国政治格局发生新的变化，由土地革命战争时期中国共产党领导的革命根据地和国民党统治区域，到解放战争时期逐渐分割成解放区、国统区、沦陷区的不同政治气候，形成了不同政治语境下的教科书新格局。

第一，国民党的党化教育、三民主义教育在教科书中强势出现。国统区教科书的编写与出版逐渐往国定本集中，教科书逐渐进入相对平稳甚至沉闷的发展时期，日益规范化、标准化，但也少了开放的生气，少了创新的锐气，教科书发展的兴盛时期结束了。

第二，中国共产党领导的抗日根据地及解放区的教科书呈现出服务抗战、服务党的宣传的鲜明特征。它们为共产党的事业发展和壮大作出了重要贡献，为新中国教科书建设铺垫了基石。

第三，抗战时期，沦陷区教科书的奴化教育色彩浓厚，尤以伪满洲国的教科书为甚。

总体而言，抗战期间的地缘政治导致教科书分化发展，教科书的社会动员与政治宣传功能发挥到极致。

二

尼采说过：重要的不是怀念过去，而是认识到它潜在的力量。而要认识教科书的潜在力量，恰恰又需要认清楚教科书的过去或过去的教科书。这是我们编撰这套教科书图文史的初衷之一。

首先，早期教科书对于我国现代科学具有重要的启迪、导引甚至定型价值。著名学者托马斯·库恩（Thomas kuhn）认为"任何一门科学中第一个范式兴起的附带现象，就是对于教科书的依赖"[1]。中国一些学科的早期发展与定型，几乎都离不开早期教科书。比如，有研究认为张相文《初等地理教科书》和《中等本国地理教科书》的出版，标志着中国民族的新地理学的产生[2][3]。台湾学者王汎森认为，在近代中国建立新知的过程中，新教科书的编撰具有关键的作用，很多学科的第一代或前几代教科书，定义了我们后来对许多事物的看法，史学就是其中的一个[4]。傅斯年在20世纪30年代写了《闲谈历史教科书》一文，称编历史教科书"大体上等于修史"，可见其对教科书的"充分看重"[5]。

其次，早期教科书是传播新思想、新伦理的最适切的工具，是新教育得以成功的最重要的保障。在漫长的传统教育里，"三百千千""四书五经"等都是不可撼动的经典教材，但是当新学校创办、新课程实施以后，这种不分科、不分年级，不顾教与学，只重灌输的旧教材日益暴露出它的不适应性。旧教材是可以"修之于己"，但不易"传之于人"的文本。旧学堂先生大多是凭经验和

[1] 托马斯·库恩. 科学革命的结构[M]. 金吾伦，胡新和，译. 北京：北京大学出版社，2003：85.

[2] 杨吾扬. 地理学思想史纲要[M]. 开封：河南大学地理系，1984：98.

[3] 林崇德，姜璐，王德胜. 中国成人教育百科全书：地理·环境[M]. 海南：南海出版公司，1994：192.

[4] 王汎森. 执拗的低音：一些历史思考方式的反思[M]. 北京：生活·读书·新知三联书店，2014：33.

[5] 傅斯年. 傅斯年集[M]. 广州：花城出版社，2010：401.

理解来教的，学童大多是凭禀赋和努力来学的，大多的结局是"人人能读经而能经学者无几，人人能识字而能小学者无几，人人能作文而能词章学者无几"[1]。所以，在西学知识大量涌入中国、新式教科书逐渐进入新学堂的时代，理论上旧教材就已经失去了作为新学堂教材继续存在的基础。尤其是废科举、兴学堂之际，旧教材被取代已经是大势所趋。传统旧教材不敌按照现代教育学理论构建的、关注教也关注学的新教科书。当时的士人事实上已经意识到旧教材与新教科书之间的巨大差距，甚至认为，即便教旧内容，也应该用新形式。许之衡1905年就指出，经学乃孔子之教科书，今人能够完全理解者极少，这因为旧教材与今天的新教科书不同，"使易以今日教科书之体例，则六经可读，而国学永不废"[2]。这实际上等于已经承认旧教材不如新教科书效果好。张之洞更是明确表示，中学之"存"不能不靠西学之"讲"。[3]可见，现代意义的教科书闪亮登场完全是时代所需，是应运而生，而且一出现，就以摧枯拉朽之势取代了旧教材，新式教科书地位得以确立。到《最新教科书》出现时，教材的性质发生了巨大的变化，在文本意义上真正实现了教与学的统一，以"教科书"命名的现代新式教科书全面登场，完成了由纯粹的教本、读本向教学结合文本的转型。

再次，早期教科书为我国的现代化进程培养与输送了大批新式人才。到第二次鸦片战争之后，洋务派及当时的先进知识分子基本上已经认识到中国落后于西方，主要是人才的培养落后，是科学技术落后。因此，中国要改变落后挨打的局面，就必须发展新式教育，大力培养人才。而新式教育的成功，依赖于新式教科书。19世纪末20世纪初，中国历史的进程到了一个极具转折意义的时刻，新式学堂如雨后春笋般涌现，一批最不能遗忘的教科书诞生了，演绎了一幕思想大启蒙、科学大传播的历史教育剧，它们为启民智、新民德，培养大批现代社会的呐喊者和建设者，作出了重要的知识贡献和人才储备。

章开沅先生曾经为戊戌变法的失败找原因："百日维新是幸逢其时而不得其人。"[4]这是非常有道理的。不过，戊戌变法的失败也许还与新教育即开而未开，新教科书即出而未出，即将找到但还没有大规模实践传播改革思想的媒介或工具有关。在这一意义上，确实是"不得其人"。即便在士大夫精英中，有新思想、新知识者也寥寥无几，更不要说普通民众了。这个时候，任变法者颁布的维新诏令雪花般飞舞，也只能看作主观愿望，一厢情愿。社会还没有准备好，心态、舆论、思想、观念都还没有准备好迎接这场变法。所以，不管是谁，都无法完成这场不能完成的变法，它失败得如此迅速也就在情理之中了。谭嗣同曾经自责性急而导致事情不成。其实，性急也就意味着时候还不到，之所以时候不到，是因为新思想之星火还未成燎原之势，人才还没有储备到基本够用。

几年后情况变了。维新变法以后十余年，几乎是新思想、新观念如火如荼的燎原时期，其中新教育、新式教科书教材起了重要作用，它把新思想、新观念传播到千家万户，由此推动了近代中国

[1] 罗志田. 裂变中的传承：20世纪前期的中国文化与学术[M]. 北京：中华书局，2003：143.

[2] 许之衡. 读国粹学报感言[J]. 国粹学报，1905（6）：4.

[3] 罗志田. 裂变中的传承：20世纪前期的中国文化与学术[M]. 北京：中华书局，2003：143.

[4] 章开沅. 改革也需要策略[J]. 开放时代，1998（3）：12-13.

启蒙高潮的形成。严格地说，辛亥革命的成功一定程度上与当时的变革舆论的传播和革命思想的宣传有密切关系。当时初步的民主自由的思想、宪政共和的观念随着海量新式教科书铺天盖地而来。以《最新教科书》为例，1904年一经出版便势不可挡，在那毫无现代化营销渠道的时候，"未及数月，行销10余万册"[1]。1907年有传教士惊叹，商务印书馆"所编印的优良教科书，散布全国"[2]。民智为之而开，民德为之而新，武昌的枪炮声尚未完全平息，许多地方已经插上了革命的旗帜。读书声辅佐枪炮声，革命的成功乃成必然。没有教科书的普及，就不会有民众思想与观点的前期储备，就不会有辛亥革命的一呼百应。某种意义上，教科书的出现比康有为等人深邃的著作，对普通民众的影响更大。

最后，早期教科书是中国课程与教学论的重要研究领域，它对今天的教科书建设仍具有难得的参考价值。早期教科书的内容结构与形式呈现，选文的经典性与时代性、稳定性与变迁性，作业设计与活动安排等，都是今天课程教学论需要研究的，都是教科书编写值得参考的。课程教学历史不是一个个文本，可离了文本，历史难以企及。今天看来，几乎教科书的所有要素、结构与类型，都发生并完成在19世纪后期至20世纪20年代，以后只是在这些基础上的漫长提质过程。我们完全可以从今天的教科书中看到百年前教科书的样子。遗憾的是，总体上我们对这一时期的教科书研究还不够，这是一个学术开拓空间非常广阔的研究领域。教科书是一个跨学科、综合性的资料库和研究域，种类繁多的教科书，对政治、经济、文化、教育有全方位的反映和描述，是研究该时期社会思潮、观念认识、语言形态、乡风民俗、价值观、人生观等领域的鲜活而宝贵的历史材料。大部分学科可以从中获取本学科需要的早期研究史料及发展素材。这是一个没有断裂的、连续的而又变化的学科发展史的活资料库。难怪不同学科的科学史专家对现代科学引入、发展与定型的研究几乎都要盯着早期教科书。[3]

三

几乎没有教科书可以溢出教科书史的范畴，也几乎没有一个教科书文本能够挣脱教科书史的发展谱系而天然地、孤立地获得价值。教科书一定是继承的，也是创新的；一定是独立的文本，也是系列文本。站在教科书的历史延长线上，摆在我们面前可资借鉴的精神遗产既广阔又复杂。系统梳

---

[1] 王建军. 中国近代教科书发展研究[M]. 广州：广东教育出版社，1996：111.

[2] 林治平. 近代中国与基督教论文集[C]. 台北：宇宙光出版社，1981：219.

[3] 比如郭双林著《西潮激荡下的晚清地理学》（北京大学出版社2000年版）、邹振环《晚清西方地理学在中国：以1815至1911年西方地理学译著的传播与影响为中心》（上海古籍出版社2000年版）、杨丽娟《地质学在中国的传播与发展：以地质学教科书为中心（1853—1937）》（浙江古籍出版社2022年版）、张仲民等《近代中国的知识生产与文化政治：以教科书为中心》（复旦大学出版社2014年版）等，甚至本杰明·艾尔曼《中国近代科学的文化史》（上海古籍出版社2009年版）等，都把早期教科书与早期科学的发展紧密关联起来。

理其实很难，厘清它们的背景与意义更难。本套书涉及的教科书覆盖1840—1949年晚清民国中小学主要学科。而在清中晚期，学堂课程并未定型，很多学科边界也不明晰，教科书本身也未定型，诸如格致教科书、博物教科书、蒙学课本、蒙学读本等均属于这种情况，均有综合类教材的色彩。一些教科书按今天的课程命名不好归类，一些教科书更是随着课程的选取而昙花一现，这都给我们今天的梳理带来了困难。所以，有些早期教科书也许出现在不同分卷上，比如格致教科书，有可能出现在物理卷，也可能出现在化学卷、生物卷。同理，也有些早期教科书因为分类不明晰，所以各卷都可能忽视、遗漏了它。也有些教科书实在不好命名，比如早期的修身、后来的公民一段时期也出现过"党义""三民主义"等等，都和今日之课程名称不能完全对应。

教科书发展史的梳理需要依赖过去师生用过的文本，这是历史上的课堂教学活动仅存下来的几种遗存之一。本套书的一个特点就是看重教科书实物，这遵循了我们的研究原则：不见课本不动笔，不见课本慎动笔。我们很难想象离开教科书实物的教科书脉络的梳理。无文本，不研究，慎研究。就好像中国的小说史、诗歌史、电影史研究，甚至任何文本研究，离开文本，一切都是浮云。特别是教科书，它和其他任何文本不一样，因为其他文本都有独一无二的名称，独一无二的作家，一提起某某人的某某书，大家就有明确的指向性，绝不会混淆犯晕，研究者和读者可以在同一文本上展开对话。比如曹雪芹的《红楼梦》，茅盾的《子夜》。唯有教科书是名称高度雷同的文本，我们说"历史"，说"数学"，几十年上百年一直这么说，成百上千的、完全不一样的文本都是这个名称，因此让研究者和读者很难迅速在同一文本上展开对话的命名，如果不展示文本的实物图像，很容易让人云里雾里一时半会进不了主题。如何让读者明白我们是在讨论这本《历史》，而不是那本《历史》？

由此，本套书特别关注图文结合，简称"图文史"。适时展示教科书实物照片，让读者能够比较清晰地知道我们在讨论哪一种教科书。而且，以图证史、以图佐文也是我们的重要追求（沿袭了《新中国中小学教科书图文史》的风格）。南宋史学家郑樵曾在《通志·图谱略》中谈到图文结合的价值是"左图右史""索象于图，索理于书"。足见图像对学理呈现的重要性。确实，有时图像比文字包含更多的东西。英国著名史学家彼得·伯克（Peter Burke）在《作为证据的图像：十七世纪欧洲》（*Images as Evidence in Seventeenth-Century Europe*）一文中提出，图像是相当重要的历史证据，要把图像视为"遗迹"或"记录"，纳入史料范围来处理。他著有《图像证史》（北京大学出版社2008年版）一书，专门研究怎么让图像说话。在他看来，现在的学界已经出现了一个"图像学转向"（Pictorial Turn）。

本套书以时间为经，以学科为纬，以文领图，以图辅文，由语文（国语、语文）、数学（含珠算）、外语（英语、日语、法语）、科学、物理（含格致等）、化学、生物、德育（修身、公民、政治）、历史、地理（含地文学、地质学等）、音乐、体育、美术共13册组成。这套书与《新中国中小学教科书图文史》（广东教育出版社2015年版）衔接贯通，比较系统地呈现出一个多世纪以来中国近现代中小学教科书的发展历史，也算了却我们一个心愿。

这套书的编写非常艰难。一是作者的组织不易。从事教育史、学科史研究的学者相对较多，即便是学科课程史也有不少研究者，但长期研究教材史（像内蒙古师范大学的代钦教授之于数学教材史、上海师范大学的胡知凡教授之于美术教材史）的学者还是相当少的，长期研究教材史而又有暇能够参与本套书编写的人更少，能够集中一段精力主动参与本项目的研究者更是少之又少。二是虽然我们最后组织了一个小集体，但这些作者多是高校的忙人，有的还是大学的校级领导，尽管他们已经尽力了，但让他们完全静下心来如期而高质量地完成任务还是很难。三是项目进行期间遭遇三年新冠疫情，而要较好地完成这套书，需要翻阅大量教科书文本实物，疫情使得我们几乎没有办法走进首都师范大学教科书博物馆，更不要说将书中文本与实物一一对应，而有些文本的照片及其清晰度又几乎是必不可少的。这一切因素都直接影响了本套书的进展，也影响了书中一些照片的品质，加之受限于作者和主编的水平导致各卷质量多少有些不均衡，难免遗憾。还有方方面面不必一一言说的困难。说实在的，我这个主编有时候很有挫败感，也很难受。不仅我难受，有些作者也被我逼得很难受，逼得他们害怕收到我的微信，逼得他们害怕回复我的要求。对不起这些作者！感谢之余，希望得到他们的谅解。

主编难，作者难，责任编辑也很难。

难为广东教育出版社的卞晓琰、林检妹、黄倩及其团队成员了。他们要面对作者，面对主编，面对多级领导，面对一而再再而三进行的审读与检查，面对有时候模糊不清的照片和让人提不起神的文字。他们要一一解决，一一突破。他们做到了，只是多耗了一杯又一杯的猫屎咖啡，多熬了一个又一个的漫漫长夜。面对他们的执着与认真，我们还能松懈、还敢松懈吗？我们的水平不易提高，态度还是可以端正的。感谢他们！

感谢广东教育出版社社领导多年来的支持与看重。曾经有学界朋友对我说：你们的成果要是在北京的国家级出版社出版就好了！我笑笑。我以前说过：我看重认真做我们的书的人和出版社。今天我还是这么说，我依然把郑重对待一个学者的学术成果作为选择出版社最重要的标准，这就是我们选择广东教育出版社的原因。感谢他们！感谢广东教育出版社几任社领导及其具体操持者对我们作品的看重！

感谢时任教育部教材局局长、现在是我的同事的田慧生教授长期对我们的关心！感谢首都师范大学孟繁华教授对我们研究成果的支持！感谢首都师范大学教育学部、教育学院及首都师范大学教科书博物馆提供的各种帮助与便利！感谢我的同事和我们可爱的博士、硕士团队！感谢给我们直接、间接引用了其研究成果或给我们以启发的所有专家学者！感谢在心，感激在心，感恩在心。

2024年7月20日于北京学堂书斋

（石鸥，首都师范大学教育学部教授、博士生导师）

目 录

第一章

从翻译到自编：清末的中小学体育教科书（1840—1911）

1840

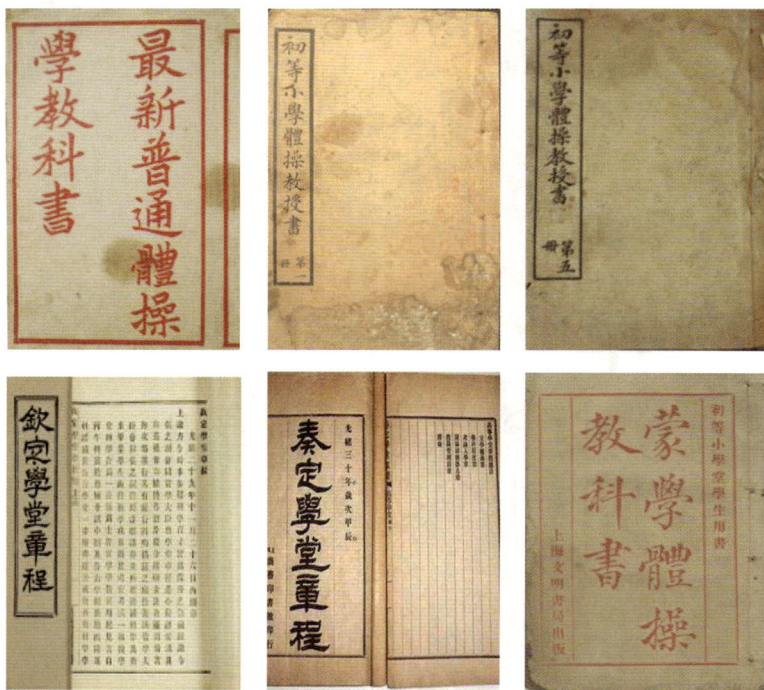

图1-1 中小学体育教科书
(1840—1911年)

　　我国拥有几千年的文化教育历史，据记载，早在商代就有了学校教育。西周时期，奴隶主贵族子弟学校的教育内容是：礼、乐、射、御、书、数，称为"六艺"。其中，射、御是军事技能的训练，含体育的性质。此外，"乐"中的舞蹈也含有体育的意义。但是，从西汉到清朝末年，长达两千余年的时间里，一般学校的教育内容是以儒家的"四书""五经"为主，偏重德育、智育，没有专门的军事训练和体育课程，教育思想重文轻武。这一时期没有专门的体育课程，体育教科书也就无从说起。唐代实行文举、武举分开的科举制度，宋代开始兴办武学，文武教育于是截然分途。到了明、清时期，采取八股取士，令学校教育更只是专注让学生埋头读书、背书、写字、做八股文章，准备应举做官。由于缺乏体育锻炼，又不从事体力劳动，一般学生身体柔弱，形成了"书生手无缚鸡之力"的知识分子形象。直到清朝末年，我国才开办近代意义的学校，并将体操课设置为必修课，中小学体育课程由此走入人们的视野。中小学体育教科书正是伴随着体育课程的出现而艰难起步，萌芽，并渐渐成形。

第一节
清末的学校教育与学校体育

十九世纪后半叶，在西方列强的侵略和武力威胁下，清政府被迫与帝国主义列强签订一系列不平等条约，割让领土，丧失主权，封建制度逐步解体，中国逐渐沦为半殖民地半封建社会。与此同时，列强的入侵也打开了中国的大门，客观上使得中国在经济、政治、文化、教育各方面出现了一些新变化。

一、清末的学校教育

十九世纪后期，以儒家思想为中心的封建文化教育已经不能为即将崩溃的封建王朝服务，这一时期，各种势力都在争夺教育这块阵地。帝国主义利用教会在中国开办学校，向中国人民灌输帝国主义的理念，妄图从根本上改造中国人。在民族危亡面前，在救亡图存的生死斗争中，一些有识之士逐渐认识到，西方资本主义社会和资产阶级文明确实有很多比当时的中国先进的地方，要救民于水火，使中国富强起来，必须向西方学习。学习西方，教育为先，因为人才是发展的重要保障。于是，他们怀着救国救民之心，开始了学习西方教育、在中国创建新式教育的艰难探索。在这个过程中，虽然遭到封建顽固势力的阻挠和反对，出现过曲折和反复，但是，中国近现代教育向前发展的总体趋势始终没有改变。由于中国是在落后挨打的情况下被动地迈出学习西方教育的脚步，西方教育是伴随着列强的军舰大炮和传教士的传教活动被介绍到中国来的；又由于中国的新式教育脱胎于封建教育的母体，作为一种历史传统，封建教育自身所存在的糟粕，凭借着因袭的习惯势力，本能地阻碍着新式教育的发展，中国在学习西方教育、建立本国新式教育的同时，又担负着反对西方列强教育侵略、反对封建旧教育的繁重任务。反帝反封建与学习西方教育、继承优秀传统文化，构成了中国近现代教育史发展过程中同时存在的矛盾的两方面。

在中国近现代教育史上，地主阶级改革派率先提出向西方学习的口号。林则徐成为中国"开眼看世界"的第一人，龚自珍亦"好西方之书"，他们深刻揭露封建教育和科举取士制度束缚人才、造成人才匮乏的本质，并热情呼唤人才改革和教育改革，主张要"不拘一格降人才"，要尊重人性，学用一致，表达了对旧教育的厌恶和对新教育的向往。魏源提出的"师夷长技以制夷"，冲破了传统思想的牢笼，从观念上开启了近代中国学习西方的先河，启迪了后来者。洋务派在"中学为体，西学为用"思想的指导下，创办了中国近代史上第一批新式学堂，派遣了最早的官费留学生，培养了中国第一批新型人才，对近代中国社会产生了重大影响。接着，以康有为、严复、谭嗣同等为代表的维新派人士通过开办学堂的形式来宣传西方的先进文化。在他们的极力倡导下，光绪皇帝发布诏令，除旧布新，在教育上采取的措施主要有：废止八股取士，改试策论，选拔"体用兼备"的人才；创办京师大学堂，同时筹设工学、商学、海军等众多专业的学堂；要求京师和各省兴办小学堂、中学堂；设立农、工、商各种学堂，特赏创办学堂的士民，并要求驻外使节鼓励华侨办学；要求学堂中要开设西方国家的课程，做到中西方文化并举；把祭祀神鬼的庙宇改办成小学堂。经过他们的不懈努力，国外很多先进的教育思想开始逐渐传入中国，中小学体育课程的设置和安排模仿西方体育课程模式，加快了我国近代中小学体育课程的发展进程。

1904年，清政府在张之洞等人的主持下颁行了《奏定学堂章程》（又称"癸卯学制"），它奠定了中国现代教育的基础，打破了儒家经典一统天下的局面，建立了统一的教育行政体系，并为结束科举制创造了条件。章程规定各级各类学校都必须开设体育课程，并根据不同学段提出不同的体育课程要求和规范。可以说，《奏定学堂章程》在一定程度上为近代中国体育课程的发展奠定了基础。

二、清末的体育教育

在清末"癸卯学制"颁布前，洋务学堂的体育课程内容主要包括近代兵操和德日体操。教会学校和基督教青年会虽然没有设置正式的体育课程，但他们极力推荐西方体育运动，并在各种场合举办这些体育活动，举办最多的体育活动有田径、球类等，这些运动后来也就成了中小学体育课的主要内容。同时，教会学校经常举办体育运动会，以此吸引大量的中国人观看和参加，并借此高调宣传西方国家的先进性。为奴化与麻醉中国青年，教会学校除设置种种灌输唯心主义、奴化思想的课程外，在教学内容上更是提倡所谓的"西洋体育"，推行以田径、球类为主的各种运动竞赛。这种情况在教会所办的中等以上学校中特别突出。如美帝国主义于1901年在皖开办的两所教会学校——安庆私立圣保罗中学和培媛女子中学，其校内教学设备都是西式的，还开辟了一大片运动场，场内设有草坪，即足球场，足球场四周有300米跑道，供田径竞赛之用。礼堂的南边是网球场，北边是篮球场，体育设施齐全。这两所教会学校的校规都极严，学生每月只能外出一次，学生除读书外，就只能在校内进行体育运动。学校的各种运动训练由校长直接负责指导，从领班学生中选出的早操队长也向校长直接负责。学校在体育方面有两个组织：一是"幼儿俱乐部"，是为十二岁以下儿童办的，负责相当于当代社会小学阶段的体育教学，活动内容包括做游戏，搞小型竞赛，或背英文诗歌、讲宗教故事等；二是"体育运动会"，参与者以青少年为主，负责开展相当于现在中学阶段的体育竞赛活动，设有田径、足球两个代表队，每年春、秋两季开展远足和运动会等活动各一次。学校经常举行比赛，校内足球队还喊出了"上打武汉，下打上海"的口号。他们曾代表安徽省参加过华中运动会，并在一些田径运动项目中展现了较高的水平。为了扩大教会学校的影响，安庆私立圣保罗中学每次开运动会都会邀请当地各校教师和学生前来观赛。

再如协和书院，在体育课程内容的设置上，除柔软体操外，还设置了墙球、棒球、足球等球类项目，同时也会定期举行足球比赛，这是我国学校体育历史中有记录的最早的现代足球比赛。华东和华南的教会学校，如圣约大学，在1890年就开展了田径运动，并且此后每年都举办校内运动会。此外，还有沪江、东吴、金陵、岭南、文华、雅礼等教会学校也都是以田径、球类等运动为主要内容，并经常在校内外举办各种比赛。当时设置体育课程的只是少部分教会学校，还有很多教会学校没有设置，只在课外训练少数选手参加比赛，争夺锦标。由于田径、球类运动具有竞技性较强的特点，易被青少年所接受，因此，帝国主义者利用这些运动项目极力灌输个人主义、"风头主义""锦标主义"等腐朽的资产阶级思想，极力传播"体育超政治""体育超阶级"等观念。尽管帝国主义者在教会学校里推广体育运动的目的并非真正为了增进学生的健康，但不可否认的是，田径、球类等近代体育项目确实是通过教会学校和基督教青年会的体育活动引进中国的。这些体育活动对于近代中小学体育课程在中国的初步发展起到了重要的推动作用。

洋务学堂是我国近代第一批新式学校，学堂首次将体操（体育）纳入学校教育，开我国学校体育发展之先河。这批学校对体育课程的安排有了粗略的规范，如，在体育课程内容安排上，以体操为主，体操作为军事操练科目，包括近代兵操和德日体操。我们可以从相关记载中了解到洋务学堂的体育课程实施状况。如《光绪政要》中记载："以升降（爬桅）娴其技艺，即以练其筋力，……文事武备，兼程并课。""学生入堂，授以英国语言，……授之枪。"其中，由张之洞创办的两湖书院在1896年8月第一次设置体育课程。每天下午学生们都会在体育老师的带领下去操场进行身体锻炼，从徒手柔软体操开始，逐渐练习到器械体操。两湖书院的学生宿舍前还设置了单杠、双杠等体操设备，以便学生能够随时练习体操。当时的两湖书院主教的体育内容是兵操，书院给每个学生派发练习兵操所需要的兵操服，其内容涵盖步操、炮操、马操三种。负责教学的是军营里的军官，步操由工程营的军官教授，炮操由炮队的军官教授，马操由马队的军官教授。从王恩溥先生的回忆文章中可以了解到当时洋务学堂体育课程的实施情况，他回忆道："当时学堂的体育课一班有三十人左右，作为正式体育课程内容的，有刺棍、平台、木棒、拳击、爬桅、单双杠运动以及兵操训练等，我们最初所学的体操是德国操，后来改为了英国操……"在体育课程的教学方法上并没有特殊的规定，以老师教、学生模仿学习为主，并且大多是模仿学习西方国家的一些运动，偶尔也会聘请西方国家的教师进行教学。这个时期的体育课程并没有明确的体育课程目标，但其教学的最终目的是培养当时的社会条件下所需要的人才，以供统治阶级巩固自己的统治地位。

第二节
以教会学校的教科书为主：清末体育教科书的萌芽（1840—1902）

我国的体育课程虽然是西方文化侵略下的产物，但是它在一定意义上也推动了中国教育的发展。随着西方文化的侵入，西方的教育模式和理念，包括学校体育以及体育课程内容的安排、教授、场地的使用等相关理论和方法得以在中国广泛传播，可以说，帝国主义列强对中国的教育侵略客观上催生了清末民初体育课程的萌芽，使体育教科书的产生成为可能。

一、教会学校的体育课程

最早设置体育课程的学校是1864年创办的山东登州文会馆的教会学校，关于该教会学校的体育课程设置，以下资料可以印证：该校由美国北长老会传教士狄考文（Calvin W. Nateer）创建，原是一所教会小学，学制三年，1873年起学校增设高等科，为中学程度，学制六年。1877年，该学校升格为书院，分列备斋、正斋两个学部，规定备斋学制三年，正斋学制六年；文会馆实行课堂化班级教学，开设了宗教、数学、物理、化学、世界历史、世界地理和体操（体育）等课程。

教会学校最先在中国东南沿海出现，并向内地辐射，影响愈来愈大。1877年，据在华基督教传教士大会报告，基督教会在中国设立的学校已达350所，学生5 975人[1]。到1889年，天主教和基督教会在中国设立的学校总数约2 000所，学生约1.7万人。[2]虽然在当时的教会学校体育课程并不普及，但其课外体育活动却开展得相当普遍。如篮球、排球运动就是由当年的基督教青年会传入我国的，这些运动在当时作为课外体育活动在教会学校广泛开展，并没有进入体育教科书。"如上海之约翰，武昌之文华，苏州之东吴，南京之金陵，开风气之先，有足球、棒球、田径运动等。"[3]在当时国人自己兴办的新式学堂中，可能是由于对西方学校开设的体操课程认识不够，大多数学堂各

[1] 王槐树. 基督教教育会及其出版事业[C]//"中央"研究院近代史研究所编辑委员会. 近代史研究所集刊：第二期. 台北："中央"研究院近代史研究所出版，1971.

[2] 李楚材. 帝国主义侵华教育史资料：教会教育[M]. 北京：教育科学出版社，1987：14.

[3] 吴蕴瑞. 三十五年来中国之体育[M]//丁致聘. 中国近七十年来教育记事：影印本. 上海：商务印书馆，1935：225-226.

自为政,各行其是,甚至有些学堂认为体操只不过是学习后的随意活动。如钟天纬于1896年3月在上海创办的上海三等公学,当时该小学堂功课章程就规定:"每晚放学,应令诸生体操,在园中或散步数百,或拍球等戏。"[1]这些学堂将体操课理解为散步或简单的拍球,体操只不过是学习后的随意活动。上海圣约翰书院创立之初,学校无体育设备,学生只有踢毽子、跳绳、放风筝等简单游戏。1894年,随着国内反对日军侵华,掀起尚武习兵的热潮,该校也开设了兵操课,每周两次,但教会学校的体育仍以课外的田径、球类等竞赛项目为主体。[2]

一方面,帝国主义企图把教会学校作为侵略中国的文化工具,另一方面,教会学校却充当了近代中西教育、体育文化交流的媒介。在中国传统文化和西方近代文化冲突交融的过程中,教会学校又成为西方先进教育和体育文化传播的载体,它不仅对中国几千年的传统文化体系造成了巨大冲击,加快了中国几千年的封建传统教育的解体,而且为近代中国体育课程的萌芽打下了坚实的基础,体育教科书随之产生。

二、晚清政府的武备学堂和体操课程

第二次鸦片战争结束后,随着西洋船械的引进,曾国藩、左宗棠、李鸿章等洋务派代表人物倡办新型军事学堂,以培养懂得近代军事技术的人才。清同治五年(1866年),闽浙总督左宗棠在福建船政局创设第一所培养近代海军人才的学堂——福建船政学堂。1874年,江南机器制造总局创办操炮学堂。直隶总督兼北洋大臣李鸿章则于清光绪六年(1880年)奏请创办天津水师学堂,1885年创办北洋武备学堂。1895年以前,清政府共创办各类军事学堂19所,其中海军学堂12所。中日甲午战争后,清政府又创办了一些军事学堂。自1896至1903年,全国共创办各类军事学堂40所。1904年9月12日,清政府练兵处会同兵部奏定《陆军学堂办法》20条,规定全国军事学堂共分四级:陆军小学堂、陆军中学堂、陆军兵官学堂和陆军大学堂。各省相继设立了30所陆军小学堂,4所陆军中学堂。为对军官进行补习教育,有些省还开办了讲武堂、速成学堂和各类专业学堂,如云南陆军讲武堂等,使晚清军事教育逐渐走上正规化道路,推动了中国军事近代化的进程。

当时,由于长期养而不用,作为清朝军事主力的八旗兵和绿营兵已变成一支没有战斗力的腐败军队。经过鸦片战争失败和太平天国运动的沉重打击,奕䜣、曾国藩、李鸿章等人意识到,要抵御外侮、镇压人民起义,必须更新军队,建立用西方武器装备和训练的军队。军事学堂开始引进西方体育课程,晚清时期,编练新军成为洋务运动的主要任务之一。建立新式军队必须要有新式的军官,于是又先后设立一批军事学校,如北洋水师学堂(1881年)、天津武备学堂(1885年)、广东水陆师学堂(1887年)、南洋水师学堂(1890年)、湖北武备学堂(1896年)等。这些军事

[1] 张天白. 我国近代出版体育教科书的早期概况[J]. 体育文史, 1990(1): 51-53.
[2] 中国体育史学会编. 中国近代体育史[M]. 北京:北京体育学院出版社, 1989: 64.

学堂聘有外国教官（先是英国、美国、法国人，后是德国、日本人）依照外国军事学校相关制度办理。军事学堂除开设一些近代军事学科外，还设有体育课程（称为体操课）。例如北洋水师学堂，"学生入学，授以英国语言，翻译文法……推步测量、驾驶诸学。虑其或失文弱，授之枪，俾习步伐；树之桅，俾习升降""以升降娴其技艺，即以练其筋力"，就是练习爬桅杆，以锻炼士兵的能力。[1]1958年时八十岁老人王恩溥先生写的这篇回忆录，是一份珍贵的体育史资料。这篇回忆录使我们了解当时北洋水师学堂已有体操课，教材内容以兵式体操为主，也包括普通体操和田径运动项目，是综合性的教材，这与有德国教员和英国教员有关。回忆录中还提到当时北洋大学举办的运动会，这是我国近代举办的最早的校际运动会。

洋务派开始在我国开办新式学堂，也开始把西方的体育引进我国，打破了两千多年来我国学校没有专门体育教育的状态。我们古代把具有体育性质的活动称为"武""戏"或"养生"，直到这时才从日本引进西方的"体操""体育"等名词。[2]洋务派开办的军事和工业学校虽然不多，但对此后学校教育的发展有重要的影响。

三、《幼学操身》——中国近代体育教科书的雏形

中日甲午战争后，中日两国在教育领域的交流趋于深入，由此对中国教科书的制度化产生了深远的影响。新政之初，任清政府出洋学生总监督的夏谐复就曾经建议："虑始之际，似可取日本现行之教科，师其用意，略为变通，颁而行之，作为底稿，然后视所当增减，随时修改，以至于宜。"[3]当时清朝政府就有将日本教科书作为我国教科书蓝本的建议，体育教科书也不例外。

清光绪十六年（1890年），由庆丕、翟汝舟译自日本的《幼学操身》一书，是我国现在已知最早出版的学校体育教材。

图1-2-1　《幼学操身》（铅印本），[英]庆丕、[清]翟汝舟编著，上海广学会出版，1890年版

---

[1] 苏竞存. 中国近代学校体育史[M]. 北京：人民教育出版社，1994：31.

[2] 苏竞存. 中国近代学校体育史[M]. 北京：人民教育出版社，1994：33.

[3] 夏谐复. 学校刍言[M]. 璩鑫圭，唐良炎编. 中国近代教育史资料汇编、学制演变. 上海：上海教育出版社，1991：183.

《幼学操身》全书共三十二图，52页，除徒手操外，还有练哑铃、单杠等练习内容。末尾附有《易筋西经图》。该书是由中外学者合编出版的教科书。从封面上看，本书为竖排版，右排为"耶稣降世一千八百九十年，英国庆丕、燕京翟汝舟合编著"；中排书名"幼学操身"；左排"大清光绪十六年岁次庚寅，上海广学会藏板"。封面主要显示该教科书的名称、作者、出版时间和出版者等信息。正文由右至左竖排版，尚未使用标点符号。[1]

《幼学操身》序言有二：

其一，编著者自序。自序字数不多，为编著者用以说明该书编写目的、内容形式及按法操练的预期效果。序言曰："纂辑《幼学操身》一书，原为便于塾童学习，特虑措辞深奥，不如用语简明，义戒幽深，言取浅近，启示幼童，不无裨益。犹以操练式样，笔难形容尽致，非有图以阐明之，恐人终不易解。故作图三十二幅，悉绘形象，俾学者昕夕参观，或可了然心目。纂修是编，详加考核，以为启蒙之用，惟愿后学按法操练，日久工熟，外则养身，内则养志。幼时肢体强壮，遇事敢为；老来血气弗衰，全无杂疾。不第终身为有用之身，且终身能受无穷之益焉。然亦赖启迪者循循善诱，详为指示者也。"[2]

其二，盛宣怀所作序言。序言曰："古者童年舞夕舞象学射御，非徒为游于艺而已。将欲历练其精神材力，使之由少而壮，日臻强固，以任重而道远。度当日设教，必有行习之方与夫程课之法，俾循循法……而经籍阙焉不详。《汉志》《手搏》《蹴鞠》诸篇，仅列技巧家，若世俗所传《易筋经》、八段锦者，徒资导引，无裨实用，且或鄙为不经而置之，至幼童柔脆，咸以劳力为大戒，积弱浸寻，精力疲耗，乃复归咎于劳心。根柢不坚，菁华易竭，良可惜也。泰西于养生之术多所改验，其俗又便捷轻利，往往游戏中寓角力之意，童而习之，白首不厌。特未有专书为初学先导者。兹庆君纂辑《幼学操身》一书，凡为图三十有二，图各有说，义取浅近，便于指授，其行习也有序，其程课也以时，彻始彻终，同条共贯，植基于蒙养，取类于修身。其嘉惠幼学，可谓勤矣。今海宇多暇，武备聿修。生徒之颖异者群萃而州处，优游乐育，多士奋兴。诚得是书以引而进之，运用熟则手足多暇，气体固而神智自生，体用兼备，有开必先。异日干城御侮之资，将于是乎？在揆诸古人设教之旨，尤有合也。余故乐为叙之。"[3]

两篇序言均对该书作了扼要介绍，劝说幼童坚持操练，因为操练对身心大有益处。特别是时任山东登莱青兵备道东海关监督的盛宣怀所作序言，对该书和作者充满信心，并不吝赞美之辞。

《幼学操身》的动作以图展示，并配备相应文字予以说明，提出基本动作要领和运作规范，操练顺序先由全身开始，再由上至下逐步分解和展开。相关文字说明全面展现了该书的内容和操练意图，反映了作者的设计构想和"工夫"的基本架构，阐述了相关操练功效和该书追求的体育目标。

---

[1] 陈晴，宋广成. 《幼学操身》的内涵解读与当代启示[J]. 体育文化导刊，2019（09）：143-147.

[2] [英]庆丕、翟汝舟编著. 幼学操身[M]. 上海：上海广学会藏板，1903：序。

[3] 同上。

表1-2-1为该书目录表，此表展示出教科书的全貌，使读者更真实、更直观地感知和感悟，让人更充分地了解作者和教材。从分解动作来看，书中图所配的文字说明十分通俗易懂，易于练习。以第一图"论全身工夫"为例，配备文字说明如下："吸足气一口，下颏向上缓出其气，如是者六次。其要法务于习练之时缓吸长气一口，而慢出之，是为至切者也。在初学每早作工只须六次，下晚再作六次可耳。因何吾谓一回只作六次耶？盖初学者以为易行，每欲贪多，竟至筋骨酸痛，反为无益。是以前七日每天早晚各作一回，每回只作六次，后七日稍增数回，再则日益加之。一月后工夫惯熟，自能无定数也。"

表 1-2-1　《幼学操身》目录表 [1]

编号	内容
第一图	论全身工夫
第二图	论肘下第一工夫、第二工夫
第三图	论肘下第三工夫
第四图	论肘上里面第一工夫
第五图	论肘上里面第二工夫
第六图	论肘上里面第三工夫
第七图	论肘上里面第四工夫
第八图	论肘上外面第一工夫
第九图	论肘上外面第二工夫
第十图	论肘上外面第三工夫
第十一图	论肘上外面第四工夫
第十二图	论肘上外面第五工夫
第十三图	论肘上外面另式工夫
第十四图	论膀肩第一工夫
第十五图	论膀肩第一工夫
第十六图	论膀肩第二工夫
第十七图	论膀肩第三工夫
第十八图	论脊背第二工夫
第十九图	论脊背第三工夫
第二十图	论腰眼工夫
第二十一图	论前胸第一工夫
第二十二图	论小腹第一工夫
第二十三图	论小腹第二工夫
第二十四图	论两腿上截前面第一工夫
第二十五图	论两腿上截前面第二工夫

[1] [英]庆丕、翟汝舟编著. 幼学操身[M]. 上海：上海广学会藏板，1903：1.

（续表）

编号	内容
第二十六图	论两腿上截前面第三工夫
第二十七图	论两腿上截后面第一工夫
第二十八图	论两腿上截后面第二工夫
第二十九图	论两腿下截前面第一工夫
第三十图	论两腿下截前面第二工夫
第三十一图	论两腿下截后面即两腿肚第一工夫
第三十二图	论两腿下截后面即两腿肚第二工夫

　　《幼学操身》作为我国近代第一部体育启蒙教科书，主要特点是消除锻炼者的顾虑，唤起人们的锻炼意识，教习简单的锻炼方法，告知人们锻炼的好处。盛宣怀在序中还特意将西式体操与中国传统的锻炼身体方法做了对比，认为过去流传下来的《易筋经》、八段锦等只是一种导引术，没有什么实用价值，而且因为被轻视而练习的人太少；但西式体操有很多内容是从人们的习俗改变而来，有通俗、便利的特点，还有很多是在游戏中蕴含力量相搏的内容，不仅幼儿喜欢练习，老人也会经常参与其中，可以说是老少皆宜。《幼学操身》系第一次在中文体育教科书中教授西式体操的锻炼方法。该书的编撰采用图文并茂的方式，正文为32幅图，动作包括了"全身、肘、膀肩、脊背、腰眼、前胸、小腹、两腿"8个部位的体操，几乎囊括了全身上下的关节活动，以便于学童各关节和肌肉都能够得到均衡锻炼，使其正常发育。但书中的动作名称由直译而来，说明当时翻译人员的人体生理结构、解剖知识还很欠缺。

　　此书尚不是学制意义上的体育教科书，加之当时很多教会学校没有开设体操课或者对体操不重视，因此《幼学操身》没有在学校得到广泛推行，但是它作为我国现有已知引进国外体育教科书的首例、我国近代体育教科书的雏形，在体育教科书历史上具有奠基的意义。

　　《幼学操身》彰显了时代特点，开幼童体操课教材编撰出版之先河，也为其后各类体育教科书的出版开启良好的开端。它对将体育课纳入我国教育体系和列入清末学制，促进体育教育正规化、制度化有积极作用与影响。该书具有以下几个方面的特点[1]：

　　第一，开创性。《幼学操身》出版于1890年，是目前发现的出版最早的一本中国近代体育教科书，其先导性、示范性是不言而喻的。吴蕴瑞在1931年编写的《三十五年来中国之体育》中把从1897年至1931年间的中国体育史分为五个时期，第一期（1897—1904）即体操输入时期；第二期（1905—1915）为日本体操盛行时期，亦即美国体育输入时期；第三期（1916—1921）为双轨制体育盛行时期；第四期（1921—1925）为体育更新时期；第五期（1926—1931）为盛倡运动时期，亦即体育之危险时期。我们仅从时间上推演，1890年编辑出版的《幼学操身》在"体操输入时期"之前，已经为清末的"体操输入"做好了教材准备，充分佐证了该书的开创性。

[1] 陈晴，宋广成. 《幼学操身》的内涵解读与当代启示[J]. 体育文化导刊，2019（09）：143-147.

第二，融合性。《幼学操身》由英国的庆丕和中国的翟汝舟共同编撰完成，体现了中西文化的融合性和早期体育教育的移植性，为其后的体育教科书的编辑出版开启了一个良好的开端。在该教科书的启发下，此后的诸多体育教科书出现了中外学者合作编著的现象，或者为直接翻译外国教科书而来。如1902年由中国无锡杨寿桐译的《国民体育学》，经上海文明书局印行；1903年由中国无锡丁锦译著的《（初等小学堂学生用书）蒙学体操教科书》《高等小学游戏法教科书》，直隶保定学武排印局石印《幼学体操法》蒙学课本，作新社出版的《普通体操法》；1905年由嵩炅编著的《绘图蒙学体操实在易》，由上海四马路望平街彪蒙书室总发行，以"实在易"为名发行的蒙学教科书有16种，总发行蒙学教科书40种；1906年由上海时中书局出版，范迪吉编译的《瑞典式体操教科书》；1907年由日本川濑元九郎和手岛义太郎原著，黄元吉译的《小学、初等体操教科书》；1907年由徐绍曾和孙掞编、上海科学书局印行、被称为"强国丛书"的《表情体操教科书》（又名《唱歌游戏》）被认为是中国近代最早的体育与军训融合的军事体育教科书，旨在于亦唱亦练中增强军事武备技能。从上述列举中不难看出，自《幼学操身》出版面世之后，中国的体育教科书大量出版发行，其间的中外体育融合迹象十分清晰，传入和移植的痕迹也十分明显。

第三，基础性。《幼学操身》之命名中强调"幼学"，并附以图形导入操练，先从全身再由上到下，顾及身体各部分，既体现针对性和全面性，又注重坚持性和坚毅性，不仅有利于身体固健，还关注心理和人格的培养。这本教科书从早期幼童操身入手，步步深入，环环相扣，能为幼儿成人成才和茁壮成长打下人生良好的身心基础，既要"历练其精神材力"，又要使幼童"少而壮，日臻强固，以任重而道远""幼时肢体强壮，遇事敢为"，至老年而"血气弗衰，全无杂疾""终身为有用之身，且终身能受无穷之益焉"。从本书可知，在当时作者就立足于重视基础性而克服急功近利，关注青少年一代的发展性和可持续性，注重固本培元，实在难能可贵。正是因为有这种遵循规律并按规律办事的态度，才能使教科书穿越时空经得起岁月和历史的检验。

第四，简捷性。体育课该怎么上？为什么学生喜欢运动却不喜欢体育课？诸如此类的问题长期困扰着体育界和体育教师。而《幼学操身》则给我们推开了一扇窗户，让我们从历史印迹和对历史的追溯中寻求启示。该教科书图文并茂，以图导文，以图示义，以图配文，让幼童和青年学生在亦玩亦乐中掌握操身技能，突出"实在易"之效果，简捷避烦琐，简单不草率，讲求实效性与有效性。

第三节
清末新式教育与体育教科书

体育教科书从无到有，逐步发展，逐渐成形，其过程最漫长，原因很复杂。它既是特定时代背景下的产物，也是我国内部和外来思想碰撞激荡的结果。

一、学堂章程与体育教科书

自鸦片战争失败后，中国社会危机日益加深，中国传统教育在外来思潮的影响下举步维艰，新式教育呼之欲出。中国近代第一个官方颁定的学制"壬寅学制"于1902年诞生，随着1904年《奏定学堂章程》的正式实施，体操也开始正式进入我国中小学课程，围绕学堂章程编写或编译的体育教科书也逐步发展起来。

（一）《钦定学堂章程》与中小学体育教科书

1902年，清政府拟订第一部近代学制——《钦定学堂章程》（即"壬寅学制"），其中包括括蒙学堂、小学堂、中学堂等多个章程，明确规定体操是各级学堂的一门科目。但《钦定学堂章程》因受西学思潮影响太深，清政府终无法容忍，所以未及施行就胎死腹中，但其作为中国第一个由国家正式颁布的近代学制，还是具有一定的历史意义的。

1-3-1

图1—3—1 《钦定学堂章程》

《钦定蒙学堂章程》对体操课安排的课时量较大，其中第一、第二学年每周有12个学时，每天都有体操课；第三、第四学年每周也有8个学时。章程对教材的内容作了大致的要求，要求第一、第二学年时步法整齐，第三、第四学年时演习体势，并对教师教学作了指导，要求教师在教学中要循循善诱，不要违背学生的生理、心理规律。

《钦定小学堂章程》中规定的体操课课时量逐渐减少，教学内容以柔体操和器械体操为主。

随着开设的课程科目增多，《钦定中学堂章程》中规定的体操课的课时量明显减少，每周体操课为2节，每年的总课时至第四年减少到28节。教学内容上，第一、第二学年为器具操，第三、第四学年为器具操和兵式体操。

从《钦定学堂章程》关于体操课程的规定看，随着年级的上升，体操课的课时量在逐渐减少，蒙学堂从第一、第二学年的每周12学时到第三、第四学年的8学时，小学堂从第一、第二学年的每周6学时到第三、第四学年的4学时；中学堂体操课周学时数为2学时。体操教材内容的难度则在逐渐增大，蒙学堂是以简单的队列练习为主的体操，寻常小学堂是以徒手操为主的柔体操，高等小学堂除柔体操外还增加了器械体操，中学堂初段以器械体操为主，后段又增加了兵式体操。

《钦定学堂章程》中关于体操的宗旨、学时数、教学内容等的规定详尽而有一定的科学性，尽管没有得到正式实施，但是它是我国近代史上最早的由国家正式颁布的体育教学大纲，初具课程标准的雏形，在我国历史上第一次以政府文件的形式把体操列为学校的正式课程，从而奠定了体育在学校课程中的地位，同时也为《奏定学堂章程》的颁行打下了坚实的基础。

（二）《奏定学堂章程》对中小学体育课程以及教材的规定

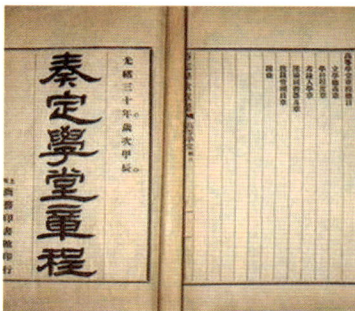

图1—3—2 《奏定学堂章程》

光绪二十九年十一月二十六日（1904年1月13日），清政府颁布了《奏定学堂章程》，也称"癸卯学制"。这是我国正式在全国实行的第一个完整的近代学校体系章程，包括各类学堂章程。"癸卯学制"对体育课程和体育教材内容也作了相应的规定。

《奏定小学堂章程》规定：从小学一年级开始就开设体操课，课时量随着年级的递增而减少，教材内容以有益之运动、游戏和普通体操为主，高等小学兼习兵士体操。

《奏定高等小学堂章程》对体操课的规定除学制为4年，各年级教学内容均为"普通体操、有益之运动、兵士体操"外，其他有关体操的规定与初等小学堂相同。当时还对教科书的出版作了规定："初等（高等）小学堂所用图书，当就官设编书局所编纂及学务大臣所审定采用，且须按学堂所在之情形选定。"

《奏定中学堂章程》中规定体操课内容以普通体操和兵式体操为主，课时量和小学比较有所下降。章程强调教师在教学中要注意学生的姿态、运动是否灵活，可以根据不同地域特点开设游泳课程。

政府还规定，各科教科书必须由国家设立的编译局组织学者来编撰，经过学务大臣审定后才允许使用。在官方设立的编译局没有出版教科书之前，允许教师按照国家所设科目选择使用难易程度相当、语言文字没有错误的教材，一旦政府出版了教科书之后就必须停止使用之前的教材。

（三）《奏定女子小学堂章程》和《奏定女子师范学堂章程》对体操课以及教材内容的规定

1907年3月8日，清廷学部颁布了《奏定女子小学堂章程》和《奏定女子师范学堂章程》，两个章程作为对"癸卯学制"的补充，规定了女子学堂以"女德"挂帅，其课程设置虽带有很重的封建传统思想，但是局部地承认了女子教育的合法地位，客观上促进了我国新式女子教育的发展。

《奏定女子小学堂章程》对体操课的规定为：课时量随着年级的增长下降，从初等小学堂的每周4节到高等小学堂的每周3节，教学内容从以游戏为主到以普通体操和游戏为主，教学中女子要以道德为先，以实用为重，适应学生的身心发展，注意男、女生的不同之处，还适当与音乐结合。

《奏定女子小学堂章程》对体操课的相关规定促进了我国女子体育的发展，也激起了对女子体育教材的需求。

"癸卯学制"主要取法于以儒学思想加现代科技为模式的日本学制，是一个较完整的学校制度体系，其将整个教育体系分成初等、中等、高等教育3个阶段，对学校系统、课程设置、学校课程都有具体的规定。《奏定学堂章程》是我国近代教育史上第一个正式颁行的全国性的法令性文献，影响深远。它正式将体操纳入各级学校课程，揭开了近代体育课程的序幕，在立法上为体育课程提供法制层面的保障，体操教科书的内容也逐步围绕课堂章程编译或编写，从此体育教科书开始走进中小学课堂。

（四）《学部奏请变通初等小学堂章程折》《学部奏变通中学堂课程分为文科、实科折》对体操课及教材的规定

1909年，清学部颁布了《学部奏请变通初等小学堂章程折》，对体操课的要求有一定的变化：初小一年级教材以能引起学生兴趣、使学生活泼的游戏为主，以队列练习等基本体操为辅；二、第三年级以游戏为主，游戏占整个教材的三分之二，体操占三分之一；四年级游戏和体操各占一半；五年级普通体操占三分之二，游戏占三分之一；最大的变化是还规定了学部编撰的《初等小学体操教授书》为当时小学使用的体育教科书。

1909年，《学部奏变通中学堂课程分为文科、实科折》将中学堂分为文科和实科，课程各分主课和通习，体操为文、实两科的通习。规定中学堂学制5年，每学年开设体操课，学科内容均为柔软体操和兵式体操，每星期2个学时。

二、清末出版的中小学体育教科书概况

《奏定学堂章程》中规定："初等小学堂教科用图书，当就官设编撰及学务大臣所审定者采用，且须按学堂所在之情形选定。"[1] "高等小学堂教科用图书，当就官设编撰及学务大臣所审定者采用，且须按学堂所在之情形选定。"[2] "凡各科课本，须用官设编译局编撰，经学务大臣奏定之本。其有自编课本者，须呈经学务大臣审定，始准通用。官设编译局未经出书之前，准由教员赞着上列科目，择程度相当而语无流弊之书暂时应用，出书之后即行停止。"[3]《奏定学堂章程》颁布后，民间自由编写中小学教科书的活动非常活跃。

表 1-3-1　清末出版的中小学体育教科书表

序号	教科书名称	相关责任者	出版单位	出版时间/年
1	幼学操身	庆丕、翟汝舟等著	墨海书局	1890
2	幼学操身图说（一卷）	庆丕辑 翟汝舟述	北洋官书局	1896
3	日本普通体操学	日本师范学校著 王肇铉译	六艺书局	1900
4	德国武备体操学	萧诵芬述	六艺书局	1900
5	体操	丁锦编	文明书局	1902
6	游戏法	董椿瑞译补	出版社不详	1902
7	国民体育学	西川政宪、杨寿桐	上海文明书局	1902
8	湖北武学：体操法	萧诵芬述 瑞乃尔译		1902
9	湖北武学普通体操摘要（即日本普通体操学）	日本师范学校著 萧诵芬述 王肇铉译		1902
10	幼学操身	庆丕、翟汝舟编著	上海广学会	1903
11	（初等小学堂学生用书）蒙学体操教科书	玄坪井道、田中盛业著、丁锦译著	上海文明书局	1903
12	高等小学游戏法教科书	山本武著、丁锦译述	文明书局	1903
13	德育与体育	久宝田贞则著 广智书局译	广智书局	1903
14	普通体操学教科书	王肇铉译	启新书局	1903
15	普通体操法	作新社译	作新社	1903

---

[1] 舒新城. 中国近代教育史资料[M]. 北京：人民教育出版社，1981：422.

[2] 舒新城. 中国近代教育史资料[M]. 北京：人民教育出版社，1981：436.

[3] 舒新城. 中国近代教育史资料[M]. 北京：人民教育出版社，1981：509-510.

（续表）

序号	教科书名称	相关责任者	出版单位	出版时间/年
16	普通体操学教科书	王肇铉译	上海文明书局	1904
17	最新初等小学体操教科书	郑宪成著	新民希记书局	1904
18	体育图说（二卷）	罗克斯著 姚受庠译	上海广学会	1904
19	订正增补普通体操法	作新社	作新社	1903
20	日本初等小学体操教科书	郑宪成	新民希记书局	1904
21	绘图蒙学体操实在易	嵩炅编著、蔡其清编译	上海彪蒙书室	1905
22	幼学体操法	图书课编撰	保定学武排印局	1906
23	两等小学体操教科书	张水声编辑	上海会文学社	1906
24	新撰小学校体操法（初小用）	李春酿译	日本留学生会馆	1906
25	瑞典式体操初步（初小用）	李春酿译	新学会	1906
26	普通体操法教科书	作新社	作新社	1906
27	初高等小学体操范本	徐傅霖	中国图书公司	1906
28	江苏师范讲义体育	江苏师范生编辑	日本并木印刷所	1906
29	小学体操范本		商务印书馆	1906
30	瑞典式体操教科书（中学用）	范迪吉译	上海时中书局	1906
31	新撰高等小学体操教科书	蔡云编译	上海文明书局	1906
32	新撰初等小学体操教科书	蔡云编译	上海文明书局	1906
33	小学校体操法	李春酿补译	上海昌明公司	1906
34	音乐体操	江苏师范生编辑	江苏宁属学务处 江苏苏属学务处	1906
35	小学体操生理教科书	邓莹诗编		1906
36	最新体操图	上海商务印书馆译	上海商务印书馆	1906
37	普通体操教科书	王肇铉译	点石斋	1906
38	体操全书	日西师意译	东亚公司	1906
39	新撰普通体操法教科书	日本体育会著 陈采南等译	科学普及社	1906
40	初等小学游戏体操教科书	陈采南等著	乐群书局编辑所	1906
41	初等小学游戏体操教科书	昭文范迪吉著	南洋官书局	1906
42	最新中学教科书兵式体操	黄元吉译	商务印书馆	1906
43	最近改正普通体操图解	李峻寰等著	商务印书馆	1906
44	女子体操教科书	百井规矩郎和译、蔡允译述	上海文明书局	1906
45	瑞典式体操初步	李春酿译	上海文明书局	1906
46	小学游戏法	徐筑严著	上海文明书局	1906

（续表）

序号	教科书名称	相关责任者	出版单位	出版时间/年
47	普通教育体操教科书	来春石泰著	新智社	1906
48	最新初等小学体操教科书	南林健行子著	震东学社	1906
49	兵式体操教科书	昭文范迪吉译	震东学社	1906
50	最新体操教范须知合编	孔武译	中国留学生会馆	1906
51	最新哑铃游戏体操法	保衡译	未著录出版单位	1906
52	瑞典式体操初步	李春酰译	学部图书馆	1906
53	初等小学体操教授书	学部编译图书局	学部编译图书局	1907
54	初等小学体操教科书	黄元吉译	上海商务印书馆	1907
55	表情体操教科书	徐昭曾、孙揿编纂	上海科学书局	1907
56	课堂运动法	徐筑岩译补	上海文明书局	1907
57	小学体操范本	徐傅霖编辑	上海中国图书公司	1907
58	女学体操	苏慕德著	广学会	1907
59	小学教育初等体操教范	赵徽麟著	集成图书公司	1907
60	行进游戏法	均益图书公司	均益图书公司	1907
61	瑞典体操法	王季良等著	南京体育丛书编辑社	1907
62	行进法详解	汤琳著	普及书局	1907
63	汉译普通体操法	体育调查会著	日本富山房	1907
64	汉译普通教室运动法	徐存黄译	日本留学生会馆	1907
65	高等小学体操教科书	黄元吉译	商务印书馆	1907
66	舞蹈游戏	王季梁等译	商务印书馆	1907
67	汉译兵式体操教范	宫井镇南等著	新智社	1907
68	学校跳舞法	如皋黄家瑞著	未著录出版处	1907
69	兵式体操	小野精一著 黄元吉译	商务印书馆	1907
70	体操教科书，兵式教练（中学及师范用）	中国图书公司编辑	上海编者刊	1908
71	最新学校游戏法	沈若谷等著	科学书局	1908
72	女子体育全书新游戏法	王雅南译	科学书局	1908
73	行进法详解	汤琳著	普及书局	1908
74	三林学堂体育教范第一编	钱公溥译		1908
75	体育原理	诸克沛译	群益书局	1908
76	高等小学体操教科书	黄元吉译	商务印书馆	1908
77	初等小学女子小学体操范本	徐付林著	中国图书公司	1908

（续表）

序号	教科书名称	相关责任者	出版单位	出版时间/年
78	女子小学体操范本（参考用）	徐付林著	中国图书公司	1908
79	表情体操教科书（唱歌游戏）	孙揆、徐绍曾	上海科学书局	1907
80	体操教科书·兵式教练	徐傅霖	中国图书公司	1908
81	初等小学体操教授书	学部编译图书局	学部编译图书局	1909
82	小学体操范本	徐傅霖编辑	中国图书公司	1909
83	唱歌游戏	王季梁、胡君复著	商务印书馆	1909
84	舞蹈游戏	王季梁、孙拨著	商务印书馆	1909
85	小学体操详解	作者不详	商务印书馆	1909
86	小学体操教科书	黄元吉译	商务印书馆	1909
87	兵式体操	黄元吉译	商务印书馆	1909
88	最新发明二分间体操	徐付林译	中国图书公司	1909
89	初等小学体操图	作者不详	科学书局	1909
90	最新学校游戏法（游戏体操）	作者不详	科学书局	1909
91	表情体操教科书（唱歌游戏）	作者不详	科学书局	1909
92	新游戏法（女子体育全书）	作者不详	科学书局	1909
93	兵式体操图	作者不详	科学书局	1909
94	游戏教科书	作者不详	会文学社	1910
95	体操释名	麦克乐译 黄稻孙校	青年会书报发行所	1910
96	体操教科书	作者不详	会文学社	1910
97	简易体操法	日本涩江保编纂	出版单位不详	年代不详

［资料来源：《中国第一次教育年鉴（戊编·教育杂录）》（开明书店1934年版）、《民国时期总书目（1911—1949）中小学教材》（书目文献出版社1995年版）］

第四节
清末主流的体育教科书：译制的中小学体育教科书

虽说最先将现代意义上的体育课程传入我国的是西方传教士，但将体育教科书引入我国的却是留日学生。"自光绪二十九年（1903）正月起，至民国十九年（1930）十一月止，当此28年中，商务聘用东西留学归国者75人，内法国毕业者2人，美国毕业者18人，日本毕业者49人，国名不详者3人"[1]。可知商务印书馆所聘工作人员中从日本留学归来的竟占一大半。此外，还有众多的留学日本的中国学生，在日本学习了兵式体操，回国后或将自己在日本学到的教给学生，或者翻译日本的教科书，为我国体育教科书的发展做出了巨大贡献。

1903年初，国内就有人提出要编制教科书，"悉以日本教科书为蓝本"，有几种方法：一是依日本教材体例编辑（如历史、地理等教科书），二是翻译日系书时加以修改（如博物之类教科书），三是全部照译（包括体操等教科书）。从对1901年至1904年出版的各类中文译本的统计中可以看到，关于"体操"的中译本有六种，一种是由德文本翻译而来，另外五种都是直接由日文本翻译而来。1902年，留日学生陆世芬等人建立了教科书译辑社，专门翻译日本中小学课本。1903年，范迪吉等人编辑了大部分的《普通百科全书》（一百册），这一年成为这一时期中国翻译日本图书数量较多的年份，达187种（册）。留日学生虽远在异国他乡，但将拳拳爱国之情牢记于心，他们力图通过促进国内学校体育制度的完善来提高国民素质，强军强民。留学日本体操学校的高等本科生李春酞编译了《瑞典式体操初步（初小用）》《新撰小学校体操法（初小用）》，留日学生陈采南（南海人）、陈天球（番禺人）于1906年左右译出了《新撰普通体操法教科书》。

从清末出版的体育教科书书目看，1902年至1911年之间出版的体育教科书有10本翻译自日本的体育教科书，占这一时期出版的体育教科书的70%以上。

[1] 徐冰. 中国近代教科书与日本[J]. 日本学刊，1998（5）：108.

[2] 蔡允. 《女子体操教科书》[M]// 罗苏文. 女性与近代中国社会，上海：上海人民出版社，1996：152-1153.

[3] 徐冰. 中国近代教科书与日本[J]. 日本学刊，1998（5）：108.

一、《湖北武学》

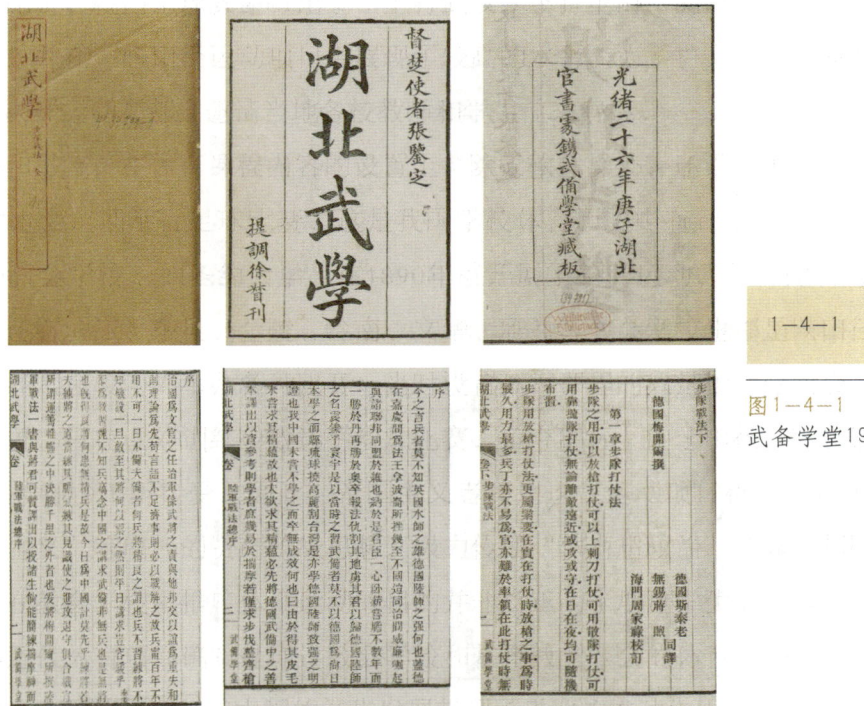

图1—4—1 《湖北武学》，
武备学堂1900年版

19世纪末，清政府令各省仿照天津武备学堂的形式添设武备学堂，1896年张之洞创办的湖北武备学堂继承并完善了武备学堂的教学方式。在此基础上，于清光绪二十六年（1900年）编译出版了军事学堂教科书《湖北武学》。

全书共六卷，是装帧二册的合订本，一册为德国兵式体操，即《德国武备体操学》，一册为日本中学校、师范学校的体操教材，称普通体操，即《日本普通体操学》。其中，德国兵式体操有五卷，由聘为教师的德国军官与我国教师共同译著。第一卷为德国瑞乃尔口译，第二卷起为德国斯泰劳口译，我国冯锡庚同译。前后五卷均由萧诵芬笔述。《德国武备体操学》是德国军事训练教材。因此，译本首页开宗明义注"德国武备原本"字样，主要内容为空手体操、运枪体操、用架体操、越险阻体操和体操要需（即体操设备与建筑）。第六卷为普通体操，系元和（今江苏苏州市）王肇铉翻译，原著为日本中学和师范学校的教材。主要内容有哑铃操、球杆体操、棍棒体操、木环体操。该书出版前后的几年，正是作为近代体育主要内容的兵式体操及普通体操被引进我国并加以推行的时期。

（一）《德国武备体操学》

《德国武备体操学》，德国武备原本，山左萧诵芬述，1900年由六艺书局出版，武备学堂印行。

这本书包括以下主要内容：

空手体操：队列操练，徒手体操（头操、臂操、上身操、腿脚操），体力训练（并脚跳、快跑法、跑步变走步等）

运枪体操：归队、站法、单手运枪、双手运枪

用架体操：横杠法（单杠），跳绳法（跳高、跳远），桥梁架法（平衡木），拔招绳法，爬杆法

越险阻体操：跳沟法、跳篱法、跳短墙法、带枪跑法、远高跳法

体操要需：体操设备的材料性能、质地与制作规范

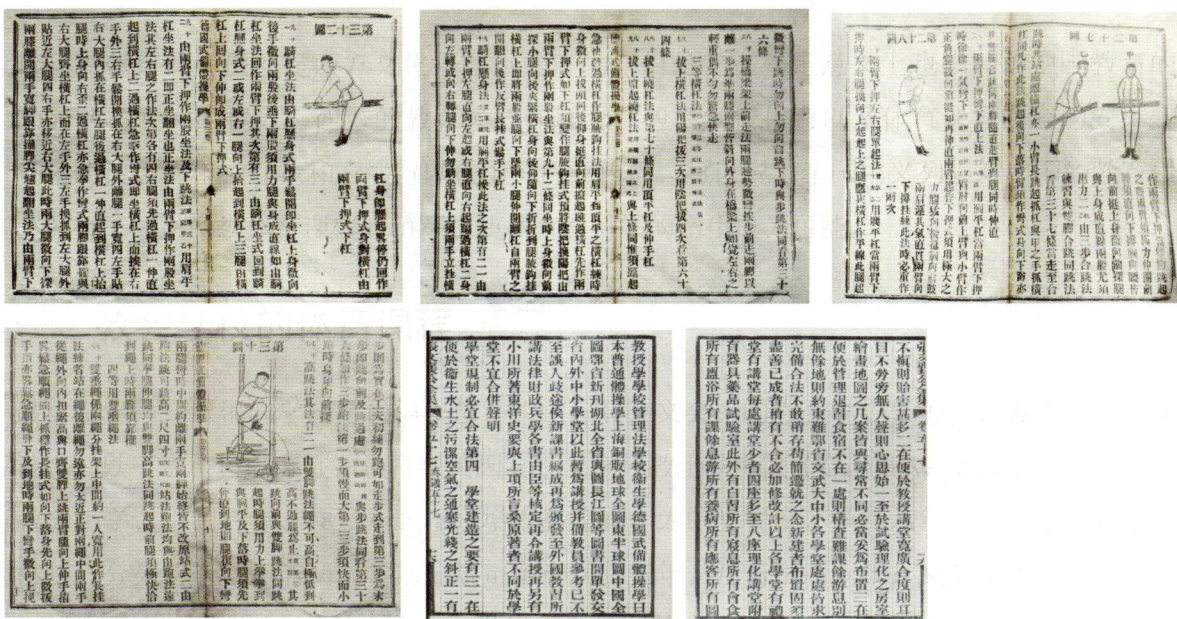

1-4-2

图1-4-2　《德国武备体操学》（德国武备原本），萧诵芬述，武备学堂印行，1900年版

　　鸦片战争后，一次次丧权辱国、割地赔款，紧紧牵动着中国人民的心，引起一次次社会和思想变动。国家和民族危机的加深，促使人民不断觉醒，认识日渐深化。为抵御外侮、救亡图存，社会上尚武思想兴起，并日益形成一股思潮，成为进步的、爱国的主流，呈现出鲜明的时代特征。这种尚武精神反映在教育上，设置体操课程就成了时代的需要、社会的风尚。这是中国历史发展的必然。到了19世纪60年代，洋务运动开始，在中国首先传播的是德国和英国的兵操，这是清末最早编练新军的训练和兴办军事学堂中的一门课程，随后陆续引入日本兵操。此时兵式体操逐渐在全国各非军事学堂中被仿效流行，如杭州求是书院即在1898年左右增设了体操课。20世纪初，留日学生受明治维新的影响，基于爱国之心提倡"军国民"和"军国民教育"。1904年日俄战争爆发，交战双

方竟在中国的东北领土上火拼，激起中国人民尤其是留日学生的震怒，军国民教育会应运而生，更促进了兵式体操的推广。

戊戌变法和义和团运动之后，清朝政府迫于形势，为维护统治，诏议兴学，于1904年公布了《奏定学堂章程》，中国政府首次正式明文规定学校开设体操课程。湖北武备学堂是张之洞任湖广总督时，于1896年设立。学生"专选文武举贡生员及文监生、文武候补候选员弁，以及官绅世家子弟，文理明通，身体强健者；考入学肄业。"[1] 其课程分学科与术科，学科称"讲堂功课"，功课为"军械学、算学、测绘、地图学、各国战史、营垒桥道制造之法、营阵攻守转运之要"[2]；术科称"操场功课"，主要有"枪队、炮队、马队、营垒工程队、行军炮台、行军铁路、行军电线、行军旱雷、演试、测量、演习、体操等等"[3]。张之洞特电请驻德大使"向德国兵部商聘精通武学之二洋员"担任教师，各科教材都"按照洋教习讲说课程译成华文华语转述指授"。由此可见，"湖北武学"应是湖北武备学堂所授课程的泛称，顾名思义是指湖北武备学堂教科书，不是说体操课程的教材。《湖北武学》的书籍封面也决非体操课程所专用，这便足以解释译本注明"德国武备原本"的原因了。德国政府指派应聘的法勒根汉和根茨二人到湖北武备学堂执教。由于洋教师不够，张之洞从江南自强军（1895年由张之洞本人倡导筹建）的德国军官中商调三人，经过法勒根汉的挑选，聘斯泰劳任教职，其余何福满、赛德尔二员派入护军营洋操队教练弁勇。另派华教习经理考选学生百二十名，并遴选津粤学堂出身、久充教习者十二名为领班。关于课程设置及教材，全由德国教师会商厘订，最后报张之洞审核裁定。故张之洞的奏折中言明"其功课章程令洋教习酌议，由臣核定"，书册封面上款刊"督楚使者张鉴定"也就明白了然。

《德国武备体操学》由空手体操、运枪体操、用架体操、越险阻体操和体操要需五卷组成。兵式体操的目的任务，在本书"体操正义"中被阐述为"体操之法入于武备书，计其利益实足为兵家之助，能除一身疲惫、弱者使壮、壮者使强。四肢百骸精力由是而日生。且身体活便而耐勤劳，并可以壮其胆，坚其心，行军遇险，堪令自信无所疑惧"。

第一卷空手体操，所涉范围较广，内容较多，属于基础训练，主要训练掌握军事技术所必需的强化体力和身体素质的基本功。空手体操"总说"（总论）中指出：此"乃学习武备者之根柢"，是达到"活动筋骨、疏通气血之义（作用）"。强调操练时"必十分用心听号令，十分用力练功夫"；要求"立则必期于正直，动则专遵夫号令"，这是一种严格的军事纪律教育和身体素质训练。无论是新兵（刚入伍的士兵）、成兵（已完成新兵训练的士兵），还是练兵（已当兵多年的老兵）都必须时常操练以求纯熟，不致生疏，然后"再教以预备枪操、杠操等法"。空手体操的训练内容，首先是集合、整队的队列操练。其次是由头操（头部运动）、臂操、上身操（腹背、体转

---

[1] 朱有瓛. 华东师大《教育科学丛书》编委会. 中国近代学制史料[M]. 上海：华东师范大学出版社，1983：545.

[2] 朱有瓛. 华东师大《教育科学丛书》编委会. 中国近代学制史料[M]. 上海：华东师范大学出版社，1983：546.

[3] 朱有瓛. 华东师大《教育科学丛书》编委会. 中国近代学制史料[M]. 上海：华东师范大学出版社，1983：546.

运动），腿脚操（四肢运动）组成的徒手体操。再次是体力训练。有并脚跳，走1~3步向前既要高又要远的"空手跳法"，以及跑步法。所谓跑步法，除了齐步跑、跑步改立定、跑步换走步的操练外，尚有100米距离的短程快速跑，称为快跑法。对于快速跑，作者认为"此种跑法遇有寒风大风尤不可迎风跑，操此必由短路不可远过一百密达（米）。先定所跑之向，使一齐开步跑，或拍手为令或摇旗为令或号令快跑。此乃赛跑之意，务使各人各尽其力，以为争先地步"。足见赛跑的含义已很明确，规则、号令、目的、要求也章法分明。兵式体操中的短跑训练固然是军事训练的需要，但也说明近代体育训练方法在演变与发展过程中已被广泛采用。但是，如果从分类的科学性衡量，翻译的"空手体操"一词，以及对于"空手体操"所述内容过于庞杂，以致含义不清，诚属不尽合理。但这第一卷完全是由德国教师瑞乃尔口译，他是专教"洋操"的。笔述者萧诵芬自然照录不误。百余年前的军事教材当然也不能完全满足当时的田径项目要求。上述现象有译的不当的因素，这恰恰是近代体育在演变发展中留下的痕迹。

第二卷运枪体操，即锻炼和提高臂力的持枪操，同属于基础训练。双手或单手持枪作臂部及手腕的练习，以达到"俾他日用枪时，提枪，托枪不至费手，出枪瞄准尤有把握"的军事技术要求。

第三卷用架体操，凡运用相应器械进行身体练习的，统归之为用架体操。早期稍后出现的器械体操的称谓，应是由用架体操演变而来。用架体操内容众多，每一个项目又按动作难易程度划分为头等、二等、三等、四等的级别。兹择要分述如下。

1. 横杠法：今日单杠的前身，按杠的高度分为腰平杠、胸平杠、肩平杠、头顶平杠、伸手杠（手臂向上伸直的高度）和跳脚杠（近似现今之高杠）六种。横杠法操练的动作，有些至今仍是单杠练习的基本技术。 今日单杠就是从当时的木质粗杠及后来的铁杠发展而来，到20世纪30年代前后还一直沿用铁杠这一名称。近代体育史上，以弗里德利希·杨为代表的"杠子运动"，创立了德国体操学派，是世界主要体操流派之一。在木制杠上进行各种花式表演的杠子功夫，在我国也有悠久历史，早已在民间广泛流传，古籍中也有记载，因而杠操一传入中国就颇为人们所熟悉而受到欢迎。

2. 跳绳法：其实即跳高和跳远，是在一副跳高架的木柱上，按一定高度横上一根绳索，所谓"用横绳架以练跳之远及跳之高也"。跳高，称高跳法。分（1）双脚跳法（并脚跳）——绳自极低到高不过膝；跑法跳（有3~5步助跑）——绳高2尺4寸（约合80厘米）或略加高，跳时要求"跑步勿太慢，身须轻快，无论用何脚先跳均可"。跳远，称远跳法。分（1）跑步跳——不用横绳，犹今之急行跳远，但无起跳板装置，可任意踏跳跃起；（2）步跳法——两脚前后站立的所谓"步站式"原地跳；（3）走步式（三步）——向前跳过一定高度的横绳，又称远高跳法。跳高和跳远比赛，中外古已有之，唯方法不同。1583年，法国N.拉宾所著《绅士的娱乐》提到，跳高作为一项体操练习。18世纪中叶，巴泽多在德国的德绍博爱学校用所谓"德绍五技"来训练学生，其中有一技就是跳跃。1793年，德国古茨姆茨在他的《青年体操》一书中，将跳高跳远列为体操的八项基本运动之一。那时跳远一般不用助跑，只是单腿或双腿的原地立定跳远。1864年，美国把跳高列为正式的田径项目，用正面助跑、双膝提至胸前屈腿跳越拉紧的绳子的方法来练习跳高。跳高的横竿是一条绳索，没有沙坑，这就是我们今天跳高姿势的渊源所能追溯到的最早的源头。我们还可从"无论用何脚先跳均可"的跳法中获知，其时已经形成和奠定了单脚起跳的跳高基本技术的动作规范；同时还提出助跑要节奏轻快，且有一定的速度要求。多少年来，跳高自体操中派生出来以后，吸引着许许多多优秀运动员为之实践和奋斗，历经多种姿势的演变与改革，发展到现在的高超水平。超越一定高度绳索的跳高和跳远，通通被归纳而翻译成"跳绳法"，又称"高跳法"和"远跳法"，殊为欠妥。但这同"空手体操"的名词以及"空手体操"的内容，或其他一些译名一样，应当用历史发展的观点去看。1896年，现代首届奥运会在希腊举行，兵式体操的相关内容于中国尚在教学和翻译之中。当时中国曾经收到国际奥委会的邀请，清朝政府接到通知后，尚不知道现代体育运动为何物，以致没有答复，也没有参加。当时翻译上的不贴切，正是长期闭关锁国所造成的。

《德国武备体操学》译本出版发行之年，正值巴黎召开现代第二届奥运会之时，立定跳高和立定跳远均被增列为竞赛项目，立定跳高第一名成绩1.65米，立定跳远3.21米。随着竞技运动的发展，奥运会竞赛项目增多，到1912年第五届奥运会时，立定跳高和立定跳远的比赛停止。

3. 桥梁架法：桥梁架类似平衡木，通常称为独木桥，是一项军事体育活动。桥梁架高与腰平，人在桥上的训练动作是向左（右）转、向后转、骑坐支撑前进、两腿交换作单腿下蹲式、桥上行走与跑步等。根据操练的需要，有时还要增加高度和增设活动的坡板如"搭船之长跳板式"，这种18世纪末19世纪初在德国青少年中开展的平衡训练，业已移植入军事训练中，并且不断流传，发展成现代平衡木运动。利用独木桥进行战地训练，至今在军队里仍然是受重视的训练科目。这种训练在条件较好的中、小学校的体育教学中也常有运用（有时用代用品）。

4. 拔招绳法：即爬绳，有双绳法和单绳法。双绳法为将两绳垂挂接架上，中间距离约一人宽。方法是正对两绳中间，两手从绳外向内扣紧。高与口齐，向上跳起时双臂随即上伸顺绳抓稳，作长挂式（直体悬垂），然后向上拔摇。[1]单绳法可以允许用脚将绳夹紧以助臂力向上拔摇。

5. 爬杆法：即攀登立杆。"其向上爬与用单绳拔摇法相似。"此外，还有攀缘直梯与坡梯等。爬绳和爬杆，在我国一向是民间游乐活动，在国内各级学校中也是比较常见的配套体育设施，开展也较普遍，尤其在中小学生课外体育活动中十分受欢迎，可见它对现代学校体育影响之深远。另外，学生在课堂上的安全事故也开始得到关注，"注意安全，预防伤害"在早期的体育运动中业已备受关注，用架体操中专门设立"免险"的章节。免险，指的是帮助与保护，指出"操练用架有免险等法，以防跌伤之虞，学者固不可忽，教者尤宜留神"，并且详述了预防及保护的注意事项和原则。如检查器械"务求坚固"，地面"是否合适"，要求教者"细心照料"，"站在前后适中之

---

[1] "拔"与"摇"的名称是当时的时代语言，今已不复使用。拔，指跳越后双手握紧绳作屈臂引体，进而轮换松开左（右）手并伸向侧面，作右（左）手静力性屈臂握绳的难度动作。摇，指双手交换攀引上升或下降。

地，勿过近，近则碍学者练，亦勿过远，远则不便于照料"。若"学者急需人助，固当急助之，如学者毋须人助而仍助之，则学者将依人矣"。这不仅考虑到在教学和训练中应该怎样给予帮助与保护，而且教学（或指导）中的心理因素也开始得到人们的重视。

第四卷越险阻体操，是一项携带军械装备超越各式路障的综合性的军事实践训练。究其名称来由，即因"行军遇沟濠、墙、砑等处皆为险阻，越其阻而不履其险，此越险阻体操之所由定义"。按照行军作战要求，在操练中"以带枪、带刀、带子药、皮盒，带作工家俱（如锹、镢、锯），带大衣、饭锅逐次递加"，直至携带全副战斗装备，能以符合军事条令的规格通过障碍。做到"极与法合为紧要"。总之，要求学员经过操练达到规定的要求，全副武装"先则每人……渐则合为小排，再则合为大排，末则统一营将官员兵"越过各种险阻。因为是军事训练，越险阻体操中的大多数内容都是战地路障的组成部分，不过有些是增添了超越的难度，有些是障碍形式的变体。如跳沟法、跳篱法、跳短墙法、带枪跑法、远高跳法等。

第五卷体操设备与建筑，当时命名为"体操要需"。这一卷详细地阐述上文所述体操设备的材料性能、质地与制作规范，以及如联合器械的装置、土工作业的挖掘、特殊障碍的编制与构筑等的建筑方法。设备装置对学员而言似乎并不陌生，有的学员甚至曾经在年少时使用过，那些后来制作上更为齐备的联合器械，也已不断做过改良了。

《德国武备体操学》具有鲜明的军事训练色彩。书中有基本的队列操练、体力训练，也有综合性军事实践训练，如表1-4-1中的运枪体操和越险阻体操。借助器械对青少年进行增强体力和培养意志的军事训练，是当时德国兵操流派的特征之一，由此可见德国兵操对我国近代学校体操发展有着深远的影响。

表 1-4-1　《德国武备体操学》内容体系表

卷名	空手体操	运枪体操	用架体操	越险阻体操	体操要需
内容	队列操练，徒手体操（头操、臂操、上身操、腿脚操），体力训练（并脚跳、快跑法、跑步变走步等）	归队、站法、单手运枪、双手运枪	横杠法（单杠），跳绳法（跳高、跳远），桥梁架法（平衡木），拔招绳法、爬杆法	跳沟法、跳篱法、跳短墙法、带枪跑法、远高跳法	体操设备的材料性能、质地与制作规范

这本书中的体操动作类型相对丰富，几乎涵盖了现代体操运动大部分类型的动作，空手体操类似现在的基本体操，包括队列、徒手体操和体力训练；器械体操对应书中的用架体操，有单杠、平衡木、篱、短墙、绳、杆等体操器械。

书中的动作内容开始呈现难度层次。以用架体操内容为例，从器械难度来看，横杠法有6种不同高度的单杠动作，跳绳有单绳和双绳之分；从动作难度来看，用架体操按动作的难易程度划分头等、二等、三等、四等的级别，例如骑撑、挺身倒悬垂及支撑侧腾越动作分别被列为二等、三等、四等级别。由此可见教科书在内容设置方面已初步体现出层次和难度梯度。

文化链接

湖北武备学堂，1896（清光绪二十二年）张之洞创建于湖北。教师聘自德国军官，学生皆选自"文武举贡生员及文监生、文武候补候选员弁，以及官绅世家子弟"。课科分学科与术科两种：学科谓之"讲堂功课"，有军械学、算学、测绘、地图学、各国战史、营垒桥道制造之法、营阵攻守转运之要；术科谓之"操场功课"，有枪队、炮队、马队、营垒工程队、行军炮台、行军铁路、行军电线、行军旱雷、演试、测量、演习、体操等等。学生除学习主科外，如逢暇日，则令诵读"四书"、披览史籍兵略，以"固中学之根底，端毕生之趋向"。

（二）《日本普通体操学》

《日本普通体操学》以手持哑铃、球杆、棍棒和木环的轻器械体操内容为主。

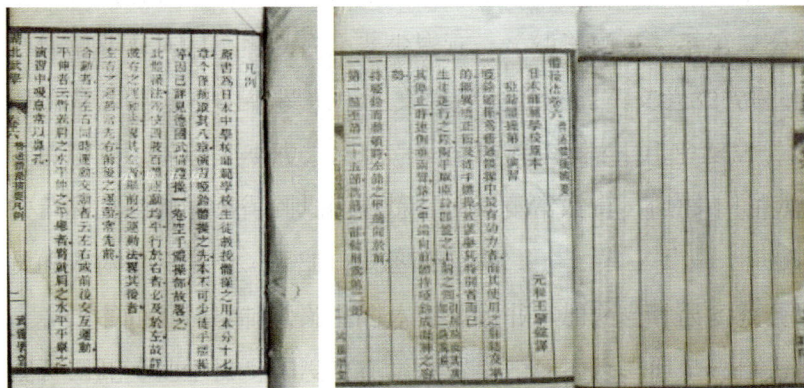

图1-4-3 《日本普通体操学》，日本师范学校著，元和王肇铉译，武备学堂印行，1900年版

按本书序言所述，"原书为日本中学校师范学校生徒教授体操之用，本分十七章，今仅摘取其八章，演习哑铃体操之先，本不可少徒手体操等，因已详见德国武备体操一卷空手体操部，故略之"，因此在体操法卷六之下注明普通体操摘要，卷首刊印"日本师范学校原本"字样。译者认为"此体操法为使四肢百体运动均平、行于右者必及于左、故详载右之运动法略其后者"。译者在作了术语、名词与呼吸等说明后，提示注意生理和年龄的差异，宜区别对待，"书中尺寸都适当于壮者，施于儿童则酌之"。

《日本普通体操学》原书中有9章未译，除了指名徒手体操外还有其他8章。本卷普通体操摘要，包括哑铃体操3章（套）、球杆体操1章（套）、棍棒体操3章（套）、木环体操1章（套）。每一项体操动作均按章次以从简到繁、由易到难的顺序编排，所占篇幅相当于《湖北武学》全书的一半。各套练习均有动作说明、要领分析和练习用的节拍呼唱，如四四呼唱或二八呼唱等，并附图解。译者强调哑铃体操的健身作用，认为"哑铃体操为普通体操中最有效力者"，"无异矫正术及徒手体操，故仅举其特别者而已"。

上述4种体操项目中，球杆体操和木环体操今已绝迹，以往虽有过名称，也曾偶然听到体育界前辈的描述，但总不可名状，无法形象地理解其样式及活动方法。见了球杆和木环图谱的形象状物，读了操练方法、动作要领，始弄清楚近代体育史上这两个曾经流行全国的体育运动项目。哑铃体操和棍棒体操至今依然盛行不衰。质量不等的哑铃不仅有效地促进了力量素质和健美运动训练，而且成为许多运动项目辅助练习的主要器械之一。棍棒器材在艺术体操领域另辟蹊径，作出了新贡献。

《奏定学堂章程》是由中国政府颁布的仿照日本的第一个新学制，它规定中学以上学校以兵式体操为主，其目的在于"各学堂一体练习兵式体操以肄武事"。遵照章程，高等学堂第1、2、3类学科都习普通体操和兵式体操，每周3学时（第2类学科第3年为每周2学时）。高等小学堂体操科每周3学时，习普通体操、有益之运动、兵式操。按中学堂章程与师范学堂章程"学科程度章第二"的"各学科分科教法"，"中学堂以上体操宜讲实用。其普通体操先教准备法，矫正术、徒手哑铃等体操，再进则教以球杆、棍棒等体操。其兵式体操，先教单人教练、柔软体操、小队教练及器械体操，再进则更教中队教练，枪剑术，野外演习及兵学大意。……凡教体操者务使规律肃静，体势整齐，意气充实，运动灵活，并可视地方之情形，若系水乡，并应使练习水泳"[1]。对教师来说，则要兼学体操教学法，即谓"为师范者教体操之次序法则"。

《奏定学堂章程》通令全国实施起，译自日本的普通体操除木环体操外，哑铃、球杆、棍棒等体操均被纳入体操课程。德国兵式体操则被日本国内推行的单人教练、小队教练和中队教练的兵式体操所取代，从而日本兵式体操独揽了中国学校体操课。直到1923年北洋政府新学制课程标准起草委员会公布《中小学课程纲要》（草案），各学校从体育课中一律剔除兵操时为止，日本兵式体操占据中国学校体育课整整20年，如以兵式体操从洋务运动开始引进论之，则日本兵式体操在中国足足长达半个世纪才开始逐渐走向衰落和消亡。

兵式体操和普通体操在中国近代体育的引进和发展中，有着十分重要的历史地位和作用。《湖北武学》一书的发现和保存，为中国近代体育的引进和开展提供了珍贵的历史实物资料。1904年颁布的新学制清楚地显示了处于法定地位而在中国学校广为推行的是日本兵式体操和普通体操。

由于国家和民族危机的加深，各派政治力量都企图振奋民族精神，提高中国人民身体素质，以"速拔文弱之恶根，一雪不武之积耻"（梁启超《论尚武》）。觉悟了的先进中国人竭力鼓吹提倡，群起习练。在资产阶级民主革命思想传播期间，尚武思潮的高涨影响到当时的世风民俗，习练兵操一度作为救亡图强的重要手段而引人瞩目。

然而，早年流行于我国的德国兵式体操毕竟时隔久远，对它的内容、形式和方法因一时尚无文字记载发现，长期以来我们对德国兵式体操只知其名词而不见其内容。斯泰劳和瑞乃尔原是江南自强军中的军事教官，由他两口译的兵操内容，毫无疑问属于自强军中推行的操练教材。《湖北武

[1] 王华倬. 中国近现代体育课程史论[M]. 北京：高等教育出版社，2004：49.

学》在浙江的发现，对我国近代体育史上兵式体操时期推行的德国兵式体操，在具体内容上作了补白，因而具有珍贵的文献史料价值。

二、《国民体育学》

《国民体育学》，〔日〕西川政宪著，杨寿桐译，上海文明书局1902年出版，全文一万二千余字。此书是译者根据日本学者西川政宪的原著，经自省择善后，用白话文的体裁翻译并发表的。

生长期	婴儿体育（出生至一岁半）	幼时体育（能步行至七八岁）	少年体育（七八岁至十三四岁）	青年体育（十五六岁起）
内容提要	睡眠、洗澡日光、空气衣服、饮食四肢运动	衣服、饮食、起居、玩物、冷水养生室内游戏户外游戏	室内体育户外运动衣服、饮食、起居	户外运动养生法十条
行为特征	自然养育排除溺爱	游戏育身心	严格教育养成习惯	提倡锻炼主义

图1—4—4 《国民体育学》内容简介

《国民体育学》主要刊载于当时的《杭州白话报》的第24期到31期，内容由"小引""婴儿体育""幼时体育""少年体育"和"青年体育"构成。在"小引"中，译者阐明介绍这篇著作的原因："要诸位明白体育的道理，好叫那少年世界的人，都有国民的体魄。"[1]讲解注重科学体育与卫生的必要性，"世界上的人，最要紧的是强健"，这是全文的开头语。同时，译者又以讽辣的口语，批评那些"威风凛凛、穿绸吃肉的人"，那些只知道"喊他的儿子，终日在书房里嘀唔嘀语念之乎者也、读十三经"的父母，告诫那些毫不注意孩子的体育锻炼的家长，会给孩子带来病体缠身甚至早送性命的恶果。

"婴儿体育"中，译者用生理学、卫生学、保健学等知识，讲述了婴儿自出生后至一岁半，虽然可能还不会讲话，但也要讲究体育的道理。提出除了安静睡眠外，每天要洗温水浴，要吸收新鲜空气，经常见见日光，穿适宜的衣服，定时定量哺乳、喂食，不要孩子一哭就哺乳，啼哭是发音，发音也是体育的一端，是小儿一种呼吸运动的法子。出生几个月之后，婴儿四肢能运动了，或匍匐、或拿玩具敲打等，要"听其自然，不可束缚他"。

"幼时体育"中，从能步行到七八岁这一时段中，养育的道理最要紧。除了注意（穿）衣服、饮食、起居等外，还特别提出冷水养生、室内游戏和户外运动。孩子自3岁起即可冷水养生，并列举了冷水养生可防感冒、增勇气、助记性、增食量、强肺部等益处。游戏是这一阶段最重要、最有

[1] 西川政宪，杨寿桐. 国民体育学[N]. 杭州白话报，1902：24-31.

意义的体育活动，游戏第一可培养孩子竞争的心理；第二养其共同心；第三能增勇气，勇气是一个人断断不能少的，游戏能培养儿童一往无前的勇气；第四能养机敏。但作者反对那些不讲规矩、乱打乱动、破坏公德的野蛮游戏。

在"少年体育"中，着重介绍了室内体育和户外运动。译者从解剖学、生理学等角度，详细介绍人体各器官机能特点和游戏、运动对生长发育、强健身体的积极意义。如果"冬天在家庭中围炉、夏天午后睡觉、下雨便不使他进学堂，这种情形，正是害他们一世呢"。

文章最后讲"青年体育"。文中说到儿童到十五六岁时，身体已强壮，便要注意"在筋骨上实行锻炼主义"。本章重点讲了户外运动和十条养生法。作者以警悟的口吻讲"我们中国人，受了文弱的病已有数千年了，还有'好男不当兵'的那句荒唐俗语中入人心"，"国家今日的地步，正是那好男不当兵的报应"，"现在最要紧的是体操，柔软体操、器械体操、哑铃体操、兵式体操，叫大家都去学习，养成尚武风气。骑马、坐脚踏车、泛舟、游水等种种运动，都要竭力奖励他们参加才好"。[1] "十条养生法"归纳起来是生活有度、起居有常以及精神、心理、品行等的修养。[2]

《国民体育学》是最早的以白话文的形式呈现给读者的体育学的教材，具有重要意义。

1. 系传播西方体育的最早文献之一。据体育史学者考证，1897年，梁启超在上海创办的大同译书局出版的《日本书目志》一书中列出了"国民体育学"条目。这是我国近代始见"体育"概念的最早记载。该书只列出书的名称，未介绍内容。直到1902年的《杭州白话报》才首次译述刊载。书中所列的种种体育内容（如抛球、柔软体操、器械体操、兵式体操等）以及体育知识、思想、观念等，在西方已经形成体系并普遍实施，而在我国只是刚刚起步。可见，《国民体育学》是我国近代鼓吹、传播西方体育的排头兵、马前卒。

2. 系国民现代科学知识的启蒙。纵观全文，作者以近代科学的学科知识为理论基础，以科学的态度和方法，阐述从婴儿到青年时期注意体育与卫生的重要性、必要性以及实际运行操作的具体要求。对当时还不知道"体育"为何物的中国国民来说，无疑是新见识、新启迪。这无疑对中国传统的非科学的"天命观""人生观"是猛烈的冲击，对我国实施科学的体育教育起到了启蒙增智作用。

3. 系作者对国民体育健康知识的启蒙。译者杨寿桐的身世不详，但据文中所言，他是当时的游日学者或留日学生无疑。他对先进的体育卫生科学感觉敏锐，在爱国心的驱动下将该文译介给国人。更值得赞许的是，他对外国学问并非全盘照抄照搬，而是经过分析选择，把那些于中国有用的翻译成白话文，并结合中国实情，有针对性地演绎其内容，提出中国人应如何操作之主见。文中有近10处提到"我们中国人……""中国的积习……"，以客观的科学态度揭示当时国人对科学体育

---

[1] 陈晴. 中国学校军训百余年发展史[M]. 武汉：华中科技大学出版社，2019：57.

[2] 郑志林，俞爱玲. 洗刷"东亚病夫"：耻辱的心声读《国民体育学》[J]. 体育文史. 2001（4）：63-64.

与卫生的认识和实际行为上的差距，渴望国人"都明白体育道理，都有完全的国民体魄"，"成为堂堂的中国国民"，从而达到"免却外人凌虐、外人压制、外人侵夺"的目的。

4. 作者以近代科学为理论依据，通俗易懂地阐述了人体从婴儿时期、幼儿时期、少年时期到青年时期的生长发育过程，讲述科学体育与卫生的意义、作用以及具体操作方法。

可以说，《国民体育学》是我国近代体育发端时期为传播体育科学知识、唤起民众重视对青少年一代的体育教育、提高国民素质的启蒙增智之作，在我国体育思想史上具有重要历史价值。

文化链接

《杭州白话报》是清末影响较大、刊期最长的白话报，属清末资产阶级革命派的报纸。1901年6月20日在杭州创刊，初为月刊，后改旬刊、周刊、三日刊，最后改为日刊。木刻石印。经理项兰生，历任主笔钟寅、孙翼中等。自称"开民智和作民气两事并重"。设"论说""中外新闻""俗语指谬""俗语存真"等栏目。宣传反帝爱国，创办初期主张社会改良，提倡办教育、兴学校、革旧俗、树新风。1903年夏，由孙翼中接任经理兼主笔，报纸转向革命。由于内容先进，文字通俗，形式多样，颇受读者欢迎。不久，孙翼中加入光复会。该会领导人陶成章、魏兰等人来杭，都在报馆下榻，这里实际成为革命党人的一个秘密联络点。1906年孙翼中离去，由胡子安等继任经理，渐失革命色彩。该报至宣统二年（1910年）改名《全浙公报》。该报文章均采用通俗的白话文体，以宣传民主主义革命，反对帝国主义侵略为宗旨，提倡男女平权和爱国精神。

三、《（初等小学堂学生用书）蒙学体操教科书》

《（初等小学堂学生用书）蒙学体操教科书》[日]坪井玄道、田中盛业著，丁锦译著，上海文明书局1903年初版，1905年第7版。全书共74页，有配图，32开，环筒页装，卷端题"上海文明编初等小学堂学生用书"。[1]

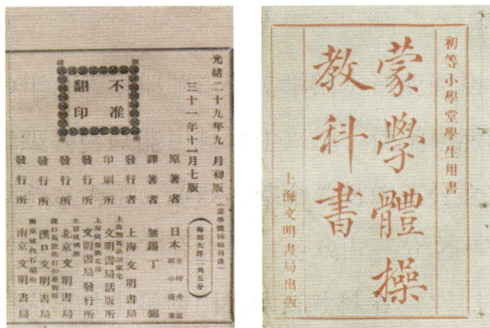

1-4-5

图1-4-5 《（初等小学堂学生用书）蒙学体操教科书》，[日]坪井玄道、田中盛业著，丁锦译著，文明书局出版，光绪二十九年（1903）版

《（初等小学堂学生用书）蒙学体操教科书》的主要内容包括四章，一共三十七课，含整顿

---

[1] 北京图书馆，人民教育出版社图书馆. 民国时期总书目：1911-1949中小学教材. 北京：书目文献出版社：1995：341.

法、矫正身体术和两套徒手体操。包括静止法、会集法、整顿法、整容法、复正法、左右转向法、转回法、足踏法、停止法、方向转变法、换脚法、编成二列及复于一列之法、分列法、报数法、两步动作、四步动作、徒手体操等在内的四十八幅相关图片。

教材强调养成学生正确的身体姿态，以及教育学生锻炼身体的重要性。正如本书在序言部分中谈到的"智可以发事物之秘，德可以律社会之情。询乎人之居世，所以孕育福祉，陶冶康胜者，舍智德末由。虽然运用智德，仍视其躯干何如无躯干则其效不显。是故运用智德者，欲其效昭然，亘五洲，越万古，非躯干诸统系，先能各竭其用，为之其基础不为功"[1]。序言中通过论述德智体三者的关系，来说明体育是基础中的基础。

又云"今我邦文运日新，教育渐盛，要不出造作智德之法，体育一端。时闻其言而未闻其行。县鄙小学，尤付缺如。……探索体育诸术有年。操习之余，手缀一书，以应小学之用。……世之教员，苟由是进求其精者深者，使今日少年，蔚为强国人民，睿智而智有所丽，植德而德有所生，则功德所逮，宁有涯既……"[2]译者认为体育虽然已经成为学校的正式课程，但是"时闻其言而未闻其行"，体育课程实施得并不如意，要想"今日少年，蔚为强国人民，睿智而智有所丽，植德而德有所生"，必须进行体操练习，这里译者进一步强调了体育对兴民强国的重要意义。

从此书出版的时间看，它是在《奏定学堂章程》正式实施前出版的，它的内容只符合《钦定学堂章程》对体操课的规定，教材内容的选用从最基础的队列训练开始。如教科书的第一章"整顿法"，其实就相当于整齐步法，它包括会集法、整容法（立正）、左右整准法（向左、右看齐）、复正法（向前看）、左右转向法（向左、向右转）、转回法、足踏法（原地踏步）、停止法（立定）、前进法、后进法、侧行进法等等队列变化以及行进中的一些方法和口令，共21节。

第二章矫正身体术，相当于演习体势。主要包括二步动作和四步动作，它以徒手操为基本内容，涉及两手侧上举、侧平举、手的绕环以及半蹲等动作，同时配合呼吸的调整等。如第五节二步动作，教师令"用意"，两臂即由下向前平举，轻合两掌。（一）两臂毋曲，向后平开，两踵少起，托体重于足尖，由鼻孔吸气。（二）两臂复如"用意"时状，用力呼息（吐气也），惟不论口鼻皆可。[3]这一章一共17节。

第三章徒手体操一、第四章徒手体操二。其内容和形式与第二章相似，但其动作的难度开始加大，动作的呼吸配合也逐渐增多。如第五节：（一）拳仍置上胸，使两肘由前而上，复由后而下，如画全圆形，回如是者十二次。第三章共计23节，第四章共计22节，至第四章止全书完。

值得一提的是《（初等小学堂学生用书）蒙学体操教科书》第三章的首页第一次出现女性示范图片，此后男女性的图片示范开始交替出现。这是近代体育教科书首次出现女性示范插图，体现了

[1] 坪井玄道，田中盛业. 初等小学堂学生用书蒙学体操教科书[M]. 丁锦，译. 上海：文明书局，1903：1.
[2] 坪井玄道，田中盛业. 初等小学堂学生用书蒙学体操教科书[M]. 丁锦，译. 上海：文明书局，1903：2.
[3] 坪井玄道，田中盛业. 初等小学堂学生用书蒙学体操教科书[M]. 丁锦，译. 上海：文明书局，1903：2.

男女受教育的平等性，从而推动了女子教育的发展，也明确了学校体育中女子接受体育教育的必要性。

《（初等小学堂学生用书）蒙学体操教科书》中的"蒙学"指的是我国传统的幼儿启蒙教育，相当于现在的幼儿园或小学。清朝末期最早使用"蒙学"一词并具有现代教科书意义的，应数1897年南洋公学外院成立，由其师范生陈懋治、杜嗣成、沈叔达等自编的《蒙学课本》，此书不同于以往教材的是其主题分明，不似传统教科书那般知识体系混乱不清，虽然其内容和题材效仿西方，但是已经有了较强的近代教科书的气息。这批教科书被学术界称为"中国自编教科书之始"。遗憾的是南洋公学外院虽然开设有体育课，却没有体操教科书的出版问世。

1902年俞复、丁宝书、廉泉等人在上海创立文明书局，三人曾是无锡三等学堂的教员，因此他们把无锡三等学堂蒙学课本重新印刷，加以发行。此套教材是依照真实的教学案例所编撰，其价值远远超过同时代南洋公学外院的《蒙学课本》。此套教材出版后，在社会上造成了极大的影响。1902年，京师大学堂官学大臣对其审阅和认定，将其规定为"寻常小学堂生徒用教科书"。在《钦定学堂章程》颁布前后，上海文明书局出版的教科书类型很多，后总称"科学全书"，都使用"蒙学"二字冠名。

《科学全书》，全名为《蒙学科学全书》，为1902—1908年间上海文明书局依照"壬寅学制""癸卯学制"而发行的教学课本，这套书适用于初等小学堂故被冠名"蒙学"。据光绪年间出版的《教育杂志》第十期所载，《蒙学科学全书》有28本，其中就包括丁锦所编译的《（初等小学堂学生用书）蒙学体操教科书》，首部具有近代意义的体育教科书也就此问世。

《（初等小学堂学生用书）蒙学体操教科书》并没有涉及兵操内容，但参照其前壬寅学制中对体操的规定，体操教授内容为柔软体操、器械操和兵式体操。而此时我国将体操分为普通体操和兵式体操两种，普通体操实际上是美国刘易斯的"新体操"，其渊源乃是德国式、瑞典式体操的基本动作，辅以一些轻器械的操法，主要内容有准备法、矫正术、徒手操、哑铃操、木棍操、火棒操、藤圈操、投豆囊等。兵式体操是仿德国和瑞典原样，主要内容有柔软体操、各个教练、小队教练、中队教练、枪剑术、野外演习及兵学大意等。

《（初等小学堂学生用书）蒙学体操教科书》符合新学制对体操的规定，从内容上分析，该书符合《钦定学堂章程》的规定。《钦定学堂章程》关于小学堂体操教材的规定为：学制四年，每学年开设体操课，学科阶段第一、第二学年为整齐步伐，第三、第四学年为演习体式。《（初等小学堂学生用书）蒙学体操教科书》的第一章"整顿法"，其实就符合《钦定学堂章程》关于小学堂体操教材的相关规定。《（初等小学堂学生用书）蒙学体操教科书》的第二章"矫正身体术"，其实就符合《钦定学堂章程》关于小学堂体操教材规定的学科阶段第三、第四学年"演习体式"的要求。书中曰："谓一身天然之容止，或有不能合法，乃不藉器械，专以四肢运动，矫正其弊也。"[1]其作者认为练习体操者应先从此术练起，其目的在于矫正姿势，巩固坚守整容法。从体操课的课程安排上来看，该书强调练习体操必须从整顿法教起。书中原文云"练习种种体操，必先教其整顿法，凡编列队伍，讲究人身自然态度者，皆当有事，非熟习此法，体操之益，绝不可得，兹依动作之异，列欤分节，诠次左方"，强调了整顿法的重要性，与早期的《幼学操身》以及《德国武备体操学》《日本普通体操学》等书籍相比更加强调养成学生正确的身体姿态。在编写方面普通体操除了徒手操外，还包括了器械体操，《（初等小学堂学生用书）蒙学体操教科书》原书凡例后有译者附志："按原书以观铃操为下卷，今另编为高等小学体操教科书，原例已备译于此。学者演终此篇，进习铃，一以贯之矣。"而在考究《钦定学堂章程》的背景后，发现此学制是移植日本学制而来。而此教科书又为日本小学体操教科书的译著本，由此该教科书与学制配套，便是本应之事了。

由于体操等科目是我国以前学校教育中没有的科目，学校教育缺乏此类内容，尽管《（初等小学堂学生用书）蒙学体操教科书》是翻译自日本的体操教科书，内容上还有很多的缺陷，但是它却是我国现存已知的第一本较为系统的小学体育教科书，也是我国最早在教科书封面注明学生使用的体育教科书。这些教科书的编译，尽管属"拿来主义"，但毕竟是为了适应当时教育变革需要，积极引进外来文化为我所用的结果。无疑，这对近代学校体育的发展具有一定的现实意义。

石鸥教授认为，现代意义上的教科书应该满足以下几个条件：第一，产生了现代学制，依学年学期而编写出版；第二，有与之配套的教授书（教授法、教学法）或教学参考书，教授书内容要包括分课教学建议，每课有教学时间建议；第三，依据教学计划规定的学科分门别类地编写和出版。[2]那么，无论是庆丕、翟汝舟的《幼学操身》（因为那时候还没有产生学制），还是丁锦的《（初等小学堂学生用书）蒙学体操教科书》，严格来说都不是现代意义上的教科书，这些都是翻译自日本的教科书，这些书籍存在一定的问题。一是教材没有按照学制来编写，只是笼统地介绍练习的内容，哪些内容该在哪一学期教，没有学期、年级的界限。二是语言比较拗口，甚至还有日文，教科书中有不少生硬的、不合汉语习惯的语句，《（初等小学堂学生用书）蒙学体操教科书》甚至没有删去日文版原有序文。

文化链接

译著者丁锦（1879—1958），字慕韩，号乾斋，无锡南门外南塘人。少年中秀才，曾设馆授徒，并潜心进修英文与数学。1901年（清光绪二十七年）任俟实学堂数学教员。1903年入保定军政司译书。1904年考入保定北洋将弁学堂，在校学习成绩突出。1905年毕业后任陆军贵胄学堂教员。1910年（宣统二年）任云南军事参议兼步兵第73标（相当于团）统带。因目睹清王朝腐朽，遂倾向革命，秘密参加同盟会，不久被清政府通缉，幸及时逃出虎口。辛亥革命后赴日本帝国陆军大学留学。1912年（民国元年）回国，初执教于保定军官学堂，李宗仁、白崇禧均为其学生，后任陆军部教育科长。他为我国的教育事业做出较大贡献。

[1] 坪井玄道，田中盛业. 初等小学堂学生用书蒙学体操教科书[M]. 丁锦，译. 上海：文明书局，1903：10.

[2] 石鸥. 最不该忽视的研究：关于教科书研究的几点思考[J]. 湖南师范大学教育科学学报，2007（5）：5-9.

四、《高等小学游戏法教科书》

《高等小学游戏法教科书》，[日]山本武著，丁锦译述，上海文明书局出版，1903年初版。

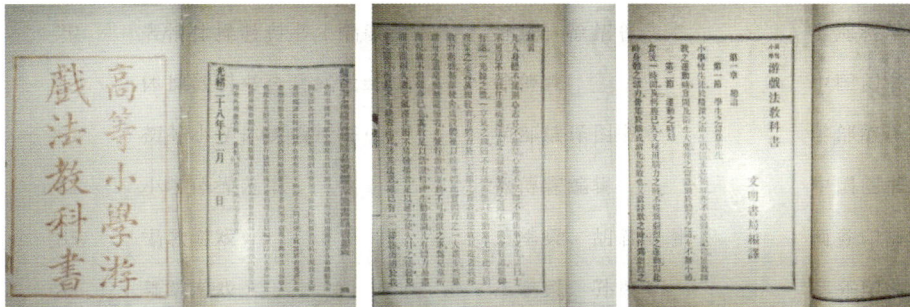

图1-4-6 《高等小学游戏法教科书》，丁锦译述，上海文明书局出版，1903年版

该书在序言中提到"凡人身体不健，则心志必不能坚，心志不坚，即不能任事立业"。作者认为，身体不健康则心志不能坚定，心志不坚定则不能任事立业。体育应是教育三大部之首，游戏是强身健体的方法之一。书中第一章对体育运动进行了概述，介绍运动中应该注意运动卫生，如在第一章总论中的第一节：

……小学校生徒，于精深之卫生学，固未易领解，亦不必强使记忆，惟教师教之运动时，宜顾及卫生大要，使之留意。关于体育之道。第二、运动之时刻。食后以时间及……

这里提示学校的师生要掌握运动中的健康知识，但是学生不必死记硬背，只需教师在运动中指导学生注意卫生、准备活动以及运动后的相关事项，这和当代学校体育中的健康教育有很多相似之处，早在120多年前的清末时期教材中就有这些知识，确实罕见。

后几章描述了多种游戏，并具体介绍了游戏的方法。如球类游戏"掷球"，书中详细描述了掷球游戏的两种方法，如图1-4-7所示：

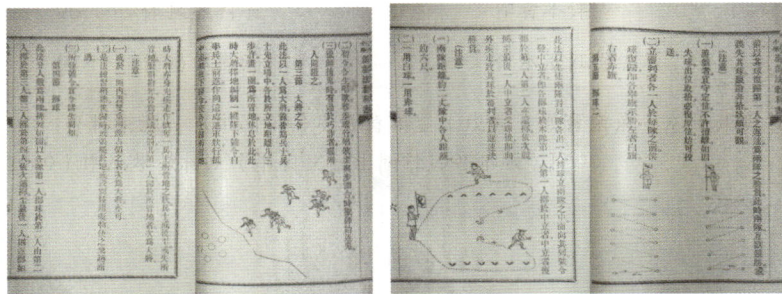

图1-4-7 《高等小学游戏法教科书》中有关掷球游戏的介绍

方法一：此法分人数为两队。以各队第一人掷球于第二人。由第二人掷于第三人。第三人掷于第四人。依次递掷，至最后一人，则返掷如前。以其球复归第一人之迟速，为两队之胜负。此时两队，互欲竞胜，或误失其球，跟跄奔拾，状颇可观。注意：（一）游戏者，宜守定位，不许擅离，如因失球，出位取拾，必复原位，始可投送；（二）立裁判者各一人于每队之前，俟球复归，即各举旗示胜，左者白旗，右者赤旗。

方法二：此法以生徒两队对列。队各出一人，持球立两队之中，面向其列。号令一发，中立者，即各掷球于本队第一人，第一人掷于中立者。中立者复掷于第二人，第二人亦还掷。依次竞掷，至最后一人。中立者受球后，即向外疾走，掷其球于裁判者，以迟速决胜负。注意：（一）两队距离约二丈，队中各人距离，约六尺；（二）一用白球，一用赤球。

从书中的文字描述和游戏示意图来看，掷球游戏与现在的传球游戏形式是一致的，如篮球、足球之中的传接球游戏，都是通过与同伴之间互动学习运动技能，只是在游戏的名称上有所区别。此类游戏是球类运动的基本游戏形式之一，通过传、掷球的比赛来提高相应的能力。

从书本内容不难看出作者对体育之作用的强调，作者还强调"欲健身之道毫发无遗憾者，非兼行游戏运动不可"，游戏是儿童的兴趣之所在，游戏不仅能够锻炼他们的身体，达到健身的目的；还能够"活泼精神、生动意识"，从而使他们的身体和心灵共同发展。书中有言"女子之体育，最为要务"，突出体现了作者对女子体育的重视，在相对封建的年代已是非常超前的思想。作者敢于突破当时的封建思想，力求男女在体育上共同发展，这不仅从强身健体、坚定意志的层面上发展了体育，更是从思想上发展了体育。

五、《初等小学体操教科书》

本教材序言没有标点，全书共五十图，内容如下：第一图立定式。第二图两手旁举式。第三图两手前举式。第四图平手开合式。第五图单手左右旁举式。第六图两手平圈式。第七图手指平屈式。第八图双手旁屈式。第九图双手旁圈式。第十图手掌起落式。十一图拳前起式。十二图单手向前伸屈式。十三图双拳向前伸屈式……四九图撑夹收胸式。五十图侧身双手下垂式（详情见图1-4-8）。

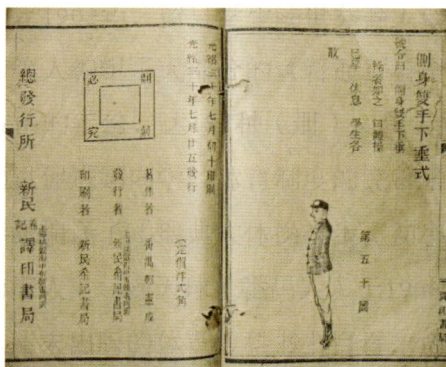

图1-4-8 《初等小学体操教科书》，郑宪成著，新民希记书局出版，1904年版

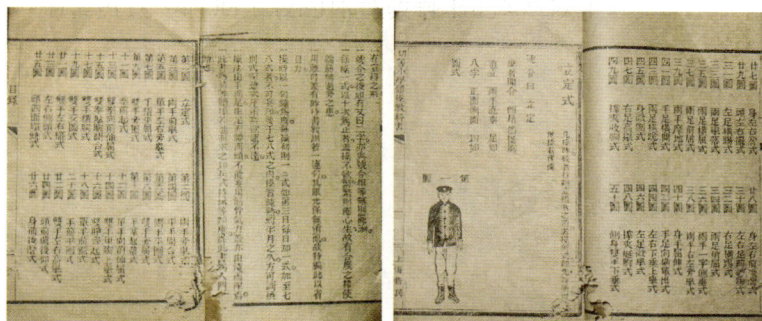

图1-4-9 《初等小学体操教科书》目录

六、《普通体操法》

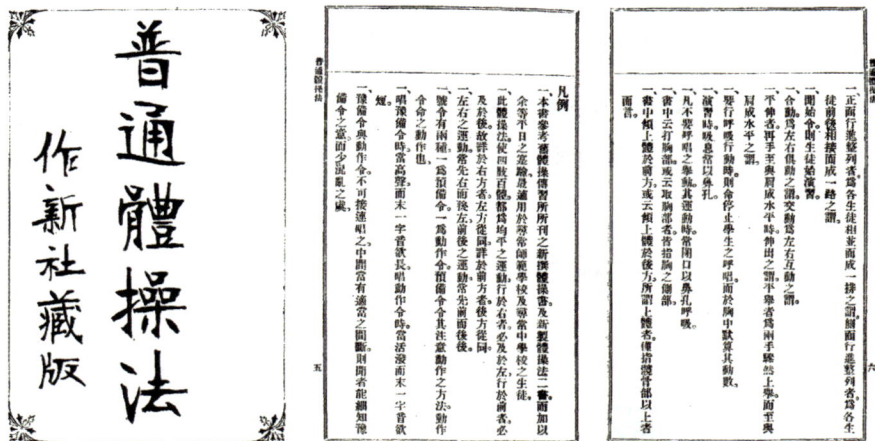

图1-4-10 《普通体操法》，作新社译，作新社印刷发行，1903年版

译者翻译《普通体操法》的用意在于宣传科学的人体知识，介绍正确的强身健体方法。在说明徒手体操方法时，按人体的四肢、躯干等分成头部、上肢、全身、肩与背、下肢等部分，并依次按其运动顺序来安排内容。该书的第十七章专门介绍了身体检查的方法，阐述了人体的器官和运动功能。本书在凡例中指出："本书参考（日本）体操传习所刊之《新撰体操书》及《新制体操法》二书。"序言中述："日本口号与我国异，……故仍承其（日本）口号，而以我国口号列于上端。……我国口号，俱依湖北武备学堂，以便通行。"全书包括走步、整容、呼吸运动和身体矫正术；下设徒手体操练习二，哑铃体操练习二，球杆体操练习三，木环体操、豆囊体操练习各一；并有体操演习示要、身体检查两章，附录为人体运动机略论。

这是一本从日本翻译过来的体操书籍。全书有较大的楣框，其中注我国湖北武备学堂口令，文中之口令为日本口令。如：中国口令"归队"，日本口令为"集"。中国口令"向前看"，日本口令为"一直"。这些内容显示了我国近代体操从日本传入的一条路径。

七、《订正增补普通体操法》

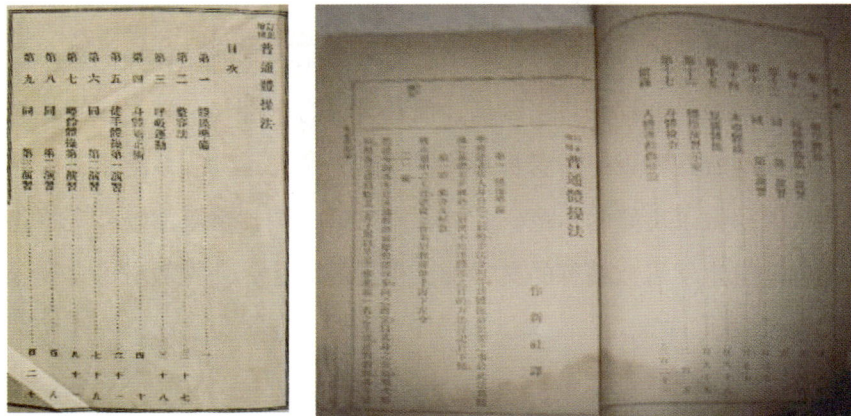

图1-4-11 《订正增补普通体操法》作新社，作新社出版，1903年版

《订正增补普通体操法》是参考了体操复习所用之《新撰体操书》和《新制体操法》两本书并结合编者平日之试验而成，最适用于寻常师范学校和寻常的学生。全书共包含17个单元，其中分别为体操准备部分，整容法（意指正容而立，实际上就是现在的整队方法，包括立正、稍息等），呼吸运动，身体矫正术，徒手体操（共分为两单元），哑铃体操（共分为三单元），球杆体操，棍棒体操（共分为三单元），木环体操，豆囊体操，体操演习示要，身体检查以及附录部分的人体运动机略论。

本书特别注重口号的教学和运用，在书本的开篇译例部分就详细论述了关于口号的具体内容，书本中还谈到：

> 号令有两种。一为预备令，一为动作令。预备令，令其注意动作之方法；动作令，命之动作也。唱预备令时，当高声而末一字音欲长。唱动作令时，当活泼而末一字音欲短。预备令与动作令不可接连唱之，中间当有适当之间断。则闻者能细知预备令之意，而少混乱之虞。

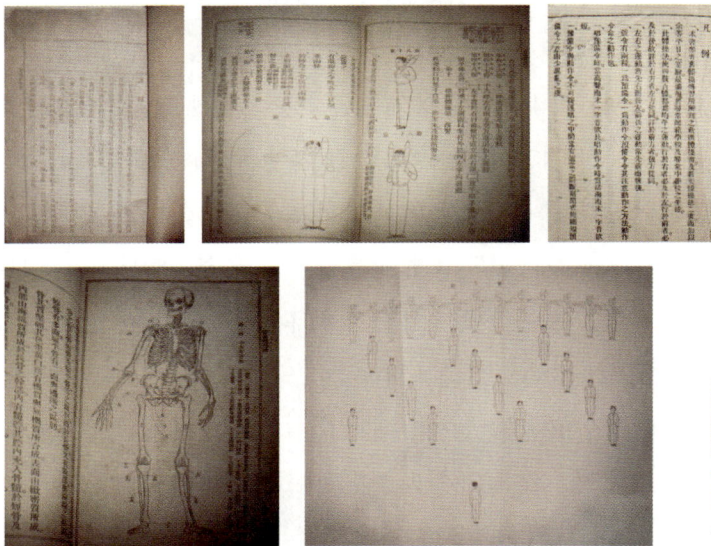

图1—4—12 《订正增补普通体操法》内文

本书每页都在正文部分的上方预留了一个小方框，用于写章节名称以及注明具体口号的使用方法，例如第四节写着口号用八，第十一节写着口号用十二，第二十节写着口号用四八等，诸如此类，编写十分详细，使读者一看便清晰明了。

教材内容介绍较为齐全，虽然是晚清时期的体操教材，但书本不单介绍不同器械体操的教学，还涉及身体器官的介绍和讲解，如长骨、短骨、扁平骨之区别，而长骨又有干部与两端之区别；脊柱之运动，分前屈、后屈、左右侧屈及回旋四种……作者将身体器官的介绍与运动联系起来讲解，十分专业和详尽，为后来的体操教材编写做了良好的示范。此外，本书的插图丰富且清晰，几乎每个章节的新内容教学都配备了插图辅助学生学习，精练的文字加上生动的图片，使得教材内容更易为教师和学生所接受。

八、《新撰小学校体操法》

1906年4月，学部第一次审定初等小学教科书凡例，审定初等小学暂用体育教科书为图书课编撰、保定学武排印局发行的《幼学体操法》，高等小学暂用教科书为李春酿译、留学体育同志社发行的《新撰小学校体操法》和《瑞典式体操初步（初小用）》，作新社编写、发行的《普通体操法教科书》，丁锦译、上海文明书局出版的《高等小学游戏法教科书》。[1]

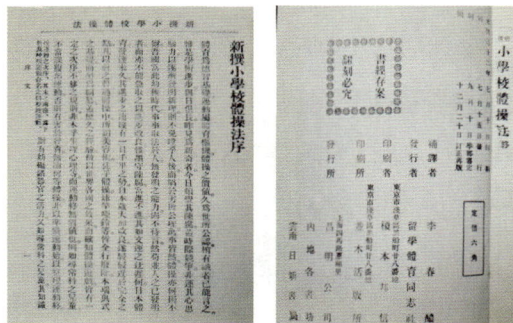

1-4-13

图1-4-13 《新撰小学校体操法》，李春酿译，留学体育同志社发行，1906年版

李春酿译的《新撰小学校体操法》（留学体育同志社1906年版），全书186页，和《（初等小学堂学生用书）蒙学体操教科书》相比较，它更具有学制意义上的教科书特点。

首先，它是按学年学期分配教材内容的。教科书内容包括：新撰小学校体操法序、译例、目次、教材具体内容。教材分寻常小学校教程和高等小学校教程，其中寻常小学校教程包括三学年，每学年又分三个学期；高等小学校教程包括四个学年，每学年分三个学期。从教材的内容看，每学期的内容并不多，如第一学年第一学期，一共只包括七节动作，即"第一节：集合及解散（一列或二列横队），第二节：直立姿势及休息，第三节：向右转，第四节：纵队行进（一列或二列）及停止，第五节：变换方向[转弯向右（左）]，第六节：冲动的游戏，第七节：行进游戏追步"[2]。教材内容非常简单，这些内容和现在体育课的整队练习和准备活动差不多，难度小，简单易学。

其次，教科书比较详尽地介绍了教授之法。教科书的第一部分"总说"中对体操的目的，教授上之注意（教学方法）、上课的运动量，甚至上课所穿的运动服，练习前后的注意事项、练习的进度以及教材内容的搭配等都作了比较详细的说明，使教师明了如何使用教材，如何教授学生。教材虽然每学年分为三个学期，但是并没有严格规定一学期要教多少内容，只是规定必须按先后顺序来进行教学。通过译例还可以看出，此书是以《瑞典体操初步（初小用）》为基础。这本书介绍了体操教学的目的"体操之于人，不惟使身体之各部位均齐发育，以保护增进全身之康健，敏捷四肢之动作。而因身体之运动催长脑之发达机能，以助智育。且使精神快活刚毅，并养成守规律尚协同等之善习惯，以涵养夫德育……"[3]教材还介绍了教学方法以及课堂常规，如对课堂中出现的问题要

---

[1] 商务印书馆. 大清光绪新法令[M]. 上海：商务印书馆，1910：88-89.

[2] 李春酿. 新撰小学校体操法[M]. 留学体育同志社，1906：13.

[3] 李春酿. 新撰小学校体操法[M]. 留学体育同志社，1906：1.

及时纠正，书中称为"矫正"。对体育课的量和强度也作了规定，"运动之量及度：体操于教授之初期，可注意生徒之体力。徐缓演习，且宜稍少，渐随体力之增加，乃逐次递增其量；要不可失于轻进疏略。又宜常视生徒之状态其运动有过与不及否，过度之动作，不惟在未熟者有不利"[1]。还对体育课的着装提出了要求："运动服、衣服务须择宽裕者。于寒冷之天气中，可令穿腿裤为宜。彼以肚兜或带纽等，以紧缚身体……"[2]这些要求和当今体育课的要求类似。

九、《女子体操教科书》

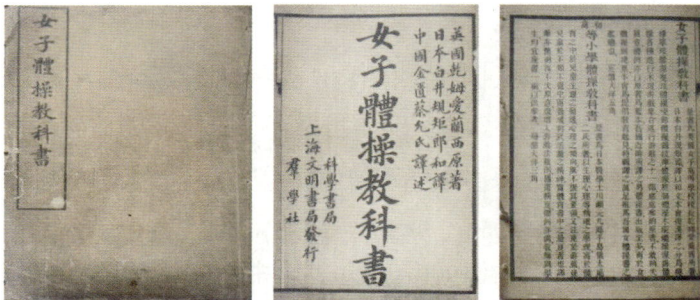

图1-4-14 《女子体操教科书》[英]干姆爱兰西原著，白井规矩郎和译，蔡允氏译述，上海文明书局出版，1906年版

《女子体操教科书》由英国干姆爱兰西原著，日本白井规矩郎和译，中国金匮蔡允氏译述，上海文明书局1906年出版、发行。全书包括十一章，分别为：第一章总释，包含体操之定义、体操之目的、体操之种类、教室、衣服、姿势、教师、懦弱及拙劣之学生等内容；第二章单球体操；第三章双球体操；第四章哑铃体操；第五章铺拉摩体操；第六章胫脚体操；第七章木环体操；第八章惺排体操；第九章各种进行，进行的形式包含单脚进行、跳跃进行、单脚跳跃进行、缓徐进行、私他独进行、双踝进行、匈牙利亚进行、畅滑进行、联合进行、踵趾进行、摇腕进行、畅滑进行、柏林进行、木环进行、胫脚进行；第十章木环游戏；第十一章集合进行游戏；附录（音乐），包括附录音译和原文"本书所用音乐，均系西洋乐曲，故只以音译之，然必附原文，以冀阅者明了。"书中虽附录乐谱，但作者在相关解释中说道，"书中各种体操，本宜与音乐一致施行。然因便利而缺之，也无不可"。作者认为"要培养男子、女子各似其状态主因归于熏陶，而意欲熏陶之，非施特别之方法不可"。

本书处处都参考斟酌原著内容，不作随意更改，以免文本失去原有的意思，连体例都是以原著为蓝本。在此前所翻译的教科书都是针对男性，从未译著过女子体操教科书，而这本书是为了提倡教育公平特别译著的，可以说是我国女子体操教科书的开端。作者在凡例中提到本书所述之体操要按照书中的章节顺序教授，如"惺排体操，适如普通体操中之哑铃，及其神圣，故须俟各种体操纯熟，四肢动作清爽，方可授之"。部分体操内容要根据学生的年龄和体质进行教授，如"本书所述

[1] 李春醴. 新撰小学校体操法[M]. 留学体育同志社，1906：2-3.
[2] 李春醴. 新撰小学校体操法[M]. 留学体育同志社，1906：3.

之体操，务祈顺序，盖予于经验上，知其便利也，然如胫脚体操，各种之进行等，则依生徒之年龄、体质，可酌量而施行"。此外作者还在第一章的教育目的中强调教学要遵从儿童发育的顺序并加以适当辅助，"教育之目的，不外使儿童心意的生活，与身体的生活，为完全之发育，无残发之忧虑，故欲收教育之效果，须从儿童发育顺序，而加以适当之扶助，完备之养育，导活泼之天机，睿脑界之思潮，非生理的训练不为功，生理的训练之方法不少，其最适当者，莫如体操中之整当的运动规则的游戏。"

该书是我国译著的首本女子体操教科书，提倡男子、女子分别学习体操内容，女子要选择适合其身心发展特点的体操教科书用于教学。

1-4-15

图1-4-15 《女子体操教科书》内文

《女子体操教科书》的目的在于使"杨柳腰、莲瓣履之美谈不能传述于社会，发达其特性，含刚健于婀娜之中，与霄汉争光，为民族生色，改良娇怯之习惯"[1]。该书强调各种体操应与音乐配合，动作要缓徐流利，寓运动于游戏中。体育课对于促进缠足女子放足，尽快恢复双脚的运动功能具有重要作用，也有利于女子强身健体，养成她们自尊、自强的人格。

1-4-16

图1-4-16 《女子体操教科书》内文

十、《订正小学校体操法》

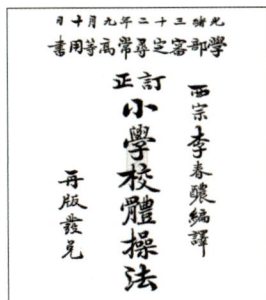

1-4-17

图1-4-17 《订正小学校体操法》，李春馥编译，留学体育同志社发行，1906年版

---

[1] 罗苏文. 女性与近代中国社会[M]. 上海：上海人民出版社，1996：153.

　　《订正小学校体操法》全书186页，含71幅图，属于学部审定的教科用书，包括寻常小学校教程四个学年和高等小学校教程四个学年的内容，每个学年包括三个学期。教材由日本的川濑元九郎和手岛仪太郎共编，经李春酦编译。这本教材第一篇第一部分类似于现代教材教法，主要介绍教学的时候要注意的事项。

表 1-4-1　　《订正小学校体操法》主要教学内容表

编号	内容
第一图	体操之目的
第二图	教授上之注意
第三图	矫正
第四图	运动之量及度
第五图	运动服
第六图	运动后之注意
第七图	体操时间之选定
第八图	运动场
第九图	进度
第十图	号令与连续运动
第十一图	教授之变化
第十二图	教课之进阶
第十三图	复习
第十四图	应用的运动
第十五图	运动反复之回数
第十六图	"复-正"与"停止"
第十七图	一学年之教课
第十八图	体操法教授之初期
第十九图	与兵士体操之连络
第二十图	游戏
第二十一图	行进法
第二十二图	教材之配当
第二十三图	动作自左及后始之理由
第二十四图	动作之左右交换
第二十五图	举动与呼喊
第二十六图	动作之调子[1]

---

[1] 李春酦. 订正小学校体操法[M]. 留学体育同志社，1906：1-10.

十一、《新撰高等小学体操教科书》

《新撰高等小学体操教科书》，［日］川濑元九郎、手岛仪太郎原著，蔡云编译，上海文明书局发行，1906年（清光绪三十二年）出版。

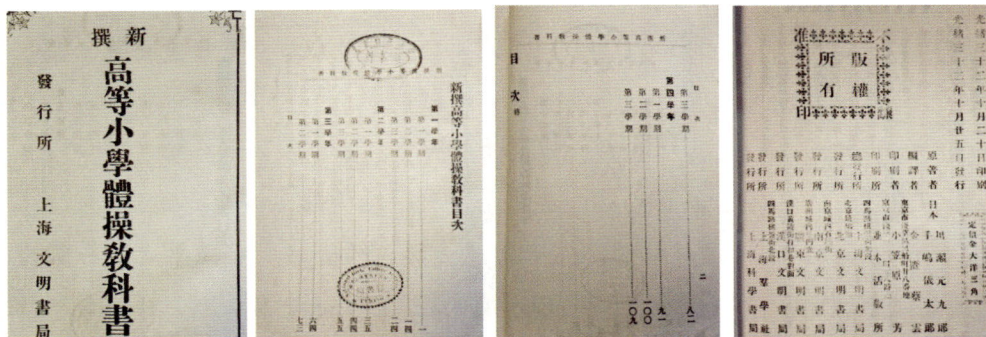

1-4-18

图1-4-18 《新撰高等小学体操教科书》，（日）川濑元九郎、手岛仪太郎原著，蔡云编译，上海文明书局发行，1906年版

这本书的内容包括四个学年，每个学年分三个学期，全书123页，内容有徒手体操、器械体操（平行棒又叫铁棒，实际上就是现在的单杠；水平棒也就是现在的双杠；斜索攀缘；跳乘木马等多种器械体操）和各种游戏。如球类游戏：夫脱爬儿（football）河朔献匈式。此种演技法，可选平坦之运动场为之。画为横线六十尺、纵线百尺之长方形。中央六七尺之高，张绳作目字形。演技者分为二队，以中央之绳为界，使相对立。约十二人各均分一球。而配合于期间，二队人数、球数互相等之谓。然后演技者各以拳打球，使球越过于绳上（不越过绳者无效），此得点数。以先达于三十点者为胜。即为一技之终。[1]（如图1-4-19）

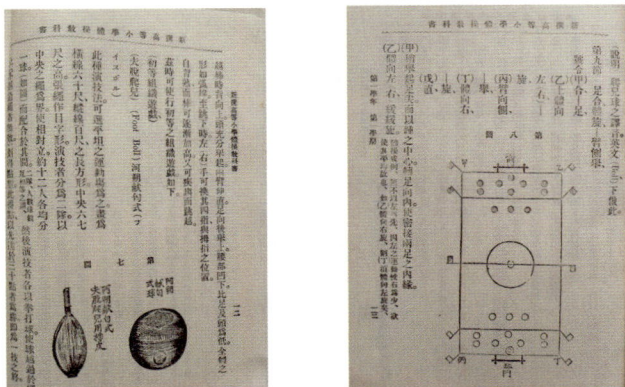

1-4-19

图1-4-19 教材中有关球类游戏的介绍

这里从英文原文看football应该是足球，但是从游戏的规则看，却又是排球。

另外还有类似于网球的游戏。

龙堆尼斯（laun tennis）此种演技法为图形（倍斯爬儿）（音译，作者注）之简单技法也。其法画为圆线，置倍斯爬儿于周围。取竹轮置于二三十尺之处，以球棒打之。通过倍斯爬儿一回，则得一点；能周一度，则可二点。此演技法可参照"倍斯爬儿"而施行。且当注意于演技

---

[1] 川濑元九郎，手岛仪太郎. 新撰高等小学体操教科书[M]. 蔡云，译. 上海：文明书局，1906：12.

之规则，而勿失其致密之精意。[1]

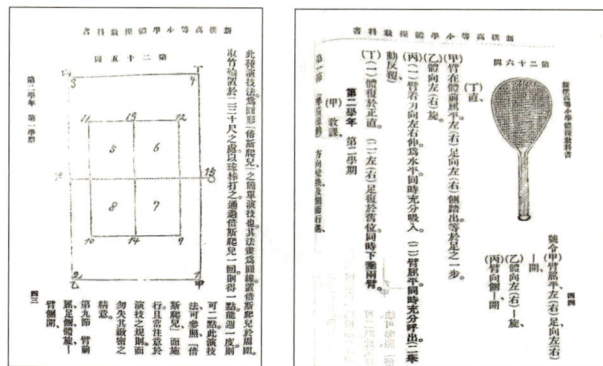

1-4-20

图1-4-20 龙堆尼斯
(Laun tennis) 介绍图

推尼斯霍开（Tennis hochey）此演技法为（霍开）（音译，作者注）之简单者。一队为十二人。画百五十尺之线于四方，择一方作门。甲队向门投球，乙队竭力防御之。球如入于门内，即当交代。于是乙队为攻击队，甲队为防御队。用直径二寸，不中空之橡皮球一，使演技者每人持雉刀状之。球杖（Stick）一柄，以防球之侵入于门内。[2]

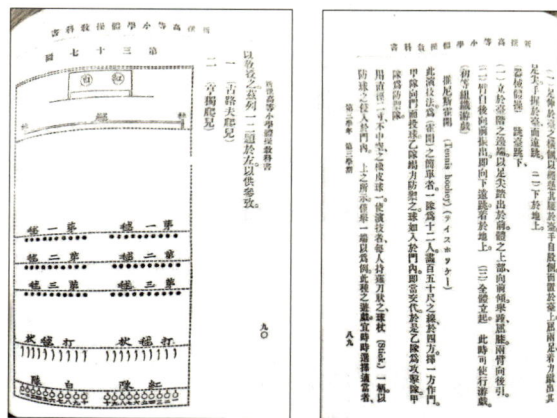

1-4-21

图1-4-21 推尼斯霍开
(Tennis hochey) 介绍图

可以看出，该书不仅介绍了徒手体操、器械体操的内容，还把西方的球类引入其中，阐述的体操的教学目标是"增身体之强健，练刚勇之英气，历勇往之气，养坚韧之力"，并且使学生"能活泼之精神、敏捷之智能，养爱国心，养尚武之精神且使之运用策略，沉着、协同、相助、友爱，养优美之情趣，练习注意力，晓以爱惜公物，遵守纪律之义。"[3]

此书中的课程以军事体操为主要练习方向，以水平棒、吊索为主要的轻器械运用练习项目，使学生从小学开始接触军事用途的器械，从而锻炼发展其能力，也能体现出当时社会对军事发展的重视，并且积极学习国外的课程教学方法，使清末的教学制度有了新起点。

[1] 川濑元九郎，手岛仪太郎. 新撰高等小学体操教科书[M]. 蔡云，译. 上海：文明书局，1906：43.

[2] 川濑元九郎，手岛仪太郎. 新撰高等小学体操教科书[M]. 蔡云，译. 上海：文明书局，1906：89.

[3] 川濑元九郎，手岛仪太郎. 新撰高等小学体操教科书[M]. 蔡云，译. 上海：文明书局，1906：1.

十二、《最新体操图》

这套书由上海商务印书馆于1906年编撰（实为翻译）和出版。主要是为适应学堂操练的需要，其中包括《兵士徒手体操》，《器械体操》（第一、二、三册），《器械体操应用》，《普通基本体操寻常科》，《普通基本体操高等科》（第一、二册），《普通徒手体操连续运动》，《哑铃体操》，《球竿体操》（第一、二册）等，共12册。

《器械体操》第一册是一本以初等的器械体操图解为主要内容的教材，从该书中我们可以看到20世纪初期学校体育器械体操开展的项目和器械设置的基本情况。教科书内容包括铁棒（单杠）、跳越台（木马）、跳下台（由低至高的楼梯）、跳绳（跳过一定高度的水平绳索）、斜梯、悬环（吊环）、木杆索（爬杆）等7项体操器械16个基本动作。《器械体操》第二册是《器械体操》第一册的续编，共介绍了天桥、单杠、双杠和平行杠（两个立柱上，上下各一根木横杠）等4种器械13个动作。上述器械体操的两本图册，共介绍单杠、木马、跳台、跳梯、斜梯、吊环、爬杆、双杠、平行杠等9种体操器械28个动作。全部动作以悬垂、屈伸动作为主，支撑动作大多为混合支撑，所占比例很小。这反映了德国体操发展过程中关于"双杠之争"的一些影响，日本在引进德国体操后，对于双杠和支撑动作采取审慎的态度；同时也反映日本在20世纪初开展学校器械体操运动的一种理解：当时日本体育界认为单杠的悬垂、摆动动作可以改变日本民族身材短小的状态，所以在中小学中大力开展"铁棒（单杠）"运动，一直到二十世纪三四十年代，中小学体操均以单杠、跳箱为主。

《器械体操应用》包括教授利用双人、三人或多人叠罗汉的方法来翻墙、爬树和双人交换通过独木桥等各种障碍，这是器械体操动作在野战条件下的应用，主要是为军队训练所用，同时也为学校、商团等组织中开展应用体操提供参考。《普通基本体操寻常科》是一本初级徒手体操图解，并有动作说明。全书体操共12节，包括基本姿态、预备、头与胸、上肢、全身、肩与背、腹、腰、全身、下肢、呼吸等。从把身体划分为各个部位单独操练的这种编排习惯来看，带有明显的旧式德国体操的痕迹。图中男女孩子的着装是日本小学生的服装。图解的前两节介绍直立、叉腰直立、十字形直立、叉腰开脚立、跨步直立、举臂直立等8种基本站立姿态，全套动作编排简单，基本上是一拍一动，两拍还原，节奏明显，便于记忆。每图上方有动令和动作说明。这是一本寻常科最基本的徒手体操教材，为初等小学一、二年级学生的练习内容。这套书为彩色套色石印，印刷精美，从图解人物着装上看，为同本图籍翻印。器械体操式军装强调体操的军事性和战争中的实用性。从《最新体操图》的这几个部分可以看到清末体操教材内容的一斑，如徒手体操、器械体操、应用体操的练习内容，体操的教学水平以及一些项目的开展情况。这套教材反映了20世纪初我国体操教学的内容和开展的范围。

十三、《初等小学体操教科书》

《初等小学体操教科书》，［日］川濑元九郎、手岛仪太郎原著，黄元吉译，商务印书馆1907年出版发行。

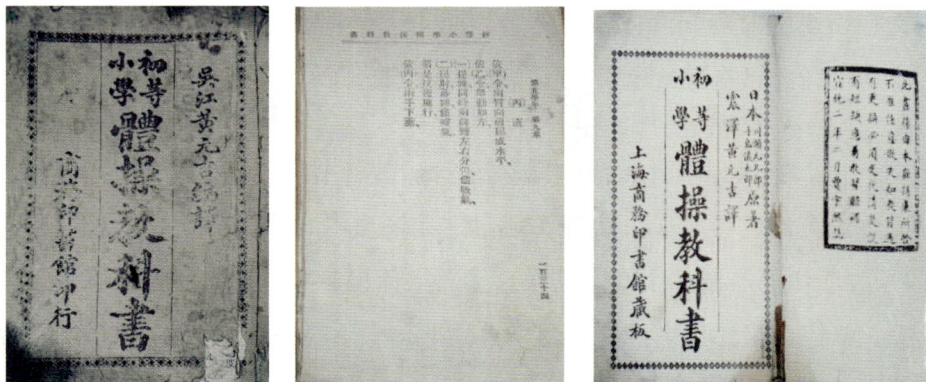

图1-4-22 《初等小学体操教科书》，［日］川濑元九郎、手岛仪太郎原著，黄元吉译，商务印书馆出版，1907年版

本教材分九章，按五学年编排内容，共134页。教材包括绪论、教材教法介绍等，是一本初级的体操教科书，介绍的学习内容也较为简单，如图1-4-23所示：第一学年的第一章教课，第一节集合及解散（一列或二列横队）、第二节直立姿势及休息、第三节左右转、第四节纵队行进（一列或二列）及停止、第五节方向变换（换右或左）、第六节游戏、第七节行进法，小学第一学年以游戏为主，旁及体操准备法并举年内所及之体操准备。

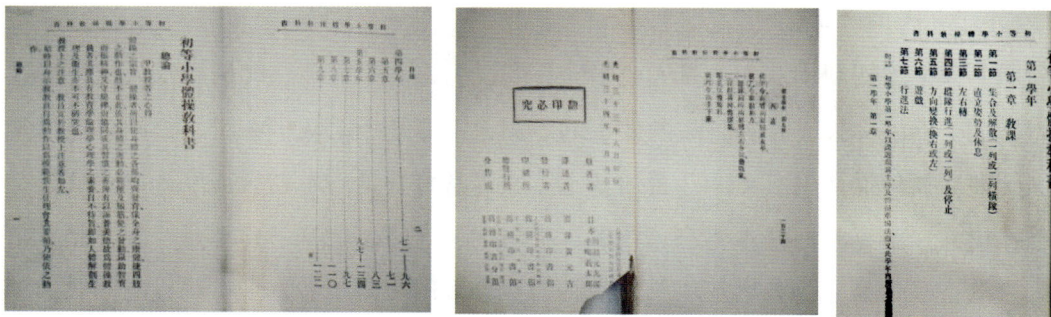

图1-4-23 《初等小学体操教科书》内文

十四、晚清留日学生对体育教科书的贡献

清末，中国封建制度不断走向腐朽僵化，西方列强凭借坚船利炮打开了中国的大门，逼迫中国签订了各种不平等条约，国家处于内忧外患的境地。面对晚清深重的社会危机和民族危机，大批爱国青年和有志之士开始从"天朝上国"的迷梦中觉醒，积极寻求国家"救亡图存"的良策。一衣带水的日本之崛起让很多中国人反思，进而学习、效仿。他们认为国家振兴，首先要振兴教育，而教育的变革涵盖教科书文本的变革。在这种思想的指引下，中国留日学生编译了大量的中小学教科书，包括政法、数学、音乐、体育、美术、卫生、手工等科目。他们的努力使我国现代的教科书体系初步形成，教科书的认知策略、编排体例、现代印刷装帧等逐渐得到重视，为体育教科书向现代

化、制度化、法制化迈进打下了基础。

晚清的留日风潮兴盛有其深刻的历史背景。中日甲午战争中国落败，而日本经过明治维新后获得巨大成功，国力迅速提升，为中国提供了许多可以直接借鉴的经验。1896年，中国驻日公使馆官员吕贤笙带着招募到的戢翼翚、唐宝锷等13名学生赴日学习日语，由此开启了近代中国留学日本的先河。据《日本留学中国学生题名录》统计，1898年在日中国留学生为77人，1899年为143人，1900年为159人，1901年为266人，1902年达到727人，1903年11月为1 243人，1904年11月为2 557人，1905年猛增到8 000余人。[1]当时，留日学生进入大学或高等专门学校，涉及的学科十分广泛，举凡陆军、警察、海军、政法、师范、工业、商业、蚕业、土木、铁路、测绘、制药、物理、化学、外语、体育、音乐、美术等方面，都有人前去留学。[2]这些留日学生回国后在各领域为国家作出贡献，颇具盛名的有东京专门学校的留学生戢翼翚、杨廷栋、雷奋等，东京帝国大学的留学生何燏时、虞和钦、丁锦、陈榥、周家彦、周昌寿、马君武、郑贞文、张资平等，早稻田大学的留学生富士英、杨荫杭、汪郁年、夏清贻、徐傅霖、汪荣宝、秦毓鎏、黄展云、嵇镜、张肇桐、邓毓怡等，东京高等师范学校的留学生顾倬、陈文哲、陈独秀、吴稚晖、经亨颐、黄际遇、李步青、范源廉等，东京宏文学院的留学生沈心工、万声扬、华国铨、朱经农、陈宝泉等，此外还有留学于其他各类学校的王宰善、李叔同、杨寿桐、吴闿生、王建善、范迪吉、余焕东、蒋智由、周柏年、辜天佑、叶澜、董鸿祎、周逵、李廷翰、陈承泽、朱文叔、萧友梅等。

晚清中国留日学生编译的体育教科书具有开创性的意义，是教科书现代化进程中承上启下的重要一环。它的现代性体现在以下几个方面：1. 编撰的主体上，由于知识分子的觉醒，使得教科书的编撰者从清政府牵头组织，转为以中国知识分子为主体的自由组织；2. 教科书的种类上，教科书门类和科目更为齐全，科目涵盖政法、数学、音乐、体育、美术、卫生、手工等，教科书的体系初具雏形；3. 教科书语言上，与当时的文学革命相契合，体育教科书的语言也从文言文向白话文过渡，语境更贴近人们的日常生活，更容易让学生理解和接受；4. 形式上，教科书推陈出新，编排方法从"形式"向"体例"过渡，还出现了彩色封面与插图，装帧品质日益提高。

诚然，晚清留日学生编撰、编译的教科书受时代和个人能力的限制，存在着各种不足，如邓莹诗所编的《小学体操生理教科书》曾因词不达意而遭学部批驳等，这些教科书所起到的作用也只是阶段性的、有限的，但是，随着历史的车轮滚滚向前，国力的增强和民族自信心的提升，教科书也从晚清时期的全盘照搬、盲目崇外向强调民族化和本土化过渡，自编教科书成为时代主流。虽有各种不足，但晚清时期编撰、编译的教科书对中国教科书现代化乃至中国社会现代进程的深刻影响，仍然是不容抹杀的。

---

[1] 石鸥，吴小鸥. 中国近现代教科书史（上）[M]. 长沙：湖南教育出版社. 2012：271.
[2] 石鸥，吴小鸥. 中国近现代教科书史（上）[M]. 长沙：湖南教育出版社. 2012：176.

第五节
清末自编的体育教科书

　　1894年，中日甲午战争爆发，战争的失败给中华民族带来深重的民族危机，也标志着以"师夷长技以自强"为目的的洋务运动的失败，但作为培育掌握西方文化知识新人的新式学堂却逐步发展起来，对于新式教科书的需求随之日益旺盛。1904年1月，清政府颁布《奏定学堂章程》，将体操确定为"完全学科"，要求各地严格按照每周3课时来安排教学，教学内容为"有益之运动兼普通体操"。在新学制实施后的最初几年，民营书局自编的或大量译制的外国体操教材占据着主要市场，包括上海文明书局出版的丁锦翻译的《（初等小学堂学生用书）蒙学体操教科书》、王肇铉翻译的《普通体操学教科书》，以及由嵩炅等编著、上海彪蒙书室总发行的《绘画蒙学体操实在易》等。而由清政府组织的官编教材却迟迟未能出版，仍处于筹划编写的状态。

　　1902年10月成立的京师大学堂编书处是中国近代第一个官方组织的教科书编撰机构，1904年总理学务处成立后，其下设的编书局继续承担编撰教科书的职责。1905年，科举制被废除，经过多方酝酿，清政府成立了学部，作为管理全国教育的"总汇之区"，并将"国子监"改隶该部。学部将教科书的编撰视为其重要职责，认为："教科书为教育之利器……所有普通之知识，世界之大势，国民应尽之义务，各项教科书中，皆应发挥宗旨，指陈大义，以资讲授。"[1]1906年6月，学部设立编译图书局作为编撰各级各类学堂教科书的专职机构，以期实现中小学教科书编撰从以民间自行编译为主过渡到由教育行政部门统一编订的目标，于是，国家统编教科书应运而生。

　　学部编译图书局成立后，立即投入到教科书的编撰工作中，于1907年春首先出版了《初小国文教科书》，随后推出了《修身教科书》，接着于1907年印制发行了《初等小学体操教授书（第一册）》（如图1-5-1），这是我国最早的由国家教育行政管理机构官方编撰的体操（体育）教材。这本教材虽然也借鉴了日本教材的内容，但它在编辑思想、内容编排等方面遵循"癸卯学制"和清末教育宗旨的要求，力求符合学堂教学的需要，能有效地帮助体育教师开展初等小学低年级体操课教学，并对之后的体操教材的编撰产生了一定的影响。

---

[1] 李桂林，戚名琇，钱曼倩. 中国近代教育史资料汇编：普通教育[M]. 上海：上海教育出版社. 1995：64.

一、清末官编的体育教科书《初等小学体操教授书》

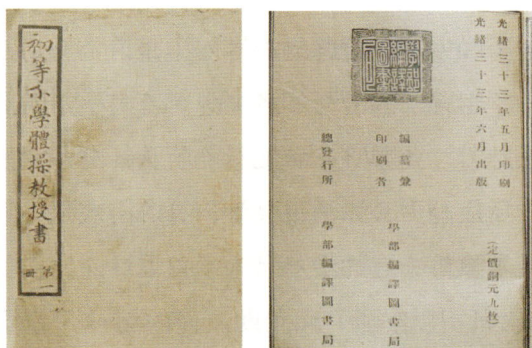

图1-5-1 《初等小学体操教授书（第一册）》，学部编译图书局出版，1907年版

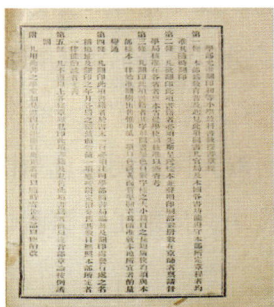

图1-5-2 《学部允准翻印初等小学教科书教授书章程》内文

（一）特点

这套教科书一共有八册，1907年出版了第一册，1909年出版了其余七册，是由学部专门组织编写的，教科书的文字没有标点符号。它具有以下特点：

1. 非常强调儿童生理、心理及学科特点，在凡例中提出"体操以游戏为初步，因儿童之活泼性，使习为有法之动作"，并认为一方面要依据"身体本生理学之原理，使肢体发育完全"，另一方面要"使强健之身体能听精神之指挥，表里如一"，并且要"合群竞争不悖"。（如图1-5-3所示）这一编辑思想是与《学部允准翻印初等小学教科书教授书章程》（如图1-5-2，以下简称《章程》）对体操科的教学目标和要求相一致的，即"使儿童身体活动，发育均齐，矫正其恶习，流动其气血，鼓舞其精神，兼养成其群居不乱、行立有礼之习；并当导以有益之游戏及运动，以舒展其心思"[1]，并且更加符合初等小学堂一年级学生的身心发展特点。

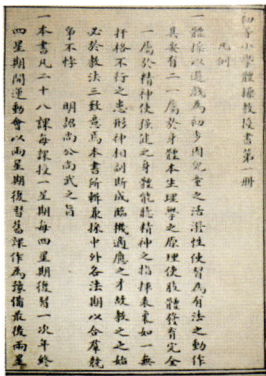

图1-5-3 《初等小学体操教授书（第一册）》内文

---

[1] 熊贤君. 民国义务教育研究[M]. 长沙：湖南教育出版社. 2018：245.

2.　与照搬日本教材而来的上海文明书局出版的《（初等小学堂学生用书）蒙学体操教科书》采用的普通体操不同，《初等小学体操教授书（第一册）》的教材内容以游戏为主，通过游戏来促进学生的身体、心理和社会适应能力的发育和发展，这样的内容安排是符合儿童身心发展特点的，能够较好地达到《章程》所规定的学科教学目标。该教材的各课内容都突出了游戏的教育功能，寓教于乐，而且各具特点。有的游戏是为了培养学生整齐一致的动作行为，如步伐队形——前进、螺旋行等；有的游戏是为了发展听觉—动作反应能力，如演说会等；有的游戏是为了发展机敏灵活的素质，例如鹰抓鸡、纸鸢、架桥竞争、雀争巢等；有的游戏是为了发展快速反应能力，如拾球、击钟、笼球等；有的游戏是为了培养团体意识、合作能力和互助友爱的精神，如绘书、兄弟竞走、击钟、撞玉等；有的游戏是为了发展体能和本体感觉，如抛球、双龙抢珠、引绳（拔河）等；还有的游戏是为了在运动中学习知识，如会猎等。此外，还设计了类似军事活动的游戏，如猫抓鼠、夜战、传输密信、暮夜行军等。教材最后根据教学进度还安排有综合游戏"运动会"，这是集游戏、比赛、奖励于一体的综合运动，并安排家长参加观摩。这些游戏大多以团体竞争比赛为主，对于培养学生的本体感觉、运动能力以及其他综合能力都有一定的作用，体现了体育教学所蕴含的教育价值和意义。

3.　这本教材不仅紧扣《章程》的有关要求，而且还恪守"忠君、尊孔、尚公、尚武、尚实"的教育宗旨，贯彻国民教育精神。所谓"尚公"，是要"务使人人皆能视人犹己，爱国如家"；所谓"尚武"，是使"幼稚者以游戏体操发育其身体，稍长者以兵式体操严整其纪律"。对于"尚公""尚武"宗旨的落实，首先体现在游戏类别的设置上，如第六课"兄弟竞走"一节，就要求两人携手奔向标志物后共同折返进行比赛，在游戏中发展友爱、合作的精神和品质，体现"尚公"的宗旨；而将军传令、夜战、暮夜进军等游戏都带有军事色彩，体现"尚武"的宗旨。其次体现在游戏内容中，通过规则的变化，潜移默化地进行培养。如在第三课"鹰捕雀"中，先由教师做"鹰"，学生当"雀"，"鹰"来捕"雀"，从而激发学生的兴趣，发展其反应速度和敏捷的思维；然后改变游戏规则，由学生中较为年长和强壮者做"鹰"，其余当"雀"，要求不要轻易去捕捉幼弱，以养成义气；最后则安排年龄较小或者是体弱的学生当"鹰"，培养其奔跑速度、灵敏性和公平的意识。通过这种游戏规则的变化，既发展了学生的竞争意识，增强了体魄，又引导了学生关爱弱小同伴，培养相互爱护的意识，从而促进"尚武""尚公"宗旨的达成。

4.　这本教材在内容的处理和教法设计上，虽也有借鉴日本教材的痕迹，但大多根据《章程》和教育宗旨所提出的教育思想和教育目标进行了改编，体现了"中学为体，西学为用"的特点。教材声称"本书所辑兼采中外各法"，既强调了教材的教育价值，体现了基础性和民族性，又充分学习了国外的先进经验和方法。例如，与上海文明书局出版的《高等小学游戏法教科书》（日本山本武著，丁锦译述）比较，学部编译图书局的《初等小学体操教授书（第一册）》中确实有很多游戏名称和内容与其相似，如"兄弟赛跑"和"兄弟竞走"，"大将军之令"和"将军传令"，以及名称一致的"暮夜进军""笼球"等。但是在教材处理上，学部编译图书局的《初等小学体操教授书（第一册）》更为细致，每个游戏都安排了多种教法，以达到相应的教学目的。

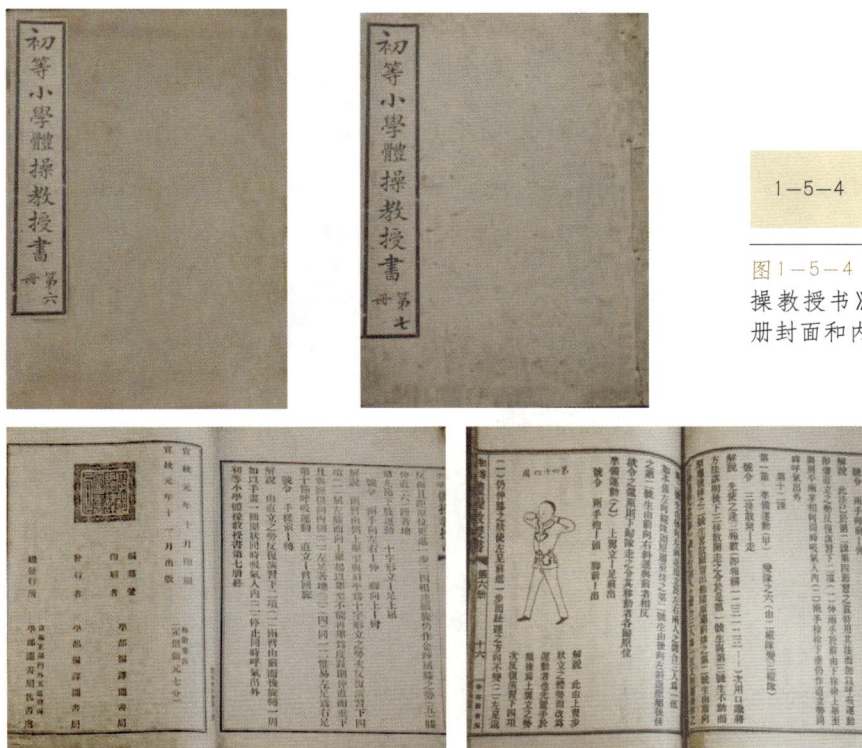

图1—5—4 《初等小学体操教授书》第六册和第七册封面和内容

　　了解《初等小学体操教授书（第一册）》，我们要特别留意书名中的"教授书"这三个字，这是教师教学专用的书。所以，该书在编排和体例结构上也力求更有效地指导和帮助教师开展教学。本书总体包含"凡例""目录""正文"三部分。凡例部分，除了阐明本书的编辑思想，概要说明一年级的教学内容和教学进度安排，还针对本书所涉及的游戏场地图、游戏时所唱的军歌、对游戏者及管理者的具体要求、游戏的器材用具图、各游戏操作图的编排、游戏的组织和号令以及游戏教授应注意的事项等进行了详细说明，特别是对书中的"区画""阵垒""排列线""决胜处""游戏者""管理者"等名词以及教学中所用的器材用具和队形等都用图示进行了逐一解释和说明，便于教师在实际教学中理解使用。凡例中还说明了本书游戏操作的具体次序为：预备、运动、竞争、训练、复习，共五部分，强调了游戏教授中的注意事项包括严格要求、天气要求以及教师要求和教师顺势随机应变等具体措施，并说明了本书中所定的歌词及预备动作信号等只是起到示范作用，教师可根据具体情况自己制订教学计划，选择教学材料。

　　在本书出版之前，无论是各民营书局所翻译的还是自编的体操教科书，都没有明确是给学生还是教师使用。而从这本"教授书"开始，体育教科书基本上都只编写教师用书而无学生用书，是真正意义的"教材"，名字有"教授书""教授细目""教本""教师用书""教学参考书"等。这种状况一直持续了大半个世纪，直到1983年，部分省市才开始尝试编写给学生使用的体育课本。这也是"体育"一科与其他学科不同的地方。

（二）意义

1. 我国最早的自编、统编体育教科书

这套教科书为我国最早的自编体育教科书，如第一册的凡例中说，"体操以游戏为初步，因儿童之活泼性，使习为有法之动作，其要有二，一属于身体生理学之原理，使肢体发育完全；一属于精神，使强健之身体能听精神之指挥，表里如一，无扞格不行之患，形神相副，斯成临机适应之才。故教之之始，必于教法三致意焉，本书所辑，兼采中外各法，期以合群竞争不悖，明诏尚公尚武之旨"[1]。编者先阐述了学习体操要遵循身体上、心理上之规律，编辑本书兼采用中外的方法，以"尚公""尚武"为宗旨。这套书在语言的使用、插图等方面都顺应了国人的习惯，如图1-5-5所示插图的人物皆采用清末学生的形象。从这些地方都可以看出编者自编的目的。

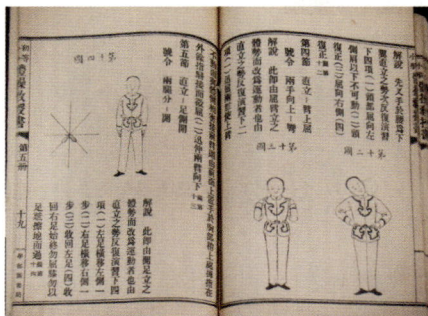

图1-5-5　《初等小学体操教授书（第五册）》插图

统编教材是指由相关部门组织编写的统一使用的材料，一般是由教育专门机构，如教育厅、教育指导委员会等机构组织编写。从这个意义上说，《初等小学体操教授书》是我国最早的全国统编的体育教科书，它的编写者学部编译图书局，是清朝末年科举改革办新学时附设在学部下的机构，是以出版新学图书为主的教材机构。

2. 教科书中有比较详细的教学进度安排，进度安排较为合理

第一册的凡例中曰，"本书凡28课，每课授一星期，每四星期复习一次，年终四星期开运动会"[2]。第一册共28课，每课的内容教授一周，每四周复习一次。教材明确规定了每课教材使用的时间，多长时间进行复习，每周上课的时间等。

教科书的内容选编和进度安排符合青少年生理和心理的发展规律是现代体育教材选编的基本原则，早在100多年以前的体操教科书中就体现了这一原则。"每操一式，以十次为止者，盖操不欲繁，繁者倦心生，故有合度之格，使脑筋无过劳之患。""每操初则一二式，如第三日每日加一式，加至七八式者，不可妄加，要七八式之内，操习纯熟约半日之久，方可调换别式，深恐次序淆紊欲速不达。""操法由手而足，由足而腰而头，不能妄用筋骨气力，盖亦由浅而深焉。""此书

---

[1] 学部编译图书局. 初等小学体操教授书：第一册[M]. 学部编译图书局，1907：1.

[2] 学部编译图书局. 初等小学体操教授书：第一册[M]. 学部编译图书局，1907：1.

为初等体操，若进而求之，如兵式器械等类，应从此书入门始也。"[1]每次进行体操练习时，最多十次，如果练习次数多了，会使学生在心理上产生厌倦感，告诫人们练习的量要适度。而后又对练习的时间、练习的密度等作了规定。可以看出，体操的教学要根据学生生理、心理发展的规律，循序渐进，由易到难。

3. 它开启了我国现代体操科（体育课）教材自主研制开发的先河，为后来各个历史时期编写体育教科书起到了基础性作用

为使该书能够广泛使用，学部还采取了开放版权的态度，在书后所附的《学部允准翻印初等小学教科书教授书章程》中说明："此项图书凡官局及本国各书坊能遵守本部所定章程者，均准其随时翻印"，并在出版后专门下文要求各省"迅速翻印或委私局承印"，并"转饬各学堂一体遵用"，而且是"札到仰即遵照办理"，通过这样的推广、实施，该套教科书得到了较为广泛的使用。

与《初等小学体操教授书》同时出版的还有其他学科的小学教科书。1906年，学部设立编译图书局，延续先前大学堂编书处和译书处编译教科书的职能。除对民间自由编写的教科书进行审定外，学部编译图书局经过筹办，第一次编纂了各种小学教科书，这是我国第一套国定小学教科书。这套书多仿文明书局、商务印书馆所印各种教科书体例，1907—1910年先后问世，定价低廉，允许翻印，推向全国。然而，自1907年学部所编的部分科目教科书第一册面世起，批评学部教科书恶劣之声就不绝于社会，部编之书亦迟迟未出。1909年修订学堂章程，将部编各书注于科目之下，俨然有国定之意，但因部编教科书各科各册分配之荒谬，程度之参差，大为教育界所诟病。随着清政府的统治被推翻，这套教材也就成为清末唯一一套"部编教材"了。

二、《音乐体操》

这是一本将音乐和体育的内容合编在一起的教科书，由江苏师范生编写，于1906年发行。其中体操内容有45页，音乐内容有71页。

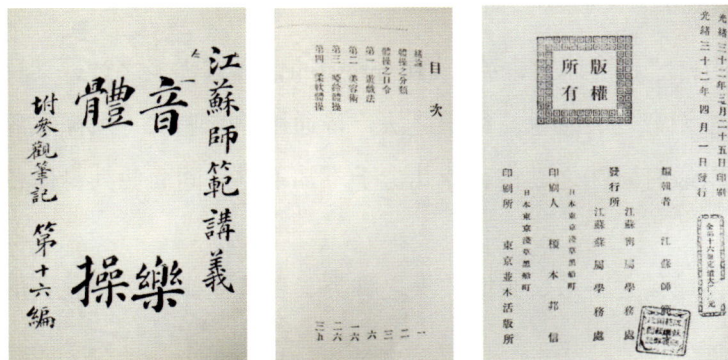

图1-5-6　《音乐体操》，江苏师范生编，江苏宁属学务处、江苏苏属学务处发行，1906年版

---

[1] 学部编译图书局. 初等小学体操教授书：第一册[M]. 学部编译图书局，1907：2.

该教科书体育部分内容包括绪论、体操之分类、体操之口令、游戏法、美容法、哑铃体操、柔软体操。绪论中将体操分为游戏体操、普通体操、兵式体操。

从教材的绪论看（如图1-5-7所示），这是一本翻译自日本的教材，"强国之道，自强民始；强民之道，自体育始；体育之道，自儿童始。英吉利教育家分教育为三大纲。智育德育以外，尤重体育。日本文部省定小学校之本旨，道德及智识技能以外，尤留意于儿童身体之发达"[1]。教材中还有少量日文。全书共有53幅图。

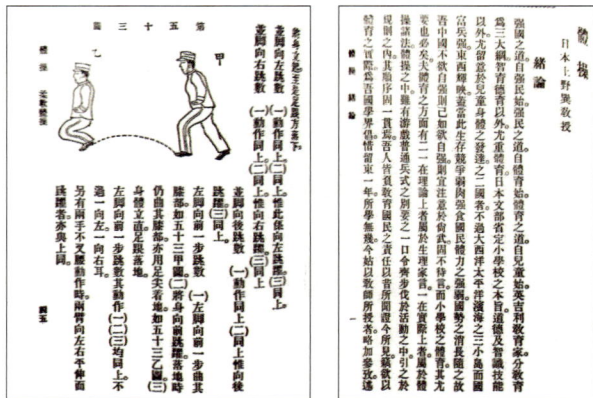

图1-5-7 《音乐体操》内文

三、《表情体操法》

《表情体操法》，又叫《唱歌游戏》。由上海科学书局1907年出版发行，编纂者是徐绍曾、孙揆，这是一本没有标点符号的教材，而且是采用与现代教材相同的排序顺序排版的教材。

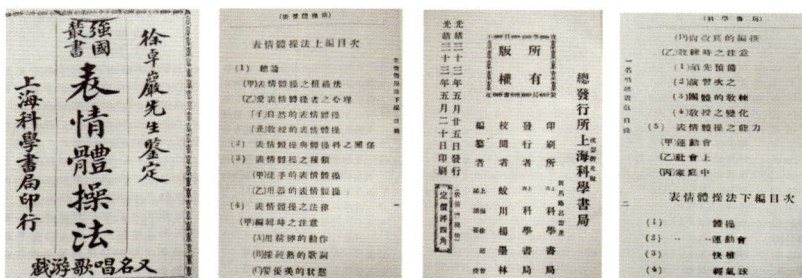

图1-5-8 《表情体操法》，徐绍曾、孙揆编，上海科学书局发行，1907年版

书中对"表情体操"是这样定义的："表情体操，英语谓Expression，译言优美之意，其目的在表明各种歌辞之情节，使儿童对之而生无穷之美感也。组织之法，普通用单音唱歌（须择歌辞中情节略复杂而有兴味者乃可为之），参以最有兴味之动作，令儿童于不知不觉之间而使其身体各部能平均运动。"[2]

教材上编包括总论、表情体操与体操科之关系、表情体操之种类、表情体操之法律、表情体操

---

[1] 江苏师范生. 音乐体操[M]. 南京：江苏宁属学务处，1906：1.

[2] 徐绍曾，孙揆. 表情体操法[M]. 上海：上海科学书局，1907：1.

之能力。从具体内容看都是有关体操的教材教法。下编都是体操方面的游戏，游戏中包含与音乐结合的体育游戏。

教材中描述了爱表情体操者的心理："爱表情体操最挚切者，莫小学校之生徒似矣。其所以酷爱表情体操挚切之心理，盖分为两类：[子]自然的表情体操；[丑]教授的表情体操。"

教材还介绍了表情体操和体操科的关系，说明表情体操的种类包括徒手的表情体操、用器的表情体操，如球竿（杆）、木环、哑铃、手巾、藤环、木枪、扇子、国旗、曲竿、彩旗。[1]

四、《体操教科书兵式教练》

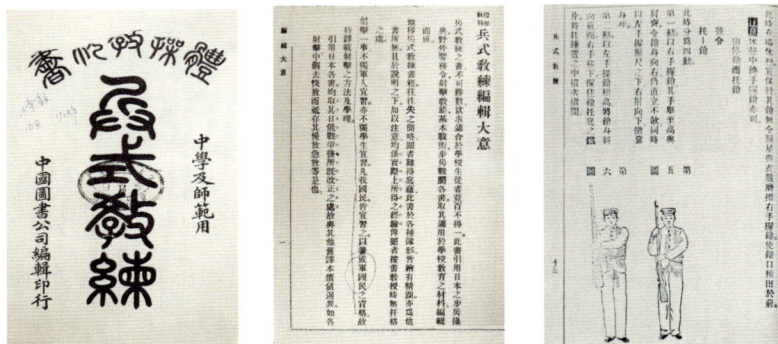

图 1-5-9　《体操教科书兵式教练》（中学及师范用），徐傅霖编，中国图书公司编辑印行，1908年版

这本教科书由徐傅霖编，中国图书公司编辑印行，1908年出版，供中学及师范用。全书共七章，分别为各个教练，枪，部队教练，中队教练，斥后教练，步哨教练，警备，还有一个附录。教材以兵式体操的内容为主，如第二章"枪"，包括枪之名称、枪分解结合之顺序、射击之原理、射击之界限（射击之效力）。第三章"部队教练"包括分队教练、小队教练、散开队次等。再如第一章的第二节"执枪教练"又包括枪之操法及刺刀之装卸、架枪及拿枪、装枪、射击等，第六章"步哨教练"包括步哨之任务、步哨之动作、步哨之守则、步哨之交代法、步哨之监视法、步哨对于敌人之动作、步哨与斥候之关系等。教材内容完全是军队士兵训练方法的翻版。

从本书的编辑大意可以看出作者的编写意图，"兵式教练之书，不可胜数。欲求适合于学校生徒者竟百不得一。此书引用日本之步兵操典、野外要务令、射击教范、基本战术、步兵战术各书，取其适用于学校教育之材料，编辑而成"[2]。

[1] 徐绍曾，孙揆．表情体操法[M]．上海：上海科学书局，1907：2-3．

[2] 徐傅霖．体操教科书兵式教练：中学及师范用[M]．上海：中国图书公司，1908：1．

第六节
清末体育教科书的特点

清末的中小学体育教科书经历了从无到有、从翻译国外的教科书到自编的过程，呈现以下特点。

一、外来传入为主，以直译居多

教科书（Text Book）一词最早源于教会学校，1877年基督教传教士在华成立学校教科书委员会（the School and Text Book Series Committee）[1]，由教科书委员会来组织编写中小学教科书。至1890年，益智书会出版和审定合乎教会学校用的书籍共98种198册，其中包括体育教科书。清末由国人翻译或与外国人合著的中小学体育教科书，主要源自日本、瑞典、英国、德国等，如学界公认的我国近代现存已知第一本体育教科书《幼学操身》，就是由教会学校传入的。查阅《广学会译著新书总目》，总目中仅有《幼学操身》《体学图说》《女学体操》3册体育教科书，相较而言，《幼学操身》一书编写出版年代最早。该书封面清楚地印有文字标明是教会学校编写并使用的小学体育教科书，清末其他的体育教科书均未标识此字样。《幼学操身》于1890年由上海广学会出版，系英国的庆丕和中国燕京的翟汝舟合著，由清末实业家、当时的山东登莱青兵备道东海关监督盛宣怀作序。

清末时期体育教科书可以分为直译、合著和国人编著三类。直译的文本主要有：1902年上海文明书局出版的《国民体育学》，由无锡杨寿桐译；1903年上海文明书局出版的《（初等小学堂学生用书）蒙学体操教科书》，无锡丁锦译著；1906年上海文明书局出版的《新撰高等小学体操教科书》，蔡云编译，上海时中书局出版的《瑞典式体操教科书》，由范迪吉译；1907年上海商务印书馆出版的《初等小学体操教科书》，由黄元吉译。合著的教材有：1890年上海广学会出版的《幼学操身》，由英国庆丕和中国翟汝舟编著。由国人自己编写的教材主要有：1905年由嵩㟆编著、上海彪蒙书室总发行的《绘画蒙学体操实在易》，1907年和1909年由清学部编译图书局编纂、学部编译图书局出版的《初等小学体操教授书》。

---

[1] 中文名称益智书会，秘书韦廉臣. 1887年，韦廉臣在上海成立同文书会。1894年，同文书会易名为广学会.

此时期虽然出现了国人自己编著的教材，但还是以翻译居多，即使是国人编著的也有沿用抄袭国外教材的痕迹。除了清学部编写的《初等小学体操教授书》较少搬抄的印记之外，其他由国人署名编著的中小学体育教科书均可看出搬抄国外教科书的痕迹。因中日一衣带水的关系，且中日在体操教育上有大致相同的教育背景，体操教科书译自日本的居多。如《（初等小学堂学生用书）蒙学体操教科书》，甚至都没有删去日译教科书中原有的序文，就直接编译出版了。《（初等小学堂学生用书）蒙学体操教科书》"原序"有云："今我邦文运日新，教育渐盛，要不出造作智德之法，体育一端。时闻其言而未闻其行。县鄙小学，尤付缺如。是尽当事者不得已而然。友人坪井、田中两君有见于此，探索体育诸术有年。操习之余，手缀一书，以应小学之用。所录皆粗浅易习，不尚苟难。"[1]《（初等小学堂学生用书）蒙学体操教科书》"凡例"中讲明了教科书的出处和原创者，"本书参酌《新撰体操书》及《新制体操法》二籍，又证以吾辈经验，与学友中岛代次郎、中村信量、细井严弥、山内辉民四君子筹议，专采适于小学者。爰名小学普通体操法。"[2]说明了《（初等小学堂学生用书）蒙学体操教科书》是翻译日本的《小学普通体操教学法》。其后清末的体操教科书基本上都是翻译或借鉴日本的体操教科书，即使是学部编写的《初等小学体操法》，虽经过改编，但是其内容基本上和日本的体操教科书一致。外来传入为主，以直译居多是清末中小学体育教科书第一大特点。

二、军国民主义教育思想贯穿这一时期的体操教科书

1840年鸦片战争之后，清政府先后经历了数次御外战争和国内运动，元气大伤。中日甲午战争和八国联军侵华战争之后，清廷对外签订了一系列不平等条约，国内怨声载道，民不聊生。清廷呈大厦倾崩之势，国内救亡图存思潮纷纷涌现，有识之士纷纷探寻救亡图存之路，努力寻找各种各样的救国方略，其中也包括"教育救国"和"体育救国"。而"体育救国"则首推军国民教育。

1902年，蒋百里在日本发行的《新民丛报》上发表《军国民之教育》，提出了实施军人精神教育的纲领和进行军国民教育的方法。在蒋百里之前，蔡锷在《新民丛报》上发表《军国民篇》，对军国民教育作出了充分论述。他认为："居今日而不以军国民主义普及四万万，则中国其真亡矣。"他从教育、学派、文学、风俗、体魄、武器、郑声（音乐）、国势八方面对"汉族之堕落腐败"而成为"东亚病夫"的现状予以深刻批判。清末思想家梁启超在其学生蔡锷和蒋百里的影响下，反思中国战败原因，认为重文轻武是其根本，他在《新民说·论尚武》中指出，日本一战胜我，主要在于日本推崇尚武主义。他说，彼日本区区三岛，兴立仅三十年耳，顾乃能一战胜我，取威定霸，屹然雄立于东洋之上也，曰唯尚武故。他主张培育尚武精神，培养国人具备三力：一曰心

[1] 坪井玄道，田中盛业. 初等小学堂学生用书蒙学体操教科书[M]. 丁锦，译. 上海：文明书局，1903：1.
[2] 坪井玄道，田中盛业. 初等小学堂学生用书蒙学体操教科书[M]. 丁锦，译. 上海：文明书局，1903：2.

力，一曰胆力，一曰体力。清政府颁布《奏定学堂章程》后，1906年学部将"忠君、尊孔、尚公、尚武、尚实"确立为教育宗旨，《学部：奏请宣示教育宗旨折》指出"凡中小学堂各种教科书，必寓军国民主义"，"体操一科，幼稚者以游戏体操发育其身体，稍长者以兵式体操严整其纪律"。清末体育教科书中兵式体操内容主要源自日本，兼学德国和瑞典，尤以德国为主。以早期兵式体操教科书《德国武备体操学》为例，我们可以一目了然地看到其所包含的军事训练内容，如运枪体操内容包括"归队""站法""单手运枪""双手运枪"，越险阻体操内容包括"跳沟法""跳篱法""跳短墙法""带枪跑法""远高跳法"，这些具有鲜明的军队训练色彩。对身处内忧外患的清政府来说，通过学堂教育培养和选拔军事人才是合情合理的，但培养专门人才应由武备学堂等专门学校来完成，各级普通学校则更应注重使学生"身体各部均齐发育"。

军国民主义教育思想是指文武合一的教育，它主张通过教育培养国民的军事技能和尚武精神。1906年清政府把"尚武"列入教育宗旨，规定仿效东西方各国，推行军国民教育，普通学校必须寓军国民主义于教育内，使学生树立民族国家观念，凡小学堂各科教科书，均应渗入军国民主义教育思想，使儿童熟见而习闻之；体操科，幼童以游戏体操发育其身体，少年以兵式体操严整其纪律。从清末的中小学体育教科书来看，军国民主义教育思想体现得很明显。我们从江苏师范生编写的《音乐体操》的"体操部分"来看，作者在绪论中指出："强国之道，自强民始；强民之道，自体育始；体育之道，自儿童始。英吉利教育家分教育为三大纲，智育德育以外，尤重体育，日本文部省定小学校之本旨，道德及智识技能以外，尤留意于儿童身体之发达。之二国者，不过大西洋太平洋滨海之三小岛而国富兵强，东西辉映。盖当此生存竞争，弱肉强食，国民体力之强弱，国势之消长随之。故吾中国不欲自强则已，如欲自强，则宜注意于尚武……"[1]从中可以看出，作者认为英国和日本之所以国富民强是因为重视儿童的体育锻炼，在国家弱肉强食的竞争中，国民体力是关键，因此中国要想自强，就应该注重"尚武"，表现出强烈的军国民主义教育思想。

从教科书的具体内容看，也是围绕军国民主义来选择教科书内容，如《表情体操法》（又名《唱歌游戏》），下编目次：（1）体操，（2）运动会，（3）快枪，（4）轻气球，（5）运动会，（6）祈战死，（7）春游，（8）体操，（9）～（11）花园，（12）～（13）扬子江，（14）～（21）出军，（22）送春归，（23）～（25）决战死，（26）～（33）军中，（34）～（35）陆军，（36）～（37）练兵，（38）～（39）海战，（40）～（47）旋军，（48）雪中行军，（49）中国男儿，（50）勇男儿。[2]

由目录可知，本教材军国民主义教育思想占据大部分篇幅，50个教学内容，有39个内容和军队作战有关，占了教学内容约80%。虽然教材是以游戏的形式结合音乐来设计的，教材中也没有出现兵式的枪械等内容，但是我们可以看出教材编写者想以游戏的形式来向学生灌输军国民主义教育思

---

[1] 江苏师范生. 音乐体操[M]. 南京：江苏宁属学务处，1906：1.

[2] 徐绍曾，孙拔. 表情体操法[M]. 上海：上海科学书局，1908：2-5.

想，使儿童在游戏中接受军国民主义教育思想。如第二十"出军（其七）"的歌词为"国轨海王权尽失，无地书禹迹，病夫睡汉不成国，欲要供奴役，雪耻报仇在今日，必必必"[1]，歌词反映了人们对当前政府割地赔款的软弱无能、民病国贫的不满，号召大家现在要锻炼身体，奋起雪耻报仇。如教材在"出军（其七）"的大旨中所说，"中国人尚武精神其原因甚复杂，而音乐之靡曼不振亦其一端，此近世识者所同道也，声音之道，其感人能力至大至远，不见昔之斯巴达乎，以垂毙之国被困于邻邦，卒藉首军歌而恢复主权，岂不异哉"[2]。编辑者力图通过音乐和体操结合起来的活动来激起人们的爱国激情。"阿娘牵衣向儿语，吾今不恋汝；爱妻结发劝夫行，慷慨送一程；斩杀敌军将战死，荣名出人上；军不凯旋归何颜，偷生要几年。"[3]歌词模拟士兵上战场前的景象："长驱万里，慷慨从戎，横戈跃马，勇气百倍；苟转战于沙场中则风腥日暗，炮烟弹雨不幸马革裹尸骨沙砾，为军人者当尤觉赴战之可乐，临敌须勇猛，要知既为国民当以救国为急务，国家有难岂可袖手旁观，如秦人之视越人肥瘠，愿我国民努力冒险兮，图存爱国不爱身男儿当如是。"[4]鼓励人们为了国家的兴旺，民族的前途不惜牺牲自己的生命，保家卫国。编辑者将音乐和体操相结合，也开创了中国体育教科书的先河。

在《钦定学堂章程》和《奏定学堂章程》中是没有提及音乐的，也就是说，"壬寅学制""癸卯学制"中是没有音乐教学的，1907年清政府颁布了《奏定女子小学堂章程》，将音乐列为正式的课程。1907年，江苏师范生编写了一本将音乐和体操合在一起的《音乐体操》，该书分为两个部分，第一部分为音乐，第二部分为体操。这两部分虽属于同一本书，但是各自独立，彼此之间并没有什么关联。《表情体操法》则将体操和音乐有机地结合在一起。编者认为表情体操能使儿童在欣赏音乐之美的同时，使身体不知不觉得到锻炼。"体操为小学校之必修科，此人人所知也，然生徒之对于此科有好之者有恶之者，若较之于唱歌科，人人所好者，则相差千里矣。每于体操课将终之时，略演表情体操，可使懦者之精神为之一振；若于演习之时，再和以进行曲，且能生特别之感情，即于涵养德性亦有益也。唱歌本至良之体操法也，表情体操则不独可练习呼吸而增加肺活量，藉四肢之动作并能使身体平均发育，精神活泼，意志坚强，固动作敏捷，且可以养成守规律，尚协同之人格，是以表情体操与体操课亦有关系也。"[5]将音乐和体操结合起来，可以提高学生对体操课的兴趣，使学生振奋精神，涵养德性，活泼精神，坚强意志。沈心工的《体操》就是第一课的乐曲，"男儿第一志气高，年纪不嫌小"。当唱"男"时，两臂向前平举，四指握拳，拇指直出；在唱到"志"时，两臂向上高举（此时两手握拳）；唱到"年"时两臂自上落下，所握之拳放开，两手撑腰；唱到"小"时两膝跪（跪下之时先以两踵提起，两膝同时向前跪倒，非一膝先跪、一

[1] 徐绍曾，孙揆. 表情体操法[M]. 上海：上海科学书局，1908：92.

[2] 徐绍曾，孙揆. 表情体操法[M]. 上海：上海科学书局，1908：90-91.

[3] 徐绍曾，孙揆. 表情体操法[M]. 上海：上海科学书局，1908：150.

[4] 徐绍曾，孙揆. 表情体操法[M]. 上海：上海科学书局，1908：103.

[5] 徐绍曾，孙揆. 表情体操法[M]. 上海：上海科学书局，1908：5.

膝后跪者）。

　　清末的体操，大部分是队列练习或者徒手体操、器械体操，儿童在学习的过程中重复那些动作，无疑会感觉枯燥无味，而将音乐和体操结合，则使得体操变得有趣且具吸引力，更能激发学生的爱国主义情感。正如1905年的《湖南蒙养院教课说略》所描述的音乐和体育的关系："乐歌为体育之一端，与体操并重。体操以体力发见精神，充贯血气强身之本，而神定气果，心因以壮，志因以立焉。乐歌以音响节奏发育精神，以歌词令其舞蹈，肖像运动筋脉，以歌意发其一唱三叹之感情，盖关系于国民忠爱思想者，如影随形，此化育之宗也，安可忽之。……体操发达其表，乐歌发达其里；强健四肢莫善体操，乃全乐歌之妙在于舞蹈，以状所歌之事与词，而用音响节奏以发扬之。学童得此天养，其粗糙之气、卑鄙之心、久自消除。"[1]音乐与体操相辅相成，互为补充，对儿童青少年的成长有很重要的作用。它能振奋精神，有利于培养国民忠爱思想，将音乐和体操结合起来，其实质也是为培养军国民意识服务。

　　军国民主义教育思想在游戏教材中也得到体现，《高等小学游戏法》的序言云："本书多择武术上之游戏。所争皆优胜劣败，适于邦人习俗。是不但欲达教育之目的，于尚武之精神，爱国之质性，皆是以养而成之也。"[2]可以看出"尚武"是这本书的特色，本书也确实采用了如"海陆速客""侦探指环""暮夜进军""单手角力""海战""袭兵""戎装赛跑"等模拟军事游戏。这些带有军事训练性质的游戏，能引起学生参加体育运动的兴趣，通过游戏既能培养学生的军国民意识，又能锻炼学生的身体，还能增进学生的军事知识，在当时具有非常积极的意义。

　　如果说小学堂教科书对军国民主义教育思想的表现只是种隐性表现的话，那么中学堂的体操教科书就显性地表达了军国民主义教育思想。我们以《体操教科书兵式教练》（中学及师范用）为例，来分析军国民主义教育思想在教科书中的体现。在编辑大意中，作者就说"此书引用日本之步兵操典、野外要务令、射击教范、基本战术、步兵战术各书，取其适用于学校教育之材料，编辑而成。……射击一事，不独军人宜习，亦不独学生宜习，凡我国民，皆宜习之，以养成军国民之资格，故详战射击之方法及原理"[3]。全书主要都是士兵训练的内容，其徒手教练主要是一些步法练习，执枪教练学习执枪的方法、枪和刺刀的装卸、弹药的装卸以及如何射击等，教材甚至还有如何"潜伏"的知识。虽然中学阶段还包括普通体操和游戏等，但是这些内容都是围绕军队操练的内容来组织材料的，如普通体操的教材内容中的整队练习，包括立正、稍息、向左向右转（右向与左向）、向后转等活动，还有队列练习，如原地踏步（足蹈）、齐步走（进）、立定（停止）等都突显尚武精神。兵式体操的内容随着年级递增。

　　清末中小学体操教科书中军国民主义教育思想贯穿始终。小学阶段只是军国民主义教育思想的

[1] 成都体育学院体育史研究所. 中国近代体育史资料[M]. 成都：四川教育出版社，1988：137.

[2] 山本武. 高等小学游戏法[M]. 董瑞椿，译. 上海：文明书局，1906：1.

[3] 徐傅霖. 体操教科书兵式教练：中学及师范用[M]. 上海：中国图书公司，1908：1.

一种隐性表达，主要通过游戏或徒手体操来培养学生的军国民意识，以体操课的教学来达到潜移默化的效果；而中学阶段则是直接以军事训练的内容来教学，无论从意识上还是行动上都将学生作为军国民来培养。单从学生的角度来看，军国民主义教育思想对他们的身心发展是不利的，但是从当时的时代背景和教材编写的角度来说，却有着爱国、期望通过强兵强种来救亡图存的积极意义。将训练军队士兵的兵式体操用于教授中小学生，军国民主义教育思想贯穿体育教科书是清末中小学体育教科书第二大特点。

三、体育教科书的内容和版式都具有开创性

清末体育教科书作为体育教科书史上承上启下的重要一环，旧的封建教科书影响不可能全然消除，但相较于之前，无论是内容还是形式都呈现出现代的气息。清末现存已知第一本中小学体育教科书为《幼学操身》，该书图文并茂，以图带文，通俗易学，讲求学以致用，这为其后中小学体育教科书的编撰做出了示范。又如，1902年由上海文明编译书局出版的《国民体育学》，全书包括6章24节。虽名曰"体育学"，但其内容集遗传、生理、卫生、体育、营养、养生等知识教育于一体，从人的成长、体育与文明生活习惯和良好素养养成与体育的视角编写，非常实用，这在一百多年前实属难能可贵，而且它对于当今整合相关学科知识、促进人的文明成长，仍然具有重要的启发作用。清末体育教科书无论在指导思想还是内容形式上都具有开创性：

1. 教学目的强调体育的重要性，提倡身体健康和心理健康并重。如作新社编译的《普通体操法》的前言："……且也今者智德育之当急，我国人士多知之矣，各地学校之踊起，且尽力以求智德矣，然而体育者，我国人士所忽也，不但忽之，且有因求急进其智育，而废其游息之时间者。有欲完全其德育，而禁其游戏之举动者。是直戕贼之也。是直尽驱我国少年而之于死也。故我闻我国之踊起学校也，始而喜，终而惧，惧之不已，而乃不自量力，而译此《普通体操法》，以思倡体育与我国。"[1]把体育提到和智育德育同等重要的地位，禁止体操类的游戏活动无异于置青少年于死地。《普通体操法》教材重视"身心合一，内外平衡"。"此书之旨，得无类是四百兆之同胞，吾愿从造国民之体格，而进求夫国民之神采，我国前途甚强权于识。"认为体操不仅能促进身体发育，还能强健精神。"体操以游戏为初步，因儿童之活泼性，使习为有法之动作，其要有二，一属于身体本生理学之原理，使肢体发育完全；一属于精神，使强健之身体能听精神之指挥，表里如一，无扞格不行之患，形神相副，斯成临机适应之才。故教之之始，必于教法三致意焉，本书所辑，兼采中外各法，期以合群竞争不悖。"[2]

2. 更可贵处，教学目的除了强调强身健体，注重生理、心理的健康外，其体育内容的设计，

[1] 作新社. 普通体操法[M]. 上海：作新社. 1903：叙言.
[2] 学部编译图书局. 初等小学体操教授书：第一册[M]. 学部编译图书局，1907：1.

还突出了体育精神的培育，注重对意志品质和开朗性格的培养。董瑞椿所译的《高等小学游戏法》云："游戏之事为儿童所深悦，故不但健康已也。其教是以活泼精神，生动意识。凡有体力易尽而不能耐久者，元气深状而不易发扬者，是以延之。继发儿童之体育，所最不可缺者，此耳。"[1] 该教科书要学生形成乐观积极的心态，具有合作能力和团队意识。体操课要使儿童身体活动，发育均齐，矫正其恶习，流动其气血，鼓舞其精神，兼养成其群居不乱、行立有礼之习。

3. 教科书在文字表达上逐步摒弃晦涩拗口的文言文，采用通俗易懂的白话文，专业术语上亦是尽量中国化。文言文是当时中国的通用书面语，最先的教科书也主要采用文言文。译自日本的体育教科书开始使用白话文或者在白话文中夹杂文言文，这样的表达通俗易懂，明白晓畅，更易于学生接受。如作新社编译的《普通体操法》指出："日本口号与我国异，若直译之，我国人必不能解，然其口号之意，有视我国口号为当者，故仍承其口号，而以我国口号列于上端，以全两美。我国口号，俱依湖北武备学堂，以便通行，其有武备学堂未备者，参以己意加入。"[2] 为了能让读者更加容易理解和接受，作者在翻译教科书的过程中，用浅近的白话文以及合乎中国习惯的术语来表达。其中专业术语主要以湖北武备学堂的术语为准，如果湖北武备学堂也没有相应的专业术语，就将其日语的原文也列在一边，所以我们在查阅清末的体操教科书时，有很多的专业术语用的是音译，同时还附有日文。

4. 清末的体育教科书在编排体例方面不断探索，为体育教科书的编写提供了范例。首先，这一时期的体育教科书一般在最前面或以"编辑大意"或以"例言"的形式，交代该教科书的出书背景、使用对象、学科概念、学习意义、科目发展、授课方法以及相关名词解释等。其次，这一时期的体育教科书多用插图等直观、生动多样的表现手法，吸引儿童的注意力及培养其学习兴趣。再次，译自日本的体育教科书的教学认知策略呈现多样化特点，不但延续了西式教科书注重插图的认知策略，还从章节标题、例言、附录、图表、着重号的使用等方面丰富了教学的认知策略。总之，清末中小学体操教科书从封面、封底、版权页，文字的编排，教材内容的选编，教学进度的安排，教学方法的阐述等多方面为其后的体育教科书提供了范本，体育教科书的编写体例初具模型。此乃清末中小学体育教科书第三大特点。

四、体育教科书的简易性

教科书的简易性，一方面是指教科书的内容简单易学。在1890年出版的现存已知中国近代第一本体育教科书《幼学操身》中，就提出教学内容力戒深奥难学，要明白晓畅，盛宣怀对此专门作序予以阐明。教科书以32幅图为导引，使教与学更加直观明了，有助于指导教师的教学、学生的课

---

[1] 山本武. 高等小学游戏法[M]. 董瑞椿，译. 上海：文明书局，1906：1.

[2] 作新社. 普通体操法[M]. 上海：作新社，1903：3.

堂活动及课外练习。1905年由嵩炅编著的《绘图蒙学体操实在易》，在其白话序中，作者指出："我现在因为做出了一部明明白白仔仔细细，有图有说明，看了就会学了就会、学了就懂的体操书。不需要先生教，通通可以学，非常的方便。不是说谎的，要是不相信就买一本去看看，就知道我的话实在错不了。"其时，采用"实在易"为教科书称谓的不局限于体育学科，同时还有一批涉及修身、中国历史、外国历史、中国地理、外国地理、音乐等学科的绘图蒙学实在易的课本出版。从《绘图蒙学体操实在易》教科书封二上的教材广告，可窥见其推广普及之广度。除了各类"实在易"教科书之外，已知的清末中小学体育教科书之中，以绘图形式引导体育教学和学生练习的体育教科书就有10本，以图导学，以学彰图，集中体现其简易性。此乃清末中小学体育教科书第四大特点。

另一方面是指教科书的编写比较简单，学生用书和教师用书并存。我们查阅了19本清末体操教科书，从封面能确定是学生用书的只有《（初等小学堂学生用书）蒙学体操教科书》，是教师用书的有学部编译图书局编纂的《初等小学体操教授书》一至八册，《普通体操法》可以作为学生和教师共用的教科书。从对初、高等小学体操教科书的介绍中，我们也可以看出这两本书是师生共用的，"体操为学校中重要之科目固不待言，然各省认办学校体操教员，每虞缺乏，不特学堂学科不完全，……二氏所著以生理、心理等精确之学理寓于体育之中，于儿童生理之发达、心理之倾向无不握其要领又注重于游戏，使儿童于不知不觉中而养成尚武活泼之精神，实体育书中之最良者也，译笔简明而不失原意。复增入游戏法数则，图书精良，体例详备，教师与学生均宜座置一编，以供参考"[1]。此文明确提出，《初等小学体操教科书》和《高等小学体操教科书》均既可作为学生用书，也可作为教师用书。学生用书和教师用书的区别在于，学生用书没有教材教法的介绍，教师用书则在教科书的例言或者凡例中介绍教学方法等。

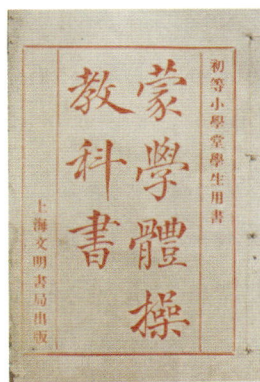

图1-6-1 《（初等小学堂学生用书）蒙学体操教科书》，丁锦译著，上海文明书局出版，1903年版

图1-6-2 《初等小学体操教授书（第一册）》，学部编译图书局，1907年版

[1] 川瀬元九郎，手岛仪太郎. 新撰高等小学体操教科书[M]. 蔡云，译. 上海：文明书局，1906：6.

第六节 清末体育教科书的特点

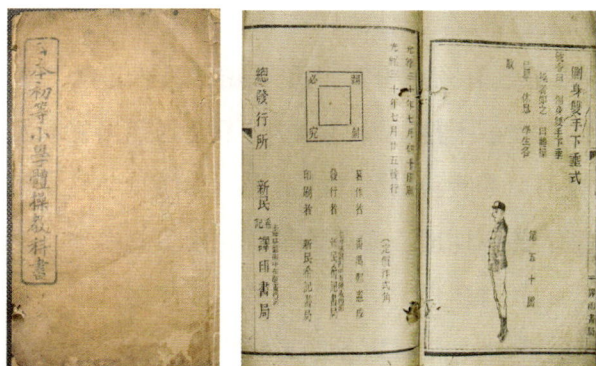

图1-6-3 《日本初等小学体操教科书》，郑宪成著，新民希记译印书局出版，1904年版

教师用书和学生用书合用的现象只在清末出现过，从民国初年到20世纪80年代初，中小学体育教科书只有教师用书，直到二十世纪八十年代初期才开始出现学生用书。是否要编写体育教科书、是否要编写学生用体育教科书一直是学界争论的问题。目前我国的体育教科书只有初中以上有学生用书，小学没有学生用书。

五、教科书编写初具范式

清末现存已知第一本中小学体育教科书《幼学操身》，开创了我国近代中小学体育教科书之先河。该书图文并茂，通俗易学，讲究学以致用，这为其后中小学体育教科书的编撰做了示范。又如1902年由上海文明编译书局出版的《国民体育学》，全书包括6章24节。虽名曰"体育学"，其内容集遗传、生理、卫生、体育、营养、养生等知识教育于一体，从人的成长、文明生活习惯和良好素养养成与体育的视角编写，非常实用，这在一百多年前实属难能可贵，直到今天，它对于整合相关学科知识、促进人的文明成长，仍然具有重要的启发作用。再如1905年嵩岊编著的《绘图蒙学体操实在易》和直隶保定府排印的《幼学体操法》，前者侧重于"实在易"，使学生明明白白，清清楚楚，一学就会，便于体育锻炼方法的普及；后者分为第一卷和第二卷，第一卷介绍体育活动的基本方法，类似于今天体育课教学的注意事项，许多内容周到细致，贴近儿童锻炼实际；第二卷则注重于身体各部分的练习和运动，内容中西合璧，方法多样。书中开创性的设计和构思，为后来体育教科书的编撰出版开风气之先。

这一时期的教科书大多采用浅近的文言文，以句号断句，但这些文字在今天看来有些拗口，生涩难懂。为了统一，体育教科书中的术语主要以湖北武备学堂的为准。如果湖北武备学堂也没有相应的专业术语，就将其原文也列在一边，所以我们在查阅清末的体操教科书时，有很多的专业术语，用的是音译，同时还附有日文。

清末的体育教科书一般在最前面，或以"编辑大意"或以"例言"的形式，交代该教科书的出书背景、使用对象、学科概念、学习意义、科目发展、授课方法以及相关名词解释等。如1903年作新社译《普通体操法》"凡例"中说明使用此书的主要是师范学校或中学的教师和学生。"此体操法，使四肢百体都为均平之运动，行于右者必及于左，行于前者必及于后。故详于右方者，左方从同，详于前方者，后方从同。左右之运动常先右而后左，前后之运动常先前而后后。号令有两种，一为预备令，一为动作令。预备令，令其注意动作之方法；动作令，命之动作也。唱预备令时，当高声而末一字音欲长。唱动作令时，当活泼而末一字音欲短。预备令与动作令不可接连唱之，中间当有适当之间断。则闻者能细知预备令之意，而少混乱之虞。"[1]作者在这里介绍了体操运动的作用，可以使身体得到均衡发展；还介绍了运动时的基本方法，教学中口令的使用等。《（初等小学堂学生用书）蒙学体操教科书》在序言中通过对德智体三者关系的阐述说明了体育的重要性，同时在教科书中进一步说明了体育对新民强国的重要意义、学习体操的重要性和必要性。

大部分体操教科书中都有教学方法的介绍，有的甚至对教材中每一章具体如何教都有规定。如《新撰小学校体操法》在第一篇总说中首先介绍了教授者之心得，对体操的目的、教学时教师的注意事项："最初可以直观的教授，即教师自作其模范以示之，使生徒十分了解，乃命之演习；渐有进步，则可用说明的教授，教师先将运动之方法，简洁明了以解说之，使之照而行者；至于已熟极之时，则可用号令的教授，即教师依动作以喊号令，使生徒随之操演者。"[2]在初次教动作时，教师要尽量多做示范，以"直观的教授"，使学生形成对整个动作的完整印象；当学生初步熟悉动作后，可采用"说明的教授"；而当学生比较熟悉动作时，可以采用"号令的教授"。其原理非常契合现代体育教学中运动技能形成的三个阶段，即动作的泛化阶段、分化阶段和动力定型阶段，符合各个阶段教师应该使用的教学方法。教科书还对教学中如何纠正学生的错误，运动量及度，运动服的规定，运动后的注意事项，运动的时间，选择运动场的要求，教学进度，各个教材如游戏教学的教学方法等，都作了比较详尽的说明。如在介绍教授之变化时，首先介绍排列的变换："排列之变换，及各种之运动，须常变换。例如二列或三列分行时而以大间隔或小间隔离开，有时以四列分行而以三数名或四数名离开。又于行教练后，使行快活游戏之类。凡在一授业时间，总须抑、扬、顿、挫，使儿童无暇起倦怠之念。是为至要。"[3]这是告诉教师在教学时要注意队列队形的变换，练习的口号也要有变化，以避免学生倦怠而分心。教材还对教学的进度进行了描述。"教课之进级，自此学期之教课以移于次学期之教课者，不可骤然全移新教课。先于运动之最良熟者，于新教课中以同样者加入，逐渐如是，自可全移于次之教课。虽然，运动排列之顺序断不可混淆。欲避此误解，聊述其例如左。本教课之运动法共分九种。假令首及胸运动最熟练时，以次教课同名之运动，移而行于此处。其次腰部运动最热时，以此教课同名之运动，使行于此处。如斯之顺次以行。则本教课之。全修时即入于新教课之时也。"[4]教材介绍了教学的顺序，先教什么，后教什么。

[1] 作新社. 普通体操法[M]. 上海：作新社，1903：5.

[2] 李春酰. 新撰小学校体操法[M]. 留学体育同志社，1906：1.

[3] 李春酰. 新撰小学校体操法[M]. 留学体育同志社，1906：4-5.

[4] 李春酰. 新撰小学校体操法[M]. 留学体育同志社，1906：5.

在介绍"早足"练习时，认为"'早足'为通常之步，其长自甲踵至乙踵之间二尺三寸，其速度一分时百五十步。如不能以定期正常进行之幼年生徒，则为之教师者当方定以适应之长，其速度可稍速。'前行进'略习足蹈后，行进至步调规律既练熟，则使之前进，教师下左令。"教科书阐述了练习"早足"的方法，练习的幅度、速度以及练习的方法等，又对练习的目的和进度也作了要求："于始习时，徐徐行进，使生徒了解正规之要领，而后逐渐加速至一分时百十五步止，初时求速而不整顿，致步法、长短、速度参差实有大害，当极注意。"[1]

《普通体操法》教材分为十七节，每节介绍一个内容，在介绍每一内容时，先介绍这一练习的目的、概念、动作的结构以及练习的方法等。"呼吸运动（呼吸运动者，呼息与运动相应也，译者注），此运动法，如其名称所示，呼吸运动即肺脏之伸缩与其弹力。充足受容空气之量，于其官能最为有效，但空腹行测当避。第一节，各生徒为吸充足之气，后一齐迅速呼气（三四回），各生徒当接两手于髋骨上。教师于吸气之间，举右手于呼气之时急下之，徐徐为吸气，徐徐气右手，速吸气，速上之，又呼气之时，下右手。"[2]对呼吸运动的概念，练习呼吸运动的作用、目的以及该动作的动作结构、练习时的注意事项进行了阐述。此外，该书还设了一章专门阐述体操的演习方法，在第十六章"体操演习示要"："体操日日有一定时间，当以适度之数课之，务使无有过不及之运动，但于午前，则身神快活，有新陈代谢之隆，于此时间可行之，又有欲学校通常全课业之中间行之亦可法。"[3]教科书对体操演习的要求进行了详细的论述，并对教师提出以下建议："体操教师当常常熟读体操演习示要及人体运动机略论，本书于说明各运动之目的，只举其大体而已，欲详细得知筋系统（筋之组成分种类）之说明，及各筋之效用者，课研究专门之书籍。"[4]

清末中小学体操教科书在封面、封底、版权页，文字的编排，教材内容的选编，教学进度的安排，教学方法的阐述等方面为其后的体育教科书提供了范本，中国体育教科书的编写初具范式。

清末中小学体育教科书的引入对早期体育教科书的发展有比较重要的作用。

首先，它丰富与完备了我国的教科书体系，填补了我国体育教科书的空白。现存已知最早引入的近代体育教科书是来自西方的《幼学操身》，但是由于当时没有统一的学制，也没有正式的体育教师，内容仅停留在书本上，没有得到推广使用。后来兴办的一些新式学堂，基于时人对西学之体操的粗浅认识，难以彻底地贯彻实行，遑论体操的教授方法等问题，人们甚至以为体操只不过是学习后的随意活动。直到1902年，清政府颁布"壬寅学制"，才有了为适应新学制而出版的学校体育专用教材。而这些教材基本上译自日本，如留日学生丁锦编译了影响很大的《（初等小学堂学生用书）蒙学体操教科书》，其他还有杨寿桐、徐一冰、徐傅霖、王肇铉、郑宪成、范迪吉、李春酿等人编译的体操教科书。瑕不掩瑜，清末中小学体育教科书尽管有种种缺点，尚不完美，但因其开创

[1] 刘斌. 清末民国中小学体育教科书研究[M]. 长沙：湖南师范大学出版社，2014：45.

[2] 作新社. 普通体操法[M]. 上海：作新社，1903：38-39.

[3] 作新社. 普通体操法[M]. 上海：作新社，1903：199.

[4] 作新社. 普通体操法[M]. 上海：作新社，1903：202.

性而在历史上留下了浓墨重彩的一笔。

其次，清末体育教科书在教学方法和教学内容的选择以及编排体例方面的探索，为体育教科书的编写提供了范例。如在文字表达上，用白话文逐渐代替文言文；多用插图等直观、生动多样的表现手法，吸引儿童的注意力及培养其学习兴趣；译自日本的体育教科书的教学认知策略呈现多样化特点，它不但延续了西式教科书注重插图的认知策略，还从章节标题、例言、附录、图表、着重号的使用等方面丰富了教学的认知策略。其他如书中所作教学指导等文字性说明，在教材中间穿插教学的目的和任务、教学和练习方法以及练习的意义等，全方位地促进了学生对教材的理解和应用。

再次，清末的体育教科书在翻译国外的教科书文本的同时，也带来了科学、民主、自由的全新理念。如作新社编译的《普通体操法》的前言中就说明了作者翻译日本体育教科书的目的就是介绍科学的人体知识，宣扬强身健体的正确方法。这些教科书提倡身体健康和心理健康并重，重视"身心合一，内外平衡"。"此书之旨，得无类是四百兆之同胞，吾愿从造国民之体格，而进求夫国民之神采，我国前途甚强权于识。"教材注重吸收外来的新知识和新理念，如强调体操的目的是强身健体，应注重生理和心理的锻炼。董瑞椿所译的《高等小学游戏法》云："游戏之事为儿童所深悦，故不但健康

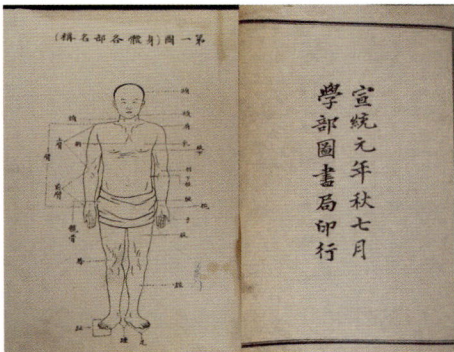

图1-6-4 《初等小学体操教授书》内文

已也。其教是以活泼精神，生动意识。凡有体力易尽而不能耐久者，元气深状而不易发扬者，是以延之。继发儿童之体育，所最不可缺者，此耳。"[1]从中可以看出，体育内容的设计，不仅是为了强身健体，更是为了意志品质和开朗性格的培养和塑造，要让学生形成乐观积极的心态，具有合作能力和团队意识。体操课要使儿童身体活动，发育均齐；矫正其恶习，流动其气血，鼓舞其精神，兼养成其群居不乱、行立有礼之习。

从清末出版发行的体操教科书内容看，初小以普通体操如徒手体操、器械体操、游戏等内容为主，兵式体操内容只是一些简单的队列练习，但是随着年级的升高，兵式体操渐渐成为教材的主要内容。

清末体育教育师资欠缺，退役军人被聘用为体育教师是这一时期师资的一大特点。1904年"癸卯学制"正式颁布后，各地学校如雨后春笋般在短短的几年时间内快速发展，全国各地的学生也迅速增多。根据统计，"小学生人数：1902年仅850人，1903年22 866人，到1909年已达1 469 412人；到1912年，全国共有学校87 272所，其中，小学86 318所，中学832所，高等学堂122所"[2]。新式学

[1] 山本武. 高等小学游戏法[M]. 董瑞椿，译. 上海：文明书局，1906：1.
[2] 谷世权，杨文清. 中国体育史[M]. 北京：北京体育学院体育史教学组，1981：306.

堂的大量开设和入学学生人数的急剧增长，使得学校对教师的需求大增，加之体操作为当时各级学校的必修课，体育教师异常缺乏，而且现有体育教师的水平也参差不齐，当时的体育教师有一部分是来自留学日本、学过体育专业的教师，还有一部分是由国内一些师范学校培养的体育专业毕业生，这些教师大都具有较好的专业基础，教学水平基本能达到当时的教学要求，但是这部分教师远远满足不了新式学堂的需求。由于当时的教学内容以兵式体操为主，很多学堂就聘任从军队中退下来的下级军官为体操课教师。其中部分"兵痞"教员不懂普通体操，他们给学生带来的只是军阀作风和体罚，即使是教学兵式体操，这些来自军队的教员大部分也只知道喊几句"立正""稍息""齐步走"之类的口令，除了懂得一点队列知识外，其他知识和能力都很欠缺。因此，很多学堂的体操课变成了以兵式体操代替整体操的课程，这样的体操课根本不能适应儿童和青少年的身心发展特点。在这种条件下，强国强种的愿望实际上只是一纸空文，无法实现。

清末体育教科书的另一特点是强调少年儿童身体发展和"强国强种"。例如，当时的蒙学体操采用多种多样的游戏、歌谣，设计与军事、天文、算术、自然等知识结合的活动情境，使学童在玩中学，在身体锻炼中受到潜移默化的教育。为适应体育教学的特点，教科书不但图文穿插，而且用连续的图形表现连续的动作，犹如电影动作过程连续的胶片，完整地反映动作的过程，并加以文字说明。还有表情体操教学法，有舞蹈，有歌唱，把体育与艺术完美地结合起来。此外，清末中小学体育教科书针对不同年龄阶段儿童和少年身心特点，选编难度适宜的内容，而且要求的运动量都比较大，这些与当时"强国强种"的思想是相吻合的。

《奏定学堂章程》颁布后，中小学体育教科书不断涌现。在清廷风雨飘摇、清王朝统治行将就木的年代，体育教科书寄托着一大批仁人志士对强健国民体魄的期盼，被寄予了"强国强种"的厚望。时隔百余年，打开那个时代的体育教科书，我们仍有似曾相识的感觉，仍能感受到编者探索的艰辛和创作的艰难。思考清末中小学体育教科书的发轫和特点，在今天仍有借鉴意义。

本章小结

　　清末体育教科书的引入和发展，在我国近代教育和体育史上均具有重要意义，体育教科书从无到有，从自发翻译到自觉编纂，伴随着体育课程的出现在艰难中起步，并渐成雏形。清末体育教科书的发展不仅代表着经历了改革阵痛后的学校教育正式确立了体育课程的应有地位，也标志着经由西学东渐和变法图强的双重冲击后，以体操为代表的西方体育已穿透中国传统体育的樊篱，成为中国近代体育的重要组成部分。体育教科书的出版和传播，为清末体育课程的有效开展提供了有力的支持，从客观上促进了西方体育尤其是体操在中国学校体育中的广泛传播，体育教科书在无形中充当了中国体育近代化的重要催化剂。

　　一、体育教科书呈现出明显的"拿来主义"特点。早年间，清朝政府主要参考借鉴西方体育课程来发展我国体育教育，其中，对日本体育课程的仿照在清末体育教科书中表现得尤为明显。通过对清末不同版本的体育教科书进行研究，可以发现不同时期的体育教科书均表现出了对国外教科书内容的模仿和借鉴，不同版本的教科书，其教材内容常常选用了完全相同或相近的内容，例如《幼学体操法》中的空手体操内容与《德国武备体操学》中的空手体操内容基本相同，总论及身体各部位操练法则与《幼学操身》中的内容相近。总体上来看，清末体育教科书大部分译自日本，少部分早期兵操译著译自德国等欧美国家，教科书编写内容以仿效日本教科书内容及体例为主。大部分译者通常是按照原书直接翻译，没有比较国内已有译著之内容，再加上之后的教科书编著者在以某一国外教科书为蓝本时，也往往会广泛地参考、借鉴其他各版本的教科书，因此总是会不可避免地出现不同版本教科书内容相同或相近的情况。此外，日本明治维新时期提倡向西方学习，此阶段的教科书编写同样出现过向西方学习的过程，例如范迪吉译自日本的《瑞典式体操教科书》，其译例中指出"此书系日本体育会员所编纂，译者又参照波氏《学校体操》、聂氏《瑞典式初步体操》、孟氏《瑞典式训练法》撰"。清末教科书发展总体上以学习日本为主，同时又受欧美之影响，因而各版本教材内容重复出现的情况时有发生。

　　二、清末体操教科书中开始出现对教学方法的关注，在最早出版的《幼学操身》中就已出现通过设问、强调、循序渐进等方式来规范教学过程的做法。之后的《幼学体操法》更为注重教学方法，书中指出："凡教此法，须深知体操一课，系于儿童身体极有益之事，必令人乐于学习，如作费力等课，及空腹饥饿之时，切不可操，致令视以为苦，此等处教习务宜留意。""教练体操，须从易处作起，循序渐进，初学幼童，断无数日即能教齐之事，教习入手，先按后开各法（如头操、臂操等类），按照次序。每次教练一二式，或二三式，此式教熟，然后按次分日陆续再教别式（惟走步法可于每次操毕先教之，以便齐队）。至各式一律全熟后，则每次之操，即令全身各处皆操到，不可常操一式，致使一处力乏，不能更及他操，令操者生厌。"此外，黄元吉译《初等小学体操教科书》总论中写道"教授者之心得"，"教授阶级及教法之选择"以及《新撰小学校体操法》中每项教学内容均设有教授者之心得，用以指导如何教授体操课程，这些均可视为对教学方法的阐述。从以上体育教科书中关于教学方法的介绍和运用来看，我国清末体育教科书中对教学方法的论述虽然还远远达不到系统全面，但它们表现出来的关注教学方法的精神值得学习和赞扬。

三、体育教科书的编排注意遵循学生生理发展规律。清末体育教科书就已开始关注学生生理发展规律，基本能做到对不同年龄段练习对象均有特别提醒，而后出现的体育教科书虽还没有严格按学段编写，但在内容编排顺序上基本能做到随着年龄增长逐步增大练习难度。同时，体操教科书内容编排初步具备适应人体生长发育规律的特征。例如《日本普通体操学》凡例中指出"原书为日本中学校师范学校生徒教授体操之用，本分十七章，今仅摘取其八章，演习哑铃体操之先，本不可少徒手体操等，因已详见德国武备体操一卷空手体操部，故略之"。其后学部所编《初等小学体操教授书》，其内容选编更为关注学生生理发展规律，例如书中提出"此书为初等体操，若进而求之，如兵式器械等类，应从此书入门始也"。尽管部分体育教科书开始关注学生生长发育规律，但仅仅是初具意识，并未能做到真正意义上的以学生的身心特点为编写依据。

四、体育教科书的编写渗透军国民主义教育思想。清末体育教科书的编写深受军国民主义教育思想影响。军国民主义教育思想对我国近代教育和体育史影响重大，自资产阶级改良派宣扬尚武救国思想以来，军国民主义教育思想逐渐为清末学校教育及学校体育所接受。"凡中小学堂各种教科书，必寓军国民主义"，体育课程更是将兵操作为主要教学内容，除各类兵式体操教科书被直接用于培养学生的军事才能外，《表情体操法》及《初等小学体操教授书》等体育教科书中也体现出鲜明的军国民主义教育思想的影响。如《表情体操法》中大量的唱歌游戏均冠以"祈战死""出军""决战死""勇男儿"等名称，这些游戏名称军国民主义风格强烈，直接以战斗命名反映出英勇杀敌的军事风格，呈现出这一阶段教科书所富含的战斗精神。

体育教科书的出现，是随着近代体育课程的产生而出现的，它是近代体育课程的产物，也是重要的体育课程资源之一。清末体育教科书顺应教会学校及各级学堂开设体育课程的现实需要，经历了从无到有、从自发翻译到自觉编撰的过程。体育教科书的出现不仅宣告了中国传统教育中没有专门体育课程时代的终结，也与其他学科教科书的出现一同标志着中国传统教育中不分科选用教材的做法已成为历史。这对重文轻武的传统教育而言，是一种双重突破。

当然，体育教科书在发展的过程中必然存在一些问题，如缺少对传统的反思和继承，在内容上表现出明显的对西方体育的移植和依赖，体育教科书的译者和编者鲜少将目光投向传统体育中的合理内容，诸如此类。体育教科书走向世界化、科学化的进程仍需不断加强，教科书在时代的长河中不断演进。

第二章

民国初期的中小学体育教科书
（1912—1923）

1912

清末政治腐败，整个国家面临随时被瓜分的危机，1911年，由孙中山领导的资产阶级民主革命——辛亥革命，推翻了统治中国两百多年的清朝，结束了中国长达两千多年之久的君主专制制度，近代以来中国发生的深刻社会变革由此拉开序幕。

　　1912—1949年中华民国一共经历了三十八年的历史，它大致历经了中华民国成立初期（即南京临时政府时期）、北洋军阀政府时期（即北京国民政府时期）、南京国民政府时期（南京国民政府时期又分为三个时期，即南京国民政府建立初期、抗日战争时期、从抗战胜利到南京国民政府垮台时期）三个阶段。伴随着时代的变迁，我国中小学体育教科书的内容经历了兵式体操从鼎盛到消亡，现代运动项目从萌芽到兴盛的过程，体育课程的名称也经历了从"体操"到"体育"的重大变革。

　　从1912年中华民国建立，民国政府颁布"壬子·癸丑学制"，到1923年体操课改名为体育课的十一年间，国家动荡不安，政权几度更替，社会制度发生了根本变革，教育的性质也随之发生改变，与此同时，西方的各种教育思潮传入我国，并被致力于学校体育改革的学者所吸收和借鉴，激发了很多教育思想的产生，如民国初年的"五育"并举思想、实用主义教育思想等，使得中小学体育教科书内容也随之变化。其中最大的变化是兵式体操从鼎盛走向消亡，即兵式体操在清末兴起，在民国初年达到高潮，随后逐渐走向衰落，最后被西方现代体育取代，彻底在中小学体育教科书中消亡。中小学体育教科书在这一过程中经历了否定之否定的辩证选择后，逐步得到稳定和健康的发展。

民国初期学校教育："五育"之提倡

1912年元旦，孙中山就任临时大总统，中华民国诞生，蔡元培出任南京临时政府的教育总长，他在《对于教育方针之意见》中，提出了军国民教育、实利主义教育、公民道德教育、世界观教育和美育主义教育"五育"并举的教育方针，这也是他完全人格教育的重要体现。他认为："五者，皆今日之教育所不可偏废者也。军国民主义，实利主义，德育主义三者，为隶属于政治之教育。……世界观、美育主义二者，为超轶政治之教育。"[1]他特别强调，教育应以"养成共和国健全之人格"[2]为根本目标。

作为"五育"之一的军国民教育，尽管从清末引入体操时就开始提倡，但直到蔡元培提倡"五育"并举后才达到高潮，军国民教育也是"五育"中最为突出的。蔡元培认为军国民教育即军事技能教育，尽管他也敏锐地观察到了世界时势的变化，认为军国民教育并非理想社会的产物，"在他国已有道消之兆"，然而，当时中国"强邻交逼，亟图自卫，而历年丧失之国权，非凭借武力，势难恢复"[3]，因此，为了反对列强侵略，必须用武力自卫，实行军国民教育以强兵。就国内而言，为了打破军阀拥兵专权的局面，只有"行举国皆兵之制"，"以平均其势力"，才能制约军阀，维护民权。所以"军国民教育者，诚今日所不能不采者也"[4]。在军国民主义教育思想的影响下，他非常重视体育教育，把学生体力的增进看作是"今日办教育的生死关键"，是"健全国民的基础"。他认为，"夫完全人格，首在体育。体育最要之事为运动。凡吾人身体与精神，均含一种潜势力，随外围之环境而发达。……次在智育。智育则属精神方面。……更言德育。德育实为完全人格之本。若无德，则虽体魄智力发达，适足助其为恶，无益也。"[5]"修己之道不一，而以康强其身为第一义。身不康强，虽有美意，无自而达也。康矣强矣，而不能启其知识，练其技能，则奚择于牛马；故又不可以不求知能。知识富矣，技能精矣，而不率之以德性，则适以长恶而遂非，

[1] 蔡元培. 对于教育方针之意见[M]//陈学恂. 中国近代教育文选. 北京：人民教育出版社，1983：326.

[2] 蔡元培. 向参议院宣布政见之演说[M]//蔡元培，中国蔡元培研究会. 蔡元培全集：第一卷. 杭州：浙江教育出版社，1997：164.

[3] 高平叔编. 蔡元培教育论著选[M]. 北京：人民教育出版社，2017：731.

[4] 蔡元培. 对于新教育方针之意见[M]//蔡元培，中国蔡元培研究会. 蔡元培全集：第二卷. 杭州：浙江教育出版社，1997：131.

[5] 蔡元培. 在爱国女校之演说[M]//陈学恂. 中国近代教育史教学参考资料：中册. 北京：人民教育出版社，1987：39-40.

故又不可以不养德性。是故修己之道，体育、智育、德育三者，不可偏废也。"[1] "体操者一方以健康为目的，一方实以身体为美形式之发展。"[2] "游戏，美育也……普通体操，则兼美育与军国民主义二者。"[3]蔡元培认为，"军国民主义重在整齐、严肃"，"养成自重急公的习惯"和"涵养"，可以培养学生的组织纪律性；通过体育中的规则和秩序，可以培养学生的道德自制力，通过体育中的集体游戏及与集体荣誉有关的体育竞赛，可以使学生懂得什么是团体的荣誉。学校体育的任务，在于"发达学生的身体，振作学生的精神"[4]。国民身体得以强健，临时授以军事知识，亦可执干戈以卫国家。他满腔热情地号召青年加强体育锻炼，"以健全的体力，去运用思想，创造事业"[5]。蔡元培的思想不仅影响了学校体育的理念，也对当时的中小学体育教科书产生了重大影响。

一、民国初期的新教育与体育教科书

辛亥革命的胜利，中华民国的建立，激起了文化教育领域的变革之风。清末旧教育方针理应被否定，民国新教育方针需要确立。1912—1913年，南京临时政府制定并公布了新的学制系统。因干支纪年分别属壬子、癸丑，史称"壬子·癸丑学制"。这个学制改学堂为学校，废除了尊孔读经，取消了进士出身奖励，确定了妇女的受教育权利和男女同校制度，同时筹办各级女子学校。小学教育以留意儿童身心之发育，培养国民道德之基础，并授以生活所必需之知识技能为宗旨。中学以完成普通教育、造成健全国民为宗旨，取消了清末的文实分科制度。该学制其后不断修修补补，但是并没有实质性的改变，一直施行到1922年。"壬子·癸丑学制"规定初等小学设置的课程有修身、国文、算术、手工、图画、唱歌、体操、裁缝（女）等。高等小学设置的课程有修身、国文、算术、本国历史、地理、理科、手工、唱歌、图画、体操，农业（男）、裁缝（女）等。

"壬子·癸丑学制"对初等小学、高等小学的体操科也进行了规定。1912年12月公布的《中学校令施行规则》中规定：中学校之科目为修身、国文、外国语、历史、地理、数学、博物、物理、化学、法制经济、图画、手工、乐歌、体操。体操要旨是"使儿童身体各部平均发育，强健体质，活泼精神，兼养成守规律尚协同之习惯"。"体操分普通体操、兵式体操二种，兵式体操尤宜注意。女子中学免课兵式体操。"中学各学年体操每周教授时数男子为3学时，女子为2学时。

1913年3月19日的中学课程标准中规定男子体操课每周3学时，教学内容为普通体操和兵式体操；女子体操课每周2学时，内容为普通体操。

[1] 蔡元培. 体育为修己之本[M]//蔡元培，中国蔡元培研究会. 蔡元培全集：第二卷. 杭州：浙江教育出版社，1997：172-175.

[2] 蔡元培. 美育[M]//华东师范大学. 中国现代教育文选：修订版. 北京：人民教育出版社，1998：61-21.

[3] 蔡元培. 对于新教育方针之意见[M]//蔡元培，中国蔡元培研究会. 蔡元培全集：第二卷，杭州：浙江教育出版社，1997：328.

[4] 蔡元培. 普通教育和职业教育[M]//蔡元培，中国蔡元培研究会. 蔡元培全集：第三卷，杭州：浙江教育出版社，1997：474.

[5] 蔡元培. 蔡元培言行录[M]//蔡元培，中国蔡元培研究会. 蔡元培全集：第五卷，杭州：浙江教育出版社，1997：43.

二、民国初期中小学体育教科书出版概况

这一时期出版的体育教科书主要集中在小学阶段，出版商以商务印书馆为主。根据《教科书之发刊概况》（中华民国教育部编：《第一次中国教育年鉴》戊编，开明书店1934年版），以及（中华民国）教育部布告审定教科图书，我们统计了这一时期的体育教科书情况。

表 2-1　民国初期中小学体育教科书出版情况统计表

序号	教科书名称	相关责任者	出版单位	出版时间
1	共和国教科书　新体操（初等小学用）	徐傅霖编	商务印书馆	1912年
2	中华初等小学体操教授书	徐傅霖编	中华书局	1912年
3	课外简易体操	［日］可儿德原著，中华书局编译所译述	中华书局	1912年
4	共和国教科书　兵式教练（中学校用）	徐傅霖著	商务印书馆	1913年
5	中华高等小学体操教授书	徐傅霖编	中华书局	1913年
6	初高等小学新体操参考书	徐傅霖编辑	中国图书公司	1913年
7	初等小学新体操教授书	徐傅霖编辑	中国图书公司	1913年
8	高等小学新体操教授书	徐傅霖编	中国图书公司	1913年
9	共和国教科书新体操（高等小学教员用）	徐傅霖编纂	商务印书馆	1913年
10	新制中华体操教授书（初等小学校用）	徐傅霖编	中华书局	1913年
11	新制中华体操教授书（初级小学国民学校用）	徐傅霖编	中华书局	1913年
12	体操教科书	［英］冈白斯德、克埃著，刘光照译述，沈步洲、［英］惠恩普审订	麦美伦图书公司	1913年
13	兵式体操教科书（中学）	黄元吉编译	商务印书馆	1914年
14	师范学校新教科书　体操	徐傅霖编辑	商务印书馆	1914年
15	共和国教科书　普通体操（中学校用）	徐傅霖	商务印书馆	1914年
16	小学游技	谭竞公编纂	商务印书馆	1915年
17	分级器械运动	麦乐意编译	上海基督教青年会全国协会书报	1916年
18	拳术	向逵编著	中华书局	1916年
19	行进游技法	汪应钧编	上海商务印书馆	1917年1月初版，1924年1月第6版

（续表）

序号	教科书名称	相关责任者	出版单位	出版时间
20	新制体操教本	徐傅霖编	中华书局	1917年
21	西洋拳术	陈霆锐译述	中华书局	1917年
22	体操步法撮要	［美］麦克乐著	商务印书馆	1917年
23	体操教授细目（甲、乙、丙编，甲、乙为国民学校，丙为高小）	赵光绍编	商务印书馆	甲、乙编1917年初版，丙编1918年初版
24	中华新武术（中学）四册	马良创编	商务印书馆	1918年
25	三民主义小学体操教本	杨彬如编	世界书局	1918年
26	小学适用体操教材	赵光绍编	商务印书馆	1921年
27	柔软体操	［美］麦克乐编	浙江省教育会	1921年
28	设计的儿童游戏	杨彬如编	商务印书馆	1922年

民国初期体育教科书的出版主要集中在商务印书馆和中华书局，编写教科书最多的是徐傅霖。

文化链接

徐傅霖（1878—1958），字梦岩。笔名半梅、庄周等，广东省和平县下车镇人。清末邑廪生，就读于惠州丰湖书院，嗣入京师法政学堂，留学日本早稻田大学，获法学学士学位。1905年参加同盟会。中华民国成立后，任国会临时参议员，参与制定《中华民国临时约法》。1939年春在香港创办《国家社会报》并任社长，宣传抗日。1941年参与创办中国民主政团同盟机关报《光明日报》，制定同盟纲领。他关心家乡公益事业，尤其是教育事业，如建立广州和平会馆，扶持创办浰东中学等，乡土情深。他工诗能文，著有《中国法制史》《刑事诉讼法》《梦岩诗文集》《体操讲义》，并译有《儿童教育鉴》等。

徐傅霖在清末民初致力于发展我国的体育事业，1905年徐傅霖在上海西门创设两届体操游戏传习所。1908年与徐一冰、王季鲁等创办中国体操学校，徐傅霖主管学科，王季鲁办理校务，徐一冰负责训育，为民国培养了大量合格的体育专职教师。其妻子汤剑娥，毕业于日本体操学校女部，曾任中国女子体操学校教务主任。徐傅霖对清末民初的中小学体育教科书的发展做出了巨大贡献。

徐傅霖编写了大量体育教科书。我们根据《教科书之发刊概况》（中华民国教育部编：《第一次中国教育年鉴》戊编，开明书店1934年版）以及部分史料，对徐傅霖编写的体育教科书进行了梳理。

表2-2　部分徐傅霖编写的体育教科书统计

序号	教科书名称	出版单位	出版时间
1	初高等小学体操范本	中国图书公司	1906年
2	共和国新教科书　体育（高小用）	商务印书馆	1912年
3	共和国教科书　兵式体操（中学用）	商务印书馆	1912年

（续表）

序号	教科书名称	出版单位	出版时间
4	中华初等小学 体操教授书	中华书局	1912年
5	共和国教科书 新体操（初等小学用）	商务印书馆	1913年
6	共和国教科书 普通体操（中学校用）	商务印书馆	1913年
7	高等小学新体操教授书	中国图书公司	1913年
8	共和国教科书 新体操	商务印书馆	1913年
9	中华高等小学体操教授书	中华书局	1913年
10	新制中华体操教授书	中华书局	1913年
11	共和国教科书 兵式教练（中学校用）	商务印书馆	1913年
12	共和国教科书 普通体操	商务印书馆	1914年
13	师范学校新教科书 体操	商务印书馆	1914年
15	实用体操讲义	中华书局	1915年
16	新制体操教本	商务印书馆	1917年
17	新制体操教本	中华书局	1917年
18	新制体操教本	中华书局	1920年

从表2-1、表2-2可以看出，民国初期编写的体育教科书多出自徐傅霖之手。他编写的体育教科书数量多，在短短的十年时间（三本《新制体操教本》内容差不多，只是出版时间不一样）就编写了十余本教科书，尤其是"壬子·癸丑学制"实施期间的体育教科书，大多由其编写而成，教材年级的跨度从初小到高中，一应俱全，甚至还有师范院校的体育教科书。

徐傅霖编写的体育教科书内容丰富而全面，涵盖了兵式体操、普通体操、游戏、舞蹈、田径、体育教学法，还包括人体生理、心理、解剖方面的知识，林林总总，蔚为大观。

徐傅霖还是将舞蹈引入体育教科书的先驱。在《小学校令》《小学校教则及课程表》《中学校令》《中学校令施行规则》和《中学校课程标准》中规定，女子中学校免兵式体操课，可以代之以舞蹈游戏，照所定学时分配，对舞蹈的具体内容，课程标准并没有作规定。在1914年《师范学校新教科书·体操》和《中华高等小学体操教授书》中就介绍了舞蹈。徐傅霖作为在我国传播西方舞蹈的先驱，将舞蹈编入体操教科书，把从日本学到的舞蹈介绍给国人，并且身体力行，亲自传授，为现代舞蹈传入我国做出了巨大贡献。

第二编游戏教材 四——通常卡特利儿 卡特利儿乃一种舞蹈之总称，故称某某卡特利儿者甚多，此其一种也。卡特利儿亦有作方舞形者，亦有作对舞形者。此通常卡特利儿乃对舞也，方法甚易，实为各种卡特利儿之基础，习者不能不知。对舞之法，以全生分作二列，距离四步而相对。面南之列，曰"上列"。他一列，曰"下列"。一列之中，每二人为一伍；一伍之中，在右者曰右生，在左者曰左生。每相对之二伍，称"一组"。开演之前，左右生握右手而为准备。[1]

舞蹈共分五段，每段八拍子。教材还介绍了单式朗酸斯（方舞的一种），复式朗酸斯，卡兰独尼盎、对象舞等。介绍以文字为主，配有部分脚步插图，同时将音乐呼唱和体操结合，促进了教材中音乐与体育的融合。

三、商务印书馆出版的体育教科书

商务印书馆（英文名称：The Commercial Press，简称CP）是中国出版业中历史最悠久的出版机构之一，它于1897年创办于上海，1954年迁至北京。商务印书馆与北京大学同时被誉为"中国近代文化的双子星"。商务印书馆的创立标志着中国现代出版业的开始。以张元济、夏瑞芳为代表的出版家艰苦创业，为商务印书馆的发展打下了坚实的基础。商务印书馆早在创立不久后就成立股份公司，并先后延请高梦旦、王云五等一大批杰出人才，开展以出版为中心的多种经营，实力迅速壮大，编写大、中、小学等各类学校教科书，编纂《辞源》等大型工具书，译介《天演论》《国富论》等西方学术名著，出版鲁迅、巴金、冰心、老舍等现代著名作家的文学作品，整理《四部丛刊》等重要古籍，编辑"万有文库""大学丛书"等大型系列图书，出版《东方杂志》《小说月报》《自然界》等各类杂志十数种，创办东方图书馆、尚公小学校，制造教育器械，甚至拍摄电影等。

新中国成立后，商务印书馆积极完成公私合营改造，并于1954年迁至北京，在中央的大力支持下开始了新的奋斗历程。1958年，中国出版社业务分工，商务印书馆承担了翻译出版国外哲学社会科学著作和编纂出版中外语文辞书等出版任务，逐渐形成了以"汉译世界学术名著""世界名人传记"为代表的系列翻译作品，和以《辞源》《新华字典》《新华词典》《现代汉语词典》《英华大词典》等中外语文辞书为主要支柱的出版格局。

商务印书馆在民国初期出版了以下一些体育教科书。

（一）"共和国教科书·体操"系列——民国初期最完备的体育教科书

1913年民国初建，商务印书馆组织编辑同仁，按照新学制筹划出版共和国新教科书。[2] "共和国新教科书"是商务印书馆于1913年秋编写完成的第一套最完整的教科书，"共和国新教科书·体操"分四册，包括初小、高小、中学以及中学用的兵式教练内容，教科书均由徐傅霖编写。

---

[1] 庄俞，蒋维乔，等. 中国近现代教育资料汇编：1912—1926[M]. 北京：海豚出版社，2016：293-294.
[2] 中华民国教育部. 教科书之发刊概况[M]//第一次中国教育年鉴：戊编. 上海：开明书店，1934：15.

表 2-3　共和国体操教科书书目表

序号	教科书名称	编者	出版单位	出版时间/年
1	共和国教科书　新体操（初等小学用）	徐傅霖	商务印书馆	1913
2	共和国新教科书　体育（高小用）	徐傅霖	商务印书馆	1912
3	共和国教科书　普通体操（中学校用）	徐傅霖	商务印书馆	1913
4	共和国教科书　兵式教练（中学校用）	徐傅霖	商务印书馆	1912

　　《共和国教科书　新体操》（初等小学用），全书分为四卷，书中编辑大意曰："本书教材分为四卷。每卷足供一年之用。四卷足供四年之用。"内容上主要有队列队形、游戏、徒手体操、表情体操等。教材每章都有表解，提其纲要，以方便教练员节省备课时间，且在后文加以详细叙述，以方便课余时间参考。目录如下：

图 2-1　《共和国教科书　新体操》（初等小学用），徐傅霖编，商务印书馆出版，1913年版

表 2-4　《共和国教科书　新体操》（初等小学用）目录表

卷数	章名	内容
卷一	第一章　绪论	一　体操科之目的
		二　体操科之设备
		三　体操科之管理
	第二章　教授上之注意	一　实施上之注意
		二　各学年体育上之注意
	第三章　教材	一　表
		二　解
	第四章	补充课
	第五章	雨天特课
	第六章	课外教授
卷二	第一章　绪论	一　体操之基本形式
		二　基本形式之适用

（续表）

卷数	章名	内容
卷二	第二章 教授上之注意	一 学理上之注意
		二 时间之分配问题
	第三章 教材	一 表
		二 解
	第四章	补充课
	第五章	雨天特课
	第六章	课外教授
卷三	第一章 绪论	一 基本形式之生理观
		二 基本形式之训练观
	第二章 教授上之注意	一 教师之注意
		二 对于虚弱儿童之注意
	第三章 教材	一 表
		二 解
		三 解
	第四章	补充课
	第五章	雨天特课
	第六章	课外教授
卷四	第一章 绪论	自教授阶级上论基本形式（1预备动作）（2本位动作首胸上肢调和肩背腹腰跳跃）
	第二章 教授上之注意	一 每时间运动程度之标准
		二 对于女儿之注意
	第三章 教材	一 表
		二 解
		三 解
	第四章	补充课
	第五章	雨天特课
	第六章	课外教授

《共和国教科书 普通体操》（中学校用），全书共分"绪论""体操教材""补助体操""体操科之设备"及"体操科之教授法"五章，并对体操教材作了分类，即"以其运动之目的分类"，将体操分为了下肢运动、平均运动、上肢运动、头部运动、呼吸运动、胸部运动、背部运动、腹部运动、躯侧

图2-2 《共和国教科书 普通体操》（中学校用），徐傅霖、庄俞著，商务印书馆出版，1913年版

运动、悬垂运动、跳跃运动。其主要内容仍是徒手体操和器械体操，而器械体操主要有水平棒、铁棒、吊绳、窗梯、横梯、吊环、天桥、跳台、木马、鞍马、条桌、跳箱、跳绳、肋木、体操凳、跳下台、低平衡木、跳板等。其原文曰："此运动之性质分类，不问其使用之器械如何，外形如何，运动之部分如何。其运动之性质，在使发达胸部者，曰胸部运动，练习正其背部姿势者，曰背部运动，即以其运动之目的分类也。是为吾人今日所应采用之最进步分类法。"

表 2-5 　《共和国教科书　普通体操》（中学校用）目录表

章数	节数	内容
第一章　绪论	第一节	体操之特质
	第二节	体操之主眼点
	第三节	体操运动之类别
	第四节	体操姿势
	第五节	体操运动之速度
	第六节	体操运动之次数
	第七节	体操运动之连续
	第八节	体操运动之调律
	第九节	体操之呼唱
第二章　体操教材	第一节	下肢运动
	第二节	平均运动
	第三节	上肢运动
	第四节	头部运动
	第五节	呼吸运动
	第六节	胸部运动
	第七节	背部运动
	第八节	腹部运动
	第九节	躯侧运动
	第十节	悬垂运动
	第十一节	跳跃运动
第三章　补助体操	第一节	排列
	第二节	连续体操
	第三节	游戏
	第四节	教授时间以外之运动
第四章　体操科之设备	第一节	体操教科场
	第二节	体操教授用具

（续表）

章数	节数	内容
第五章　体操科之教授法	第一节	教授纲领
	第二节	关于教师之事项
	第三节	关于教材之事项
	第四节	体操上各运动教授之法
	第五节	体操科授之教授时间
	第六节	检查身体法

"共和国教科书·体操"系列具有以下一些特点：

1. 强调身体教育，以培养合格的共和国国民为宗旨

辛亥革命胜利后，以孙中山为首的资产阶级革命派满怀希望，着手建设一个富强的资产阶级共和国。当时的教育总长蔡元培也认为教育的根本任务就是培养"完全之人格"，并提出了"五育"并举的基本方针。为达到其目的，蔡元培特别强调必须将"五育"分配于各科教科书中。他认为"游戏属美育，兵式体操属军国民主义，普通体操则兼美育与军国民主义二者[1]。"共和国教科书·体操"这一系列教材基本上反映了蔡元培"五育"并举的思想，力图通过体操课来培养合格的共和国国民。在《共和国新教科书　新体操》（初等小学用）的编辑大意中就这样说，"准最新之学说而定，教材俾增进学生身心之发育，注重规律运动而不使过于束缚，提倡自由运动而不使失诸紊乱，以期养成国民尚武之精神"[2]。既要按照运动的规律来锻炼学生的身心，也不能过于被一些规则束缚；在运动中提倡自由，但又不能没有秩序，力图通过这些体育活动，培养合格的共和国国民。在《共和国教科书　普通体操》（中学校用）序言中认为体操的目的，一是以使身体各部分平均发育，二是以使各器官之机能完全发达，三是以使动作机敏耐久精神快活刚毅，四是运动身体而已。从这里可以看出，体操活动不仅要锻炼学生的身体，还要锻炼学生的精神；"体操乃适合于全身及身体各部之要求而为系统纯正之合理运动。是以修养身体之各种体育法，以体操为最著"[3]。体操是所有运动中最适合锻炼身体的练习。

从具体内容看，《共和国教科书　新体操》（初等小学用）中的体操内容包括徒手体操、走步、哑铃、单环、二三人跳绳、棍球等轻器械体操，肋木双杠、吊棍、吊绳、吊杠等器械体操。该书比较注重学生的生理基础和心理，从其对器械体操的设置内容来看，比较强调悬垂项目，所设支撑项目多属于混合支撑，在一定程度上符合小学生生理发展的特点。

《共和国教科书　普通体操》（中学校用）体操内容包括徒手体操和器械体操，分节介绍体操的着眼点、类别、姿势、速度、次数、编排、韵律和呼唱等。当时的器械体操项目有水平棒、铁棒、吊绳、窗梯、横梯、吊环、天桥、跳台、木马、鞍马、条桌、跳箱、跳绳、肋木、体操凳、跳下台、低平横木、跳板等。

图2-3 《共和国教科书 兵式教练》（中学校用），徐傅霖著，商务印书馆出版，1913年版

《共和国教科书 兵式体操》（中学校用）是参考步兵操典、射击教练、野外要务编辑而成的适合于学校教学，教授军国民应有的智识技能的军事体操教材，是一本兵式体操的专著。该教材共分为"单个教练""连教练""射击术""野外警戒""礼节"5章。

"共和国教科书 体操"系列和清末体操教科书有明显的不同，清末体操的主要目的是培养军国民，其功能相对单一；而民国初期的体操课十分注重课程的多元教育功能，体操不仅要锻炼身体，而且还要培养儿童的精神，养成共和国国民的习惯等。只有锻炼好身体，才能成为合格的共和国国民，身体教育是共和国体操教科书的重中之重。

2. 教科书内容的本土化改造

虽然这套教材所使用的仍然是文言文，但是其语言较之清末更浅显、通俗、易懂：句末以小圆点断句；图文配合比较合理，没有清末体操教科书中出现的教材文字和插图不在一个页面的现象；插图人物均为绘图画，图片背景多采用本国学校环境，体操的专业术语不再出现汉字中夹杂日文或者英文的问题，体操专业术语名称也更符合中国人的习惯。这些虽然说是很细小的问题，但是对于读者来说，减少了阅读障碍，从而更具吸引力，阅读起来更加流畅和赏心悦目。

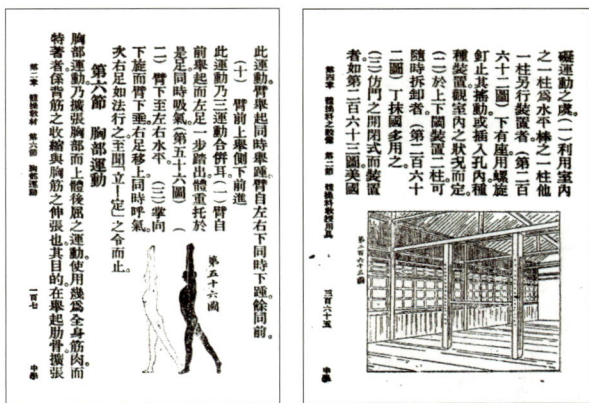

图2—4 《共和国教科书 普通体操》（中学校用）内文及插图

　　教科书均按照学生的程度来编写，如《共和国教科书 新体操》（初等小学用）就是按照初等小学程度来编写的，并且男女皆适用，这也是"共和国教科书 体操"系列的一大特点，初等小学教科书都是男女并重，以便男女同校使用。系列教材强调连续性，教材采用直线式排列，初小、高小、中学的内容互相关联照应，循序渐进，便于统一教学进度，防止各级学校重复教学。

3. 第一次在教材中提出体操分类的方法

　　分类是一种基本的分析方式，根据事物的特点，将研究对象分为不同的部分和类型，再进一步分析，能够加深对事物的认识，揭示事物的本质。体育教学内容的分类也是如此，分类是为了对体育教学内容进行梳理，使其体系更加清晰，与体育教学目标的对应更加紧密；使其能根据教学过程进行合理的排列。[1]

　　"体操运动之类别 体操上运动之类别。古来经几多变迁，以至今日。兹述其进化之状态如左。（一）外状及器具上之分类。此非观运动之性质而分类。单以外观之形状及运动器具之不同而分类也。……不用器具者曰徒手体操。使用哑铃球杆者曰哑铃体操、球杆体操。使用器械者曰器械体操。此实最幼稚之分类法也。（二）身体部分上之分类。此不若前者之以身外物为基础而分类，乃以所运动之身体上部分分类也。即如运动足曰足部运动，运动手曰手部运动。惟运动足而效果及腹部腰部，运动手而效果及胸部背部者，则此分类法竟置诸度外。若吾人之运动效果，仅能及所动之部分，则利益自不能至筋骨之外。然运动之效果断非如此狭隘者。筋骨之外效果反大，故此以所动之部分分类。虽较前项以外状器具分类者略进一步，仍不得为完全之分类法。（三）目的上之分类。此以运动之性质分类，不问其使用之器械如何外形如何，运动之部分如何。其运动之性质，在使发达胸部者，曰胸部运动。练习正其背部姿势者，曰背部运动。即以其运动之目的分类也。是为吾人今日所应采用之最进步分类法。"[2]

　　在《共和国教科书 普通体操》（中学校用）中，作者在这里提出了三种体操分类方法，一是按是否使用器具分类，二是按身体部位分类，三是按照锻炼的目的来分类。作者认为第三种最好，

[1] 毛振明. 体育课程与教材新论：面对传统与权威的思考[M]. 沈阳：辽宁大学出版社，2001：57.
[2] 徐傅霖. 共和国教科书：普通体操：中学校用[M]. 上海：商务印书馆，1913：8-9.

所以在教材中，基本采用按照锻炼的目的的方法来分类。这种分类方法在今天的体育教材中也比较常见，这便于教师更有针对性地选择教材，按需施教。尽管书中运用这种方法还存在分类不清、分类重复的问题，但是作者对体育教材的分类尝试具有非常重要的意义，它为后来教材的编写提供了借鉴和参考。

"由于体育学科的特殊性和体育教学内容的某些性质，体育教学内容的分类一直是一个争论颇多、比较复杂的问题"[1]，就连多年从事中小学体育教材编写的专家王占春也觉得教材的分类是一件非常难的事情，他认为，"多年来，在编订大纲和教材时，都对如何优选体育课程的内容、教材如何组合分类，进行探讨、试验，但解决得并不十分理想，其中难点比较大的是教材的分类问题"[2]。民国初期的体育教科书编写能对教材的分类进行尝试，是非常难能可贵的。

"共和国教科书 体操"系列为我国最早的完备的自编中小学体育教科书，教材强调身体教育，以培养合格的共和国国民为宗旨；吸取清末翻译日本体操教科书的经验，并对教科书内容进行了本土化改造，第一次在教材中提出将体操教学内容进行分类的方法，为其后中小学体育教科书的编写积累了经验。

中华民国建立以后，中小学体育教科书的编纂进入了发展的稳定期，教科书质量逐渐提高，随着军国民主义教育思想在中国由高潮走向低谷，民国初期中小学体育教科书中兵式体操的内容也呈现前多后少，直至在中小学体育教科书中完全消失的状态，现代体育项目逐渐进入中小学体育教科书；民国初期自编教科书和单项教科书的出现，以及武术正式进入体育教科书，丰富了我国中小学体育教科书的内容，为其后体育教科书的成熟及完善提供了基础。

4. 对清末体育教科书的继承性

"共和国教科书 体操"系列初等小学和中学校用书，对清末体育教科书有很强的继承性，其内容与清末的体育教科书相比变化不大，小学仍以游戏和普通体操为主，中学以普通体操和军操为主。在体育教科书的教授时间上，也和清末《初等小学体操教授书》一样分学年、按内容进度来组织教授。对比内容细节，它们也有相似之处。如《共和国教科书 新体操》（初等小学用）卷一中学校第一学年正课教材表中的"第五运动"与《初等小学体操教授书》中第一册的游戏如出一辙；其卷二的表情体操《雪中行军》和《初等小学体操教授书》中第一册的《将军行》，都属于军事歌谣；《共和国教科书 新体操》（初等小学用）卷四的第四章补充课还加入了陆军军操，其插图也区别于该书的其他插图，以身着军装、头戴军帽的男性士兵为例，显现出当时对清末军国民教育的认同。

虽然"共和国教科书"具有很强的继承性，但是书中的一些思想还是得到了革新。如蔡元培

[1] 毛振明. 体育课程与教材新论：面对传统与权威的思索[M]. 沈阳：辽宁大学出版社，2001：57.
[2] 王占春. 新中国中小学体育教材建设与体育教学改革[M]//课程教材研究所. 课程教材研究15年. 北京：人民教育出版社. 1998：518.

"五育并举"的思想，注重生理和心理精神两方面的锻炼，通过体育教育来培养完全之人格，从而造就合格的共和国国民等。《共和国教科书　新体操》（初等小学用）首页编辑大意中写道："本书按国民学校程度编辑，无论男生女生皆适用之……准最新之学说而定，教材俾增进学生身心之发育，注重规律运动而不使过于束缚，提倡自由运动而不使失诸紊乱，以期养成国民尚武之精神。"编者寄希望借助此教材增进学生的身体和心智发育，并且要求学生注重运动规律，既不要太过被束缚，同时也不要散漫没有秩序，以养成国民的尚武精神。《共和国新教科书　新体操》（初等小学用）在卷一的第一章绪论中详细地叙述了体操科的目的，原文曰："体操科以使生徒之身心圆满发育，筋骨强壮，且练习一生所不可少之动作为要旨。类别之，则为生理的、训练的二种。"[1]教材将体操按照生理目的（身体上）和训练的目的（精神上）进行划分并且进行了详细叙述。

"共和国教科书　体操"系列在思想上的革故鼎新与当时的法律条令也有关。中华民国成立后，民国教育部通电各省，颁发《普通教育暂行办法》，规定"凡各种教科书，务合乎共和民国宗旨。清学部颁行之教科书，一律禁用"，"凡民间通行之教科书，其中如有尊崇满清朝廷，及旧时官制、军制等课，并避讳抬头字样，应由各该书局自行修改，呈送样本于本部及本省民政司、教育总会存查"[2]。新学制对体操教学有具体规定："初等小学校首宜授适宜之游戏，渐加普通体操。高等小学校宜授普通体操，仍时令游戏，男生加授兵式体操。视地方情形，得在体操教授时间或时间以外，授适宜之户外运动或游泳。"[3]可见体育教科书须合乎国家规定，合乎共和国宗旨，在体育课程教授内容上仍然以游戏、普通体操及兵式体操为主，继续沿用并加强军国民教育。

（二）《师范学校新教科书　体操》

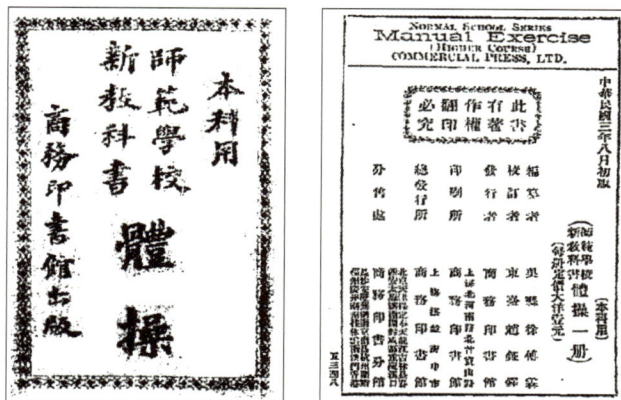

图2-5　《师范学校新教科书　体操》，徐傅霖编，商务印书馆出版，1914年版

《师范学校新教科书　体操》依据学校规程和规定的体操要旨，为使全体学生平均发育，强健体质、活泼精神兼养成守规律的良好习惯而编写，给师范学校本科使用。书本内容分为兵式教练、

[1] 徐傅霖. 共和国教科书：新体操：初等小学用[M]. 上海：商务印书馆，1913：1.

[2] 陈元晖. 中国近代教育史资料汇编：普通教育[M]. 上海：上海教育出版社. 2007：473.

[3] 璩鑫圭，唐良炎. 中国近代教育史资料汇编：学制演变[M]. 上海：上海教育出版社. 1991：694.

普通体操、游戏三部分。因为是师范本科用书，教材选择以锻炼生徒体质为主，不含研究性质。

表 2-6　《师范学校新教科书　体操》目录表

目次		
第一编　普通体操教材	第一级	
	第二级	甲类　预备运动
		乙类　各个体操
	第三级	甲类　预备运动
		乙类　各个体操
	第四级	甲类　预备运动
		乙类　各个体操
		丙类　连续体操
	第五级	甲类　预备运动
		乙类　连续体操
	第六级	甲类　预备运动
		乙类　连续体操
	第七级	
第二编　游戏教材	第一级	
	第二级	
	第三级	甲类　积极的游戏
		乙类　消极的游戏
	第四级	甲类　积极的游戏
		乙类　消极的游戏
	第五级	甲类　积极的游戏
		乙类　消极的游戏
	第六级	甲类　积极的游戏
		乙类　消极的游戏
	第七级	甲类　积极的游戏
		乙类　消极的游戏
第三编　兵式教练	第一级	
	第二级	甲步　执枪教练
		乙步　散兵教练
	第三级	甲步　一班教练
		乙步　一排教练
第四编　理论及教授法	第一章　体操科教授之要旨	
	第二章　体操科教材之种类	甲　体操
		乙　游戏
		丙　教练

（续表）

目次		
第四编　理论及教授法	第三章　体操科教授之形式	甲　教授之目的
		乙　教授之形式
	第四章　教授上之注意	
第五编　教材之配置		
第六编　练习教授		

（三）《行进游技法》

《行进游技法》主要介绍了民国时期一系列儿童行进游技的方法。本书将步法游技分为舞蹈与行进两种。"舞蹈为欧西宴会仪式之一种，相比较的话，行进较为简单"。书中首先对行进游技法的排列与步伐作了简要介绍，再具体介绍了20项儿童行进游技的方法，是民国初期出现的单项教材。教材目录如下：

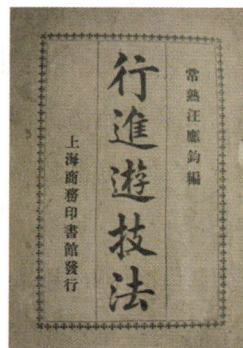

图2—6　《行进游技法》，汪应钧编，上海商务印书馆出版，1917年版

表2-7　《进行游技法》目录

目录	
行进游技法之排列	春游
行进游技法之步法	园花渐落
春江花月	群燕穿帘
队队游春侣	浣纱
月影团䜌	月中疏影
月轮	月界旅行　其二
飞絮成阵	桐阴秋月
四海为家	浣纱　其二
月涌波心	吟风弄月　其二
吟风弄月	层峦叠嶂
月界旅行	层峦叠嶂　其二

《行进游技法》一书知识结构间的内在联系较强，强调知识的递进关系，每一新知识的学习都必须有一定的基础知识作保证，其序目里写道："……如未习过体操而欲研究是书者，需预习各

种步法，然后循序渐进，自能明了。"但是本书知识的内在逻辑衔接并不紧密，"是书目次未依程度编定，故实地教授时可勿以书中排列之先后为标准，须审察生徒程度之高下，择其相近者而授之"[1]。它强调各个游技之间的逻辑性，前面游技的练习是后面练习的基础，没有前面游技练习的基础，直接练习后面的就有很大难度，强调练习的循序渐进。

（四）《体操教授细目》（甲、乙、丙编）

《体操教授细目》（甲、乙、丙编），赵光绍编，商务印书馆发行。

图2-7 《体操教授细目》（甲、乙编），赵光绍编，上海商务印书馆发行，1917年版

《体操教授细目》（甲编）要旨中提出练习体操的目的与注意事项，按照课时来编排教授顺序（即以课时长短来安排教授顺序课时，以一小时与半小时为主），并且编写了标准教案供教师参考。

今将体操之目的。表示于左。

身体方面
- （1）使身体各部均齐发育
- （2）使身体各部动作机敏
- （3）能增进身体之健康

精神方面
- （1）心情快活
- （2）意志刚毅而果断
- （3）高尚其道德养其秩序心
- （4）养成守规律尚协同之习惯

教授体操时。最宜注意之点如次。

注意点
- （1）须体察儿童之体力
- （2）除去有阻害发育之诸运动诱起儿童对于均齐发育运动之趣味
- （3）保持儿童内脏诸器官之健全及端正之姿势与自然的美象
- （4）治疗儿童虚弱之部分
- （5）矫正儿童缺陷之部分[2]

---

[1] 汪应钧. 行进游技法[M]. 上海：商务印书馆，1917：2.

[2] 赵光绍. 体操教授细目：甲编[M]. 上海：商务印书馆，1917：9-10.

《体操教授细目》（乙编）是以甲编为标准，以课时安排教材，特点是将几个不同的教学内容安排在一节课；教材还编写了标准教案供教师参考。[1]

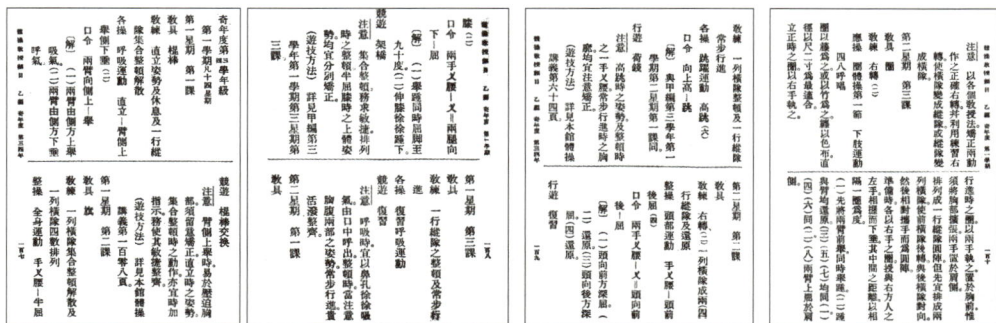

2-8

图2-8 《体操教授细目》（乙编）内文

教材的第一部分有对本教材的教材分配和教法的提示，每一课的结束部分以"注意"来提示本堂课的注意事项。

从教材的内容看，此书已经出现了非体操的、有近代欧美体育性质的内容。除了一些队列队形和兵式体操的内容外，书中较多出现的是跑步、球戏等内容，虽然还没有规范的田径运动和球类运动内容出现，如长距离跑、短距离跑、跳高、跳远、篮球、排球等，但是已经出现了这些运动的雏形，现代体育项目的内容开始渗入中小学体育教科书。

2-9

图2-9 《体操教授细目》（丙编），赵光绍编，孙揆校，商务印书馆发行，1918年版

该书在前言部分写道："民国成立人人皆当有军国民之资格，体操一科首先注重不可无详实完备之参考书，是书为日本文部省体操游戏调查委员坪井等所著，以年余之调查经数十次之会议，其于教授次序运动种类及教授上之注意、教室内之设立无不言之甚详，且于生理、卫生两科，不使稍有抵触，尤见斟酌尽善。"由此可见，到了民国初期，体育教材及体操教科书相较于之前得到了一定的发展，但仍以借鉴日本为主。

教材内容具体包括：一 矫正姿势，二 教练，三 排列，四 准备运动（下肢运动、头部运动、上肢运动），五 主要运动（胸部运动、悬垂运动、平均运动、肩背运动、躯干侧方运动、腹部运动、跳跃运动），六 行进，七 游技，八 整理运动。甲、乙两编的内容对于高等小学来说过于浅显，因而丙编提出要增加一些拳术练习才较为妥当，书中强调拳术每星期中只练习一次实在

---

[1] 赵光绍. 体操教授细目：乙编[M]. 上海：商务印书馆，1917：72-73.

太少，应该将练习加入到每天的朝会中。书中还对持枪教练作了详细安排，如"第一学年内，仍用徒手教练，自第一学年第三学期第二星期始，方用持枪教练，其他各个体操及应用体操为主时之教练，仍系徒手，概不持枪。持枪教练，暂规定自各个教练始，至排教练为止。自第三学年第二学期始，用正式排教练教授。每星期三小时之配置，第一小时，注重各个体操兼课游技，第二小时，注重教练并加以拳术，第三小时，注重应用体操加以游技，所有游技时间仅占全体十分之三。每星期之时数，若嫌太少，酌加一小时，固无不可，窃谓不若于每日朝会时，加授十五分钟之运动为有益。"[1]

（五）《新体体操讲义》（国民师范学校教授用）

《新体体操讲义》（国民师范学校教授用），1918年（中华民国七年）三月初版，孙揆、师范讲习社编纂，商务印书馆发行。该书共144页，全书只有文字，没有图片。教学内容包括八章：体操科之目的、体操科教材之选择、教材之排列、体操科教授之形式、教材之种类及其目的、姿势、体操科教授上之诸种注意、国民科等。

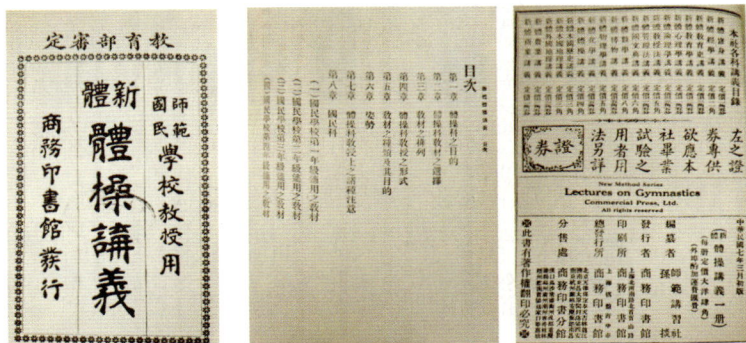

图2—10 《新体体操讲义》（国民师范学校教授用），孙揆、师范讲习社讲习社编撰，商务印书馆发行，1918年版

第一章 体操科之目的 教育部所颁小学校教则第十三条第一项云"体操之要旨，在使儿童身体各部平均发育，强健体质，活泼精神，兼养成守规律尚协同之习惯"。如上所云，则体操科一科于儿童身体上、精神上均有关系。若就二者分析言之，其关于身体者，在使身体各部平均发育、强健体质。其关于精神者，为活泼精神，养成守规律尚协同之习惯。换言之，则体操科之主目的系锻炼身体一方面。体操科之副目的乃陶冶精神一方面也。

第二章 体操科教材之选择 小学校教则第十三条第二项云"国民学校首授适宜之游戏，渐加普通体操"。第三项云"高等小学宜授普通体操，仍时令游戏。男生加授兵式体操"。第四项云"视地方情形，得在体操教授时间或时间以外，授适宜之户外运动或泳水。"[2]

从教材的内容看，《新体体操讲义》（国民师范学校教授用）和当前的体育教材教法类似，教授师范生如何选择体育教材，如何教教材以及教授学生时的注意事项等。

[1] 赵光绍. 体操教授细目：丙编[M]. 上海：商务印书馆，1918：1.
[2] 孙揆，师范讲习社. 新体体操讲义：国民师范学校教授用[M]. 上海：商务印书馆，1918：1.

（六）《体操新教案》

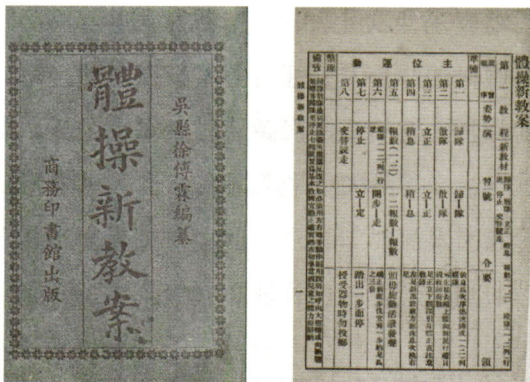

图2-11 《体操新教案》，徐傅霖编，商务印书馆出版，1919年版

该书为这一时期体操教师必备教本，编著者充分考虑到教师每天编写教案极其费时，且难以保证前后一致，同时无法保证教学效果的情况。因此，该书用最新的教材和教授法，充分结合以往的经验，按程度之高下、气候之寒暑、性格之不同等编写成一系列精密完备的教案，使教授者可以按书来依次教授，无须多加选择教材、制订教法以及编写教案等烦琐事情。

该教材以跑步为主要内容，不论体操、游技还是教练，跑步都可为其中心内容，且跑步的优点最多。书中详细列举了跑步的十个优点："一、普通步行为人类第一位行进法，跑步为第二位行进法；二、短时间内可得多大运动量，且为经济的运动；三、扩张胸廓，为最重要之运动，而跑步甚有效于扩张胸廓；四、无器械，不必费用；五、方法简易，不限时间场所；六、持久则可练勇气及忍耐力；七、矫正奢侈；八、增加体温；九、运动全身；十、跑步为行军力之基础，足以养成军国民资格"[1]。

书中每章节都设有具体、细致的教案，共设有二百六十四个教程，每个教程的教案内容包括横向（演习顺序、准备、主位运动、整理、备考这几大项）和纵向（姿势、演习、号令、要领这四大项）两个方面，给教师的教学带来极大的方便，也在一定程度上规范了教师的备课、讲课要求，促进了体操教学的发展和体育学科的进步。

四、中华书局出版的体育教科书

中华书局，全名为中华书局股份有限公司，是中国一家集编辑、印刷、出版、发行于一体的出版机构，于1912年1月1日由陆费逵筹资创办于上海。书局创立之初，以出版中小学教科书为主，并印行古籍，各类科学、文艺著作和工具书等。同时，中华书局还自办印刷厂，至1937年拥有印刷机械300余架，职工1 000余人。1954年5月，中华书局总部迁址北京，1958年改为以整理古籍为主的专

---

[1] 徐傅霖. 体操新教案[M]. 上海：商务印书馆，1919.

业出版社，在整理、出版古籍和学术著作方面更有长足的进展，从而享誉海内外。曾出版《资治通鉴》《中华大字典》《四部备要》《图书集成》《中华百科丛书》《二十四史》等。

以下为中华书局出版的部分体育教科书。

（一）《中华高等小学体操教授书》

《中华高等小学体操教授书》，徐傅霖编，1913年（民国二年）由中华书局印行，全书共166页。

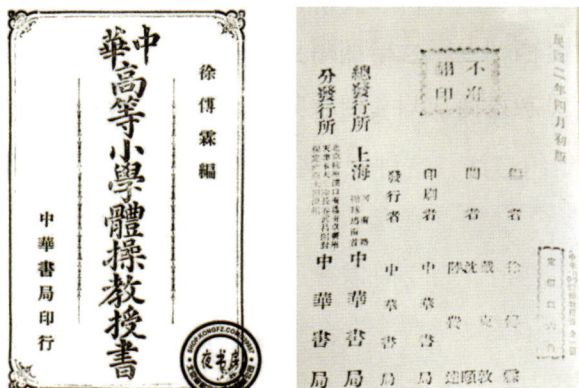

图2-12　《中华高等小学体操教授书》，徐傅霖编，中华书局印行，1913年版

《中华高等小学体操教授书》教材按章节顺序排列，每一章相当于现在的一册，全书分为四章，第一章为各个体操，第二章为连续体操，第三章为兵式体操，第四章为游戏。全书分24图，插图主要分布在第三章兵式体操中。本教材分三个学段，每学年十二个教程，每个教程约教授三至四个星期。第一章各个体操，主要作为教材的辅助部分，只授课四到五个星期，以连续体操和兵式教练为主。第三章兵式体操则详细介绍了各种姿势的射击术和刺杀的技术动作，兵式体操内容在丰富性和实操性等方面均达到较高水平。

从本书的编制册数上看，虽然只有一册，但是把整个中小学阶段的教材紧密连接起来，即小学、初中、高中的教科书成为一个系列。《中华高等小学体操教授书》中，对三个学段的教材进行了详细规定，每学年分为十二个教程，教程中有部分内容属于复习内容，需要参考上一学段的教学内容。

（二）《新制体操教本》

《新制体操教本》，徐傅霖编，共三册，由中华书局分别于1917年、1919年、1920年印行。

图2-13　《新制体操教本》，徐傅霖编，中华书局印行，1917年版

《新制体操教本》是由徐傅霖遵照《中学校令施行规则》标准编撰而成。全书共三编，其中"方法编"中分准备及排列、体操、游戏三部分。"教师之准备编"中含"教材之选择及配当"，"教授之形式"（预备运动、本位运动、终尾运动），"教程之编法"，"教授之注意"和"体操科之设备"各章。"体操"部分包括徒手体操和器械体操。器械体操按运动方式分类，如"悬垂运动"下设水平棒（低单杠）、水平梯等训练悬垂动作的器械和教学内容，"跳跃动作"下设跑步、跳台、木马、跳箱等项的器械和相应教学内容。其中器械体操的项目有铁棒（单杠）、并行水平棒、肋木、凳、跳箱及跳跃台、跳绳、平均台、跳下台、天桥、吊棒、吊绳、吊环、绳梯、梯子、海岛圆木（浪木）、固定圆木等，从中可以得知当时器械体操开展的项目。这是一本供中学体操教员使用的体操教学参考书，书中提出了将一节体操课分为准备（整齐队伍和走步）、基本（体操练习）、结束（体育游戏）3个阶段的课业组织方法。这种课业组织方法影响深远，后来发展为"三段教学法"。

书中强调"中学体操科时间，每周占三小时，每小时以普通体操、兵式训练及游戏三者，排列合理的顺序授之，勿单以一种课一小时，致陷偏颇之弊。"全书更加注重各学科教科书及体育教科书各项内容之间的联系，强调体育教学时各内容应混合教授，不得过于偏重某一内容。

五、其他出版机构出版的体育教科书

《柔软体操》

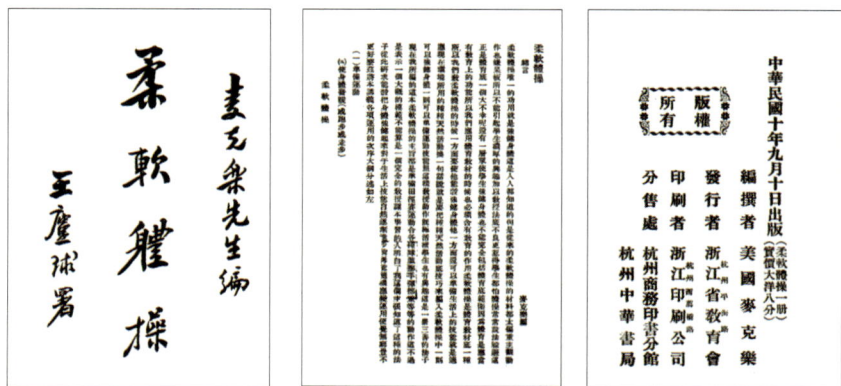

2-14

图2-14 《柔软体操》，麦克乐编，浙江省教育会，1921年版

文化链接

麦克乐（Charls Harold Mecloy，1886—1959），美国人。医学、哲学博士。后又在哈佛大学进修体育。1913年受北美基督教青年会委派来华，20世纪20年代初，他在任东南大学体育系主任期间，创办《体育季刊》杂志，组建了中华全国体育研究会，进行体育考察，厘定体育标准。他在华期间，曾在多种报刊上发表大量关于体育的论述，还出版了一些体育专著。

麦克乐认为柔软体操一方面可以强身健体，另一方面可以训练学生生活上的技能以适应当下的环境。因此，他将很多活动技巧如田径运动以及各种球类运动中的动作编入柔软体操中。《柔软体操》一共包括14次序，每一次序都由准备运动、改正运动、四肢运动、全体运动、快速运动、呼吸运动六部分构成。次序的动作难度逐次递增，后一次序需参考前一次序的动作及要求。

可以看出，与清末主要借鉴或编译日本的体操教科书不同，民国初期编写出版的体育教科书逐渐由学习日本转为仿效美国。其内容仍以普通体操和兵式体操为主，但1922年"壬戌学制"颁布后，体育教科书中开始出现田径、球类等近代项目内容，同时还出现了武术、八段锦等民族传统体育专项教材。与清末相比，这个时期的教科书无论是在质量还是内容安排上都有一定的进步。

六、民国初期体育教科书的特点

总体上看，"壬子·癸丑学制"时期的体操教科书沿袭了清末的体操教科书的内容，基本上是以日本体育教科书为模板。与清末中小学体育教科书相比较，这一时期的教科书具有以下特点。

（一）兵式体操内容前多后少，现代体育项目开始进入教科书

清末体育教科书中兵式体操内容占的分量比较大，但其实有很多内容游离于兵式体操和普通体操之间，如队列练习、棍棒体操、豆囊体操等，其内容并不完全属于军队独有的练习。而在民国初期的体育教科书中，兵式体操的军队气息更浓厚，很多练习的军事成分更足。我们以清末和民初的高等小学体操教科书为例对其内容进行比较。

表 2-8　《中华高等小学体操教授书》和《新撰高等小学体操教科书》比较

教材名称	教材信息	主要内容
中华高等小学体操教授书	编者：徐傅霖 1913年4月初版 总发行：上海中华书局 全书166页	《中华高等小学体操教授书》教材按章节顺序排列，每一章相当于现在的一册，全书分为四章，第一章为各个体操，第二章为连续体操，第三章为兵式体操，第四章为游戏。全书分24图，插图主要分布在第三章兵式体操。本教材分三个学段，每学年分为十二教程，每一教程约教授三至四个星期。第一章各个体操，主要作为教材的辅助部分，只讲课四到五个星期，以连续体操和兵式教练为主。第三章兵式体操则详细介绍了各种姿势的射击术和刺杀的技术动作，兵式体操内容在丰富性和实操性等方面均达到较高水平。
新撰高等小学体操教科书	编译者：蔡云 原著：川濑元九郎、手岛仪太郎 1906年发行 总发行：上海文明书局 全书123页	按学年排列，分为四学年，每学年三个学期，教材内容交叉排列，如第一学年第二学期的内容为准备运动、弧状运动、悬垂运动、平均运动、行进法、肩胛运动、腹部运动、躯干运动、跳跃运动、器械体操、呼吸运动。四个学年的教学内容都包括这11个方面，只是具体内容不同。教材整体分为两个部分，先罗列一学期的总体教学内容，即把一学期所要教学的标题呈现，然后分项详细解说。其中兵式体操的内容并不很突出。真正出现有军队练习的内容还是第四学年第一学期的准备运动——小队教练，军事内容比例并不高。 全书有51幅图。 教材为编译而成，文字比较拗口，并且还有部分日文，如把足球翻译为"夫脱爬儿"（football）、"河朔献匈式"（第12页）等

　　从上面的比较可以看出，同样是高等小学体育教科书，民国初期的体育教科书不仅贯穿着军国民主义教育思想，而且其中专设包括步法练习、执枪操练、各种姿势射击动作在内的兵式教练内容，让学生直接学习兵式体操。而清末的小学教材中的军国民主义教育思想只是一种隐性反映，学生并没有直接接触兵式操练。到了中学阶段才出现兵式操练的内容。民国初期的体育教科书中兵式体操的军事气息更浓。学校体育对兵式体操的重视程度在袁世凯复辟时达到高潮。

　　随着兵式体操的发展，其偏离体育本质的特点逐渐为人们所诟病，社会上一些有识之士也开始看到兵式体操的弊端，质疑之声鹊起。如徐一冰就极力赞成革除兵式教练，他于1914年在《整顿全国学校体育上教育部文》中提出："学校亟宜革除兵式教练一门。兵式教练，属于军事方面，国家备有专门所，以防御外侮。故其训练目的，无非攻战杀伐，本非学校体操保存康健之普及法也。短兵学战学，何等深奥，岂小学校之儿童，及血气未定之青年，所能浅尝者哉。"[1]他认为学生学习兵式教练是舍本求末，不适应学生的身心发展。1917年，毛泽东也以二十八画生为笔名，在《新青年》发表了《体育之研究》，表达了对清末体操教育的不满。

　　兵式体操在体育教科书中的内容随着时间的推移逐步减少，体操教材的内容发展呈现如下趋势：适宜游戏——渐加普通体操——时令游戏——兵式体操（男）——户外运动或游泳（课内或课外）。清末时作为课外活动的球类、田径等内容开始在教科书中出现，也就是说体操教材中出现了非体操的、有近代欧美体育性质的内容。我们以1917年赵光绍编写的《体操教授细目》（乙编）的内容来分析，如图2-15所示。

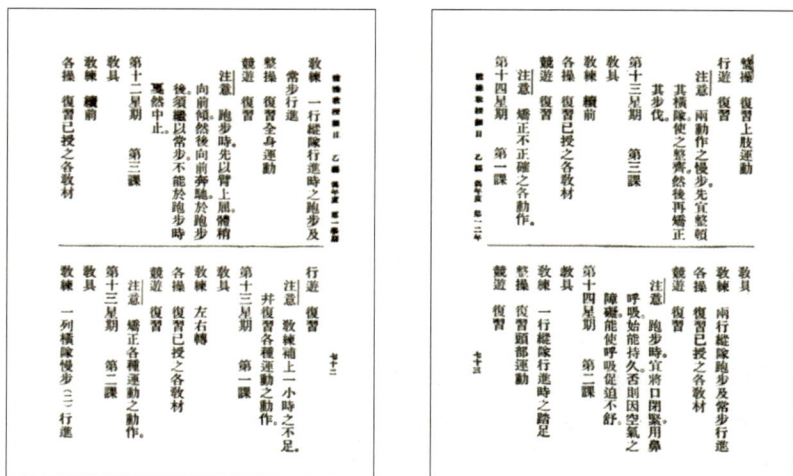

图2-15　《体操教授细目》（乙编）内文

　　这套教材是以教案的形式来编写的，从整体来看，已基本看不到兵式教练的内容，出现比较多的是跑步、球戏，虽然还没有规范的田径运动和球类运动出现，但已经出现了田径运动和球类

[1] 徐一冰. 整顿全国学校体育上教育部文[J]. 体育杂志. 1914（2）.

运动的雏形，现代体育项目内容开始渗入中小学体育教科书。

中小学体操教科书中兵式体操从传入到鼎盛，只有十几年时间，它随着军国民主义教育思想的兴起而兴起，随其衰落而衰落，其原因是多方面的：一是随着世界大战的结束，军国民教育已经不合时宜，因军国民教育引入和兴起的兵式体操随之消亡乃情理之中。二是五四新文化运动高扬"民主"与"科学"两面旗子，中国思想界空前活跃，西方各种教育理论、教育方法、教育制度、教育模式被大量引进，实利主义教育、国民教育、美感教育、科学教育、平民教育等各种教育思潮此起彼伏，波涌浪激、多元并争的教育思潮拓展了中国教育界的视野，同样也对中国学校体育产生了深远的影响，各种教育思想的积极引入促进了兵式体操的急剧衰落。三是以士兵训练的"兵式体操"为主的教学内容，其本身并不适应学生身心发展，而以田径、球类运动为主的西方体育更符合青少年身心发展的需要，能吸引广大民众的参与，这也使得兵式体操遭到人们的摒弃。因此，兵式体操退出历史的舞台，以田径、球类为主要内容的西方现代体育进入中小学教科书变得顺理成章。

（二）教材内容的选编更具科学性

在徐傅霖的《共和国教科书　普通体操》（中学校用）中，介绍体操教材时作者分别从解剖、生理和心理三个方面来阐述其原理。"体操之各运动，虽各有特别目的，而就其全体言之，亦有主眼之要点也。分之为解剖的、生理的、心理的三种。"[1]从解剖学、生理学和心理学的角度解释体操的功能，这在当时社会具有非常重要的现实意义，它揭开了笼罩在人体结构上的神秘面纱，使人们开始科学地认识自身。在阐述体操的目的和特点时，教材将一般运动的目的分为"设如甲种以使身体各部平均发育为目的。乙种以使各器官之机能完全发达为目的。丙种以动作机敏耐久、精神快活刚毅为目的。其他运动则漫无目的，仅运动身体耳。故大异。"将体操合理地分成几类，并对每一类运动的目的进行了阐述。"体操乃适合于全身及身体各部之要求而为系统纯正之合理运动。是以休养身体之各种体育法，以体操为最著。体操之各运动，在练习者之身体上、精神上，各有特别之目的。故除其身体、精神之外。无其他目的。体操之特质为主观的，非若职业的运动之为客观的也。"[2]强调体操运动既能锻炼人的身体，又能锤炼人的意志精神。

（三）以自编为主，出现专项教材

从所统计的"壬子·癸丑学制"实行期间的十余本中小学体育教科书看，这期间的体操教科书还是采用浅近的文言文，1917年后出版的民国早期的教科书文字则以白话文为主，其中大部分由徐傅霖编写，虽然从内容上看很多是引自国外，但是在专业术语等名称的翻译上更符合中国人的习惯。而从我们统计的清末的中小学体操书目看，19个不同版本或不同名称的体操教科书都是编译而

[1] 徐傅霖. 共和国教科书：普通体操：中学校用[M]. 上海：商务印书馆，1914.
[2] 徐傅霖. 共和国教科书：普通体操：中学校用[M]. 上海：商务印书馆，1914.

成的，且大部分是编译自日本，自编的体育教科书很少。部分教材内容甚至直接出现日本文字。如李春酿编译的《新撰小学校体操法》（留学体育同志社1906年出版），内文中有多处出现日文，这是因为对那些翻译过来的、但是把握不准或很拗口的名称只能标注原文。

每一门学科知识的发展和演进都有其内在的规律，教材的编制设计受学科知识结构的制约，但是不能违背自身发展的逻辑规律。从民国初期的体操教科书看，教材的内在联系比清末的教科书更强，其强调知识的递进关系，每一个新知识的学习都必须有一定的基础作保证，如《行进游技法》中规定："……如未习过体操而欲研究是书者，需预习各种步法，然后循序渐进，自能明了。"但是书中各知识点的逻辑衔接并不紧密，"是书目次未依程度编定，故实地教授时可勿以书中排列之先后为标准，须审察生徒程度之高下，其相近者而授之"[1]。

民国初期的中小学体育教科书，每学段的编制册数虽然还是一册，但是从整个学段来看，内容是紧密连接起来的，即初小、高小、初中、高中的教科书可成为一个系列。高小以初小内容为基础，初中以高小内容为基础，高中以初中内容为基础，较为系统。如《中华高等小学体操教授书》，其中对三个学段的教材都进行了详细规定，一学年分为十二个教程，教程中有部分内容属于复习内容，需要参考上一学段的内容。从教科书的编排顺序看，每一册教材都包括序目、凡例、目录、教学理论、实践教材。

这一时段开始出现专项教材，如汪应钧的《行进游技法》专门介绍行进游技，麦克乐的《柔软体操》专门介绍柔软体操的内容等。专项教材的出现，为教师提供了更多选择，对学生也更有吸引力。

（四）按学年编写教科书内容

民国初期的体操教科书基本上是按学年设置教程，每周或几周完成一个教程，如《中华高等小学体操教授书》；也有按照课时来编排教材的，即以课时的多少来安排教学内容，将几个不同的知识点安排在一节课，如《体操教授细目》（乙编），其中提供了标准教案供教师参考，如图2-16所示。

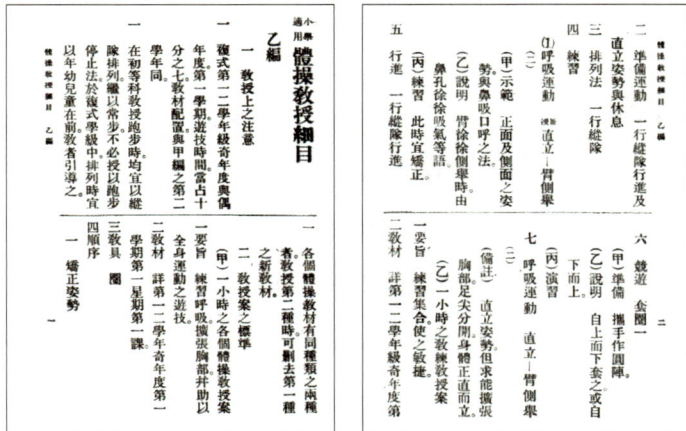

2-16

图2-16 《体操教授细目》（乙编）内文

[1] 汪应钧. 行进游技法[M]. 上海：商务印书馆. 1917：2.

教材在第一部分注明对本教材的内容分配和教法的提示，每一课以"注意"结束，并提示本堂课的注意事项。

民国初期自编体育教科书的出现，表明中国的学者在充分学习国外先进的体育教材编纂方式的同时，开始进行本土化改造，力图将体操和中国本土文化结合，与中国传统体育结合。这些努力为随后出版的新式体育教科书提供了借鉴。

（五）武术正式进入体育教科书

武术在中国流传甚久，一直是国人的骄傲和中国的文化名片。然而作为国粹，武术却并没有进入清末的学堂，这无疑是对传统体育资源的浪费，因此当时的很多专家、学者都呼吁要在中小学设置武术课。中华民国建立之初，第一届全国教育联合会在呈请教育部的《军国民教育施行方案》中就提出"各学校应添授中国旧有武技"。《推广体育计划案》第三条也提出"提倡武术，以发展国人特殊之运动"。1919年，第四届全国教育联合会推出了《推广中华新武术案（函各省区教育会）》："径（敬）启者。本届第四次开会，据山东省教育会提议推广中华新武术案一件，并附送中华新武术教科书到会。此项教科书业经教育部审定，作为各校参考用书，编辑者本二十余年之研究，辑成课本，期促进体育，流传国技，实具苦心。本届议决之《推广体育计划案》，已规定学校加授武术，兹将原提案及教科书，一并寄奉一份，……"[1]推翻清朝统治后，体育界人士就开始着手武术进入中小学课堂的工作，并且编写了相关的教科书，为武术进入教科书做了很多前期工作。如《学校体育应特别注重国技案》（山西提案）："查国技为吾国原有之武术，关系体育至为重要，其刚柔兼备，精力两全，一切动作，靡不精神贯注，血脉流通，非惟适于成人之锻炼，实更宜于儿童之学习。凡学校均应特别注重，以期保存国粹，促进体育，而养成坚实之国民。"[2]因此提出"（一）各学校体育，均须加授国技，但以不妨碍儿童身体发育为原则。（二）凡设有体育专科之学校，应加授国技学科以储师资。"[3]1914年，徐一冰提出"高等小学中学师范亟应添习本国技击一门。我国技击，为最高尚之运动，惟以练习艰苦，工夫深远，文弱者流，辄鄙夷视之，实则行之于学校，即为我国最古最良之体操术。""凡自高等小学第三学年起，即可添入体操科内，以修养勇健之体格，保存国技之菁华，强种强国，亦教育之急务也。"[4]1915年4月，在天津召开的全国教育联合会上，通过了北平体育研究社许禹生等人的提案《拟请提倡中国旧有武术列为

[1] 国家体委体育文史工作委员会，全国体总文史资料编审委员会．中国近代体育决议案选编：体育史料第16辑[M]．北京：人民体育出版社，1990，9．
[2] 国家体委体育文史工作委员会，全国体总文史资料编审委员会．中国近代体育决议案选编：体育史料第16辑[M]．北京：人民体育出版社，1990，9-23．
[3] 国家体委体育文史工作委员会，全国体总文史资料编审委员会．中国近代体育决议案选编：体育史料第16辑[M]．北京：人民体育出版社，1990，9-23．
[4] 徐一冰．整顿全国学校体育上教育部文[J]．《体育杂志》，1914（2）：1-6．

学校必修课》，教育部明令"各学校应添授中国旧有武技"，武术正式进入学校教育。从此，武术以合法的形式被列入体育课程，体育教科书也专门编写了武术教材。其实在此之前出版的《共和国教科书　普通体操》（中学校用）就将武术列为课外运动的项目，"课外运动。（1）拳术及武器术　我国固有之拳术及武器术，于锻炼身心上颇有价值。苟有适当之教员、设备、时间及教材。则宜于时间外加课"[1]。还有1916年中华书局出版、向逵编写的《拳术》；1917年中华书局出版、陈霆锐译述的《西洋拳术》；1922年商务印书馆出版的王怀琪从民间游戏中整理出来的，经过教育部审定作为中小学体育教学内容的《八段锦》。

　　武术进入中小学体育教科书这个过程并不是一蹴而就的，而是在许多专家学者和民间团体的共同努力下才实现的。民国时期涌现出不少要求学校教育要重视武术的提案，如《推广中华新武术案》《学校体育应特别注重国技案》《请将固有武术加入专门学科案》《拟请全国中学校一律添习武术案》《小学校自初级三年起体育一科应加授国技案》等[2]。武术进入中小学体育教科书，对丰富教科书内容、弘扬中华民族传统体育有着重大的意义。

---

[1] 徐傅霖. 共和国教科书：普通体操：中学校用. 上海：商务印书馆，1914：352.

[2] 国家体委体育文史工作委员会，全国体总文史资料编审委员会. 中国近代体育决议案选编：体育史料第16辑[M].
北京：人民体育出版社，1990.

本章小结

民国初期，体育教科书在相当长一段时间里仍然表现出了对清末教科书的继承性，教科书的内容沿袭了清末教科书的基本部分，大部分是以日本教科书为模板，但与清末的体育教科书比较，还是表现出了一些新的特征。

一、教育宗旨的变化对体育教科书产生了巨大的影响。1912年9月2日，民国政府教育部公布了新的教育方针，这个教育方针有四项，即"注重道德教育，以实利教育、军国民教育辅之，更以美感教育完成其道德"[1]。1915年1月，袁世凯制定了"爱国、尚武、崇实、法孔孟、重自治、戒贪争、戒躁进"的教育要旨。1915年2月，袁世凯以大总统名义颁布《特定教育纲要》，申明教育宗旨，注重道德、实科、尚武，并运之以实用，以命令颁布，初步彰显了实用主义教育思想。从清末到民初，教育宗旨的变化直接影响到教科书的变革。

表2-9　1912年"教育宗旨"、小学校令、小学体操要旨以及体操教材内容

教育宗旨	小学校令	小学体操要旨	体操教材内容	教科书对应章节[2]
道德教育	培养国民道德之基础	守规律、尚协同之习惯	适宜之游戏，适宜之户外运动或泳水	第四章游戏
实利教育	授以生活所必需之知识技能	活泼精神，身体各部平均发育，强健体质	普通体操	第一章各个体操
美感教育	留意儿童身心之发育		适宜之游戏，适宜之户外运动或泳水	第二章连续体操
军国民教育			普通体操　男生加授兵式体操	第三章兵式体操

从表2-9可以看出教育宗旨是如何影响体育教科书的，教育宗旨中的"道德教育"在小学校令中就是"培养国民道德之基础"，对照小学体操要旨就是"守规律、尚协同之习惯"，教材内容为

[1] 李景文，马小泉. 民国教育史料丛刊457中国教育事业：中国教育史[M]. 郑州：大象出版社. 2015：120.
[2] 徐傅霖. 中华高等小学体操教授书[M]. 上海：中华书局，1913.

"适宜之游戏，适宜之户外运动或泳水"，在体育教科书《中华高等小学体操教授书》的"第四章游戏"中落实这一要求。"实利教育"旨在为学生"授以生活所必需之知识技能"，反映在教材中是以户外运动，体操等内容来完成。"军国民教育"主要以兵式体操的形式体现出来，力图通过兵式体操，达到强身健体、富国强兵的目的。教育宗旨通过小学校令影响体操要旨，然后落实到体操教科书的具体内容中，教材凸显了民国伊始民主共和思想的发展，反映了中国教育家以德育为中坚，培养新一代国民德、智、体、美全面发展的美好愿望。教育宗旨指导教科书的编写，教科书内容反映了教育宗旨。

二、教科书的发展有其自身内在的节奏和规律性。民国初期，体育课程的内容发生了从以体操游戏为主到剔除兵操，以田径、球类、普通体操及游戏等为主要内容的转变。从这一时期体育教科书的内容变迁也可以发现，教科书自身保持了其内在的稳定性和独立性。如体育教科书中兵式体操的退出，田径、球类教材内容的进入，均经过了一段时间的酝酿，最终才慢慢为之后的教科书所吸纳。这表明教育宗旨变革、社会文化变迁等外部因素对教科书的影响是一个相对课程改革而言更为缓慢的过程，需要经历一段时间的渗透才会真正对教科书产生作用。这同时也表明，作为教育改革的一个窗口和课程资源的重要载体，教科书的发展有其自身内在的节奏和规律性。

三、不同学科教科书及体育教科书各项内容之间的联系更加紧密。商务印书馆在其出版的《共和国教科书》中称，该书在编撰上有四个特点，其一为"各科互相联络，期教授之统一"。商务印书馆的自我评价，基本能代表民国初期教科书编写的特点。在体育教科书中，在分项目编写的各教科书之间均十分注意内容的相互联系，以求互补。如《共和国教科书　普通体操》（中学校用）之编辑大意称"体操之准备，大半即兵式教练之材料，故本书仅载排列法，余可参考兵式教练"，又称"各种方法，凡已载高等小学新体操"，可见各教科书的内容是互为补充的。同时，在体育教科书的编著中，编者一直强调体育教学时，各内容应混合教授，不得过于偏重某一内容。如《新制体操教本》中强调"中学体操科时间，每周占三小时，每小时以普通体操、兵式训练及游戏三者，排列合理的顺序授之，勿单以一种课一小时，致陷偏颇之弊"。《共和国教科书　普通体操》（中学校用）中也称"中学体操科，定章第一学年至第四学年，每周三小时，每小时普通体操与兵式教练混合教授，不得独立"。在当时的体育课上，上述三种内容是否融合在一起教授，我们不得而知，但可以确定的是，对体育教科书的编写者而言，他们是强调各项内容之间的联系的。

四、大部分体育教科书在编写体例上仍然表现出专项教科书的特点。该时期的体育教科书仍多从项目出发编写，即便有些教科书在书中指出应以普通体操、兵式体操及游戏三者相结合，但编写上仍多是各项目内容单独成书，尚未能完全从体育课程开设之顺序，按课程教授顺序将各项目结合在一起。各体育教科书以某一项目为主单独成书时，也较为注重系统地介绍这一项目的全部内容，如《共和国教科书　普通体操》（中学校用），专列绪论分述"体操之特质""体操之主眼点""体操运动之类别""体操知识""体操运动之速度""体操运动之次数""体操运动之连续""体操运动之调律""体操之呼唱"等问题，对体操运动的特点、类别、运动方法及有关知识作了相对全面的介绍。这种编写方式比较关注项目内容的整体性，但对比现代课程及教科书按教学进度安排内容的编写体例来说，这一时期的体育教科书在编撰上尚处于不够成熟的阶段。

五、这一时期的体育教科书较为注重教授法的编写。本时期出版的体育教科书大多为教师用书，有些教科书直接标名为"教授法"，如商务印书馆、中华书局等出版的教科书即是如此。另有一些没有标明为教师用书的体育教科书，内容中大多也有教授法的部分。"壬戌学制"颁布后，体育教科书在编写上对教授法更为重视，《小学体育教学法》的出版即是一个很好的例证。《小学体育教学法》是一本专门的体育教学法著作，分"走步、柔软操、仿效操、游戏、田径赛、课前早操、教室体操和游戏舞蹈"八种，分别叙述各种项目的教学方法。体育教科书注重教授法编写的这一特征，一直延续了很长的时间，在之后相当长的一段时间里，体育教科书的出版也是一直只有教师用书，学生用书在很多年后才重新出现在体育教科书的队伍中。

民国初期，体育教科书的发展呈现出鲜明的阶段性特征。这种阶段性的发展，有两个突出的表现。其一是中华民国成立，我国的政治体制由封建王朝转变为共和国体后，体育教科书的编写极力响应变革呼声，表现出了一系列的变化。其二是新学制颁布后，体育课程受到以实用主义为指导思想的美国课程的影响，实现了从"体操"到"体育"的飞跃，体育教科书以此为界，实现了从模仿日本向仿效美国的转变，这成为我国近代体育教科书发展历程中的一个重要转折点。在这两次变革的过程中，武术内容逐步进入体育教科书，兵式体操正式从体育教科书中被剔除，新学制实施后，以田径、球类、游戏和普通体操为主要内容的、适应少年儿童身心特点的体育内容正式成为体育教科书的主要部分。

在这一时期，西方儿童中心理论逐步传入我国，如何从儿童心理出发来编撰教科书，成为这一时期人们热议的一个话题，其中也出现了一些强调教材排列应符合儿童经验及儿童心理特征的呼声，并进行了尝试，这些有益的尝试使体育教科书在编写中逐渐注意到学生在教科书编写中的地位和作用，这对我国体育教科书的科学化发展有着重要的意义。但这一时期的体育教科书也存在一些问题，如按年级编写的体育教科书仍然没有出现等[1]。

中华民国建立以后，中小学体育教科书进入了发展的稳定期，体育教科书质量逐渐提高，随着军国民主义教育思想在中国由高潮走向低谷，民国初期中小学体育教科书中兵式体操的内容也呈现前多后少，直至在中小学体育教科书中消失的状态，现代体育项目逐渐进入中小学体育教科书；民国初期自编教科书和专项教科书的出现，以及武术正式进入体育教科书，丰富了我国中小学体育教科书的内容，为之后体育教科书的成熟及完善奠定基础。民国初期，我国体育教科书的发展经历了其发展历程中最重大的历史性变革，在社会制度变革和教科书自身发展内在动力的双重驱动下，体

[1] 蒋宏宇. 我国近现代中小学体育教科书历史变迁研究[D]. 北京：北京体育大学，2014：60-67.

本章小结

育教科书适应体育课程变迁的需求，逐步洗去了身上所留存的封建教育的糟粕，呈现出了越来越多的近代教科书的特征，这预示着经历了近三十年近代学制的洗礼后，具有真正近代意义的体育教科书登上了历史的舞台。新学制出台后，在北洋政府的统治下，体育教科书又经历了一段时期的探索和尝试，这些均为下一阶段体育教科书的编写积蓄了经验和力量，当相对稳定的政治格局出现时，民国时期教科书最辉煌的时代即将到来。

第三章

国民政府时期的体育教科书
（1923—1937）

1923

从国民政府成立至抗日战争爆发前这一时期，社会政治环境相对稳定，国家经济文化得到了一定的发展，在教育上，一方面延续北京国民政府的传统，学习西方各国的教育理念，仿效资本主义国家的教育制度与管理办法，并重新制订了教育宗旨、教育政策，颁布了各项教育法令、法规等。我国中小学体育教育在这一阶段发生了翻天覆地的变革，现代体育运动在中小学得到快速推广，体育教科书也进入了发展的繁荣期。

　　1922年11月1日，中华民国大总统黎元洪颁行了《学校系统改革令》，亦称"壬戌学制"，为区别于"壬子·癸丑学制"，又称为新学制。该文件规定，小学和中学的修业年限由过去的"七四制"改为"六三三制"；废除了旧的教育宗旨，提出了七项新的标准，对中小学体育的总课时重新作了规定。1923年6月，民国教育部确定并颁布了《中小学课程标准纲要》，正式把"体操科"改为"体育科"，并将卫生教育纳入体育科的范畴。

第一节
从体操到体育

在新学制颁布后的第二年六月（1923年6月），民国教育部在其颁布的《中小学课程标准纲要》中，将"体操科"改为"体育科"，这是在提倡民主与科学、尊重学生个性、强调儿童本位的现代教育观念影响下推出的一项重大教育改革，它是实用主义教育思想的产物，从此，我国的学校教育从过去的模仿日本转为学习美国，这在中国近代学校体育发展史上具有重要意义。这一转变不仅是理念和名称上的改变，更是实质内容的转向。

一、课程内容向科学化演进

日本的兵式体操自清末引入，虽然部分学校的课外体育中有田径、球类等活动，但是以培养军队士兵为目的的兵式体操一直是学校体育的核心内容。在新学制的体育课程中，兵式体操内容被剔除，田径、球类、游戏等现代体育项目成为主要内容。初中阶段生理卫生也被纳入体育教学的范畴，高中阶段的体育课还增加了健身法、卫生法以及其他运动，将体育知识和生理卫生知识紧密结合起来，使中小学体育课程的内容更加符合青少年学生的身心发展，更加受到学生的欢迎，中小学体育教学的内容逐渐走向科学化。

二、教学目的向"健康第一，育人为本"演进

从体育课程的教学目的来看，新学制前主要是"使儿童身体各部平均发育，强健体质，活泼精神，兼养成守规律尚协同之习惯"，学生的发展是为集体服务，主要是为政府培养"军国民"。而新学制实行后，是为了"发扬游戏本能，锻炼身体，适应普通生活的思想，养成爱好运动的习惯，增进个人健康"。新学制明确提出要"顺应儿童爱好活动的本性，发展个体之本性及人格"，强调体育教学要符合社会的发展和学生个人的发展，有很明显的实用主义和人本主义思想倾向。

三、教学方法向现代教学法演进

从教学方法来看，新学制前体育教师教学的方法很简单，他们常用的教学方法就是和部队士兵

训练相似的兵式训练，"向左向右转""齐步走"等口令成为课堂的主旋律，这些方法不适应学生的生理和心理发展，尤其是对青少年儿童的发展不利；新学制体育课程采用的教学方法则除了考虑学科内部的情况外，还需要考虑学科之间的协调发展。其更加注重对教学法的探索，各种教学方法出现在体育课堂上，现代体育教学中常用的"三段教授法"，即初段准备运动，中段主运动，后段整理运动，以及"设计模仿法"和"分组教学法"成为体育教学中的常用方法，教学方法朝着现代教学法方向发展。

第二节
新学制与体育教科书

1923年6月，教育部颁行《中小学课程标准纲要》，学校兵式体操被彻底废除，体育课程发展进入了一个新的历史阶段，体育教科书的内容也随之发生了根本性的变化。

一、"壬戌学制"对体育教科书内容的规定

新学制规定中小学每学年都开设体育课，初中、高中分别讲授卫生、生理学；小学体育占总课时的10%，初中体育课为16学分（每学期每周2学时为1学分），其中包括生理学4学分；高中体育课为10学分，其中包括健身法和卫生法。兵式体操内容完全从体育教材中消失，田径、球类、游戏、普通体操成为学校体育的主要内容。

二、暂行课程标准对体育教科书的规定（1929年）

1929年，国民政府颁布了《小学课程暂行标准——小学体育》《初级中学体育暂行课程标准》《高级中学普通科体育暂行课程标准》，其中规定：学制六年，每学年都开设体育课，第一至第四学年每周150分钟，第五、第六学年每周180分钟，小学的教材内容主要有三类，即游戏类、舞蹈类和运动类；初中每周课时3小时，每学期1学分，共6学分，教材内容主要包括游戏活动、天演的活动、护身技能、自试的活动、韵律活动、野外活动、个人体操改正及医疗体操等；高中阶段每周课时2小时，每学期1学分，共6学分。教材内容主要包括游戏活动、天演的活动、护身技能、自试的活动、韵律活动、野外活动及个人体操等。[1]

三、正式课程标准对体育教科书的规定（1932年）

1932年，国民政府又颁布了《小学课程标准——体育》《初级中学体育课程标准》《高级中学体育课程标准》。

正式课程标准规定小学体育课时一至四年级每周150分钟，五、六年级每周180分钟，教材内容

---

[1] 蒋宏宇. 中国近现代中小学体育教科书发展史[M]. 湘潭：湘潭大学出版社. 2019：77-79.

主要包括游戏、舞蹈、运动类，而且随着年级升高，教材内容逐渐增多，教学要求逐渐提高，拳术和其他武术也被选入，作为小学高年级的选用教材内容。规定初中体育课时为每周3小时，体育教材基本内容包括游戏、技巧、器械、球类、田径、国术、舞蹈、天然活动、改正体操、基本练习、和缓运动等，初中三年间体育教材的内容变动不大。规定高中阶段课时为每周2小时，体育教材内容基本是以游戏、团体混合连续器械运动、球类、田径、国术、舞蹈、天然活动、改正体操、基本动作、和缓运动等为主。[1]

正式课程标准和暂行课程标准相比较，在每学年要求开设的体育课课时数，周学时的安排、教材内容等方面都没有太大区别，只是将田径运动、远足和登山提前安排在小学中年段，并分别对中学第一、第二、第三学年体育教材大纲作出相应的规定。

四、修正课程标准对中小学体育教科书的规定（1936 年）

1936年，国民政府颁布了《小学中高年级体育课程标准》《初级中学体育课程标准》《高级中学体育课程标准》。其中，游戏、韵律活动、体操、运动是小学体育教材的主要内容。初中是以体操、技巧运动、活泼器械运动、器械运动、田径、球类、天然活动、国术、舞蹈、游戏、改正体操、和缓运动等为主。高中则包括体操、器械运动、团体混合器械运动、田径、球类、天然活动、国术、舞蹈、游戏、改正体操、和缓运动等。

与清末和民初比较，南京国民政府对体育教材的规定有很大的变化，首先是小学阶段增加了卫生常识和中国传统体育的内容，同时兼顾不同性别学生，如高年段的男生进行田径运动，女生进行韵律活动。小学到中学的体育教材内容有一定的连续性。其次，"壬戌学制"后的课程标准中逐渐明确了教材选编范围，民国初期对体育教材范围的规定是比较宽泛的，如初级小学虽然规定了游戏、普通体操等内容，但没有分学年提出具体的教学范围要求，只是大略地指出，但是在"壬戌学制"颁布以后，尤其是课程标准颁布后，教材的选择、编写和组织主要依据体育课程标准而定。再次，选材标准开始逐渐走向具体。民国初期的体育教科书对体育教材选择标准的规定比较粗略，或者以教育宗旨代替选材标准，或者仅在教则上略有提示。从暂行体育课程标准开始，选材标准逐渐走向具体，具体到每一学期、每一节课的教学内容。课程标准对中小学体育教材规定的具体化，体现出国民政府对体育教材控制的加强。

五、二十世纪二三十年代体育教科书出版概况

20世纪20年代末到30年代前期，我国体育著作的出版达到了高潮。据统计，从清末到1925年，我国共出版各种体育类图书、教材近90种；1926—1935年达到400余种。[2]20世纪30年代起，勤奋书

[1] 蒋宏宇. 中国近现代中小学体育教科书发展史[M]. 湘潭：湘潭大学出版社. 2019：78.
[2] 中国体育史学会. 中国近代体育史[M]. 北京：北京体育学院出版社，1989：331.

局根据民国教育部小学体育课程标准编写的小学体育教材就有25册。[1]

从史料以及收集的材料看，二十世纪二三十年代出版的中小学体育教科书如下。

表 3-2-1　二十世纪二三十年代中小学体育教科书出版情况统计表

序号	教科书名称	相关责任者	出版单位	出版时间
1	体操教授新论	王秋如编	商务印书馆	1922年8月
2	初级体育教练法	［美］葛雷著，钱江春、戴昌凤译	中华书局	1923年11月初版
3	走步体操游戏三段教材	王怀琪编	中国健学社	1923年12月
4	体操教材	赵光绍编	商务印书馆	1924年
5	小学体育设备法	王小峰编	商务印书馆	1924年5月
6	小学适用体操教材	赵光绍编	商务印书馆	1924年11月
7	走步体操游戏三段教材补编	王怀琪编	中国健学社	1925年12月
8	小学体育教学法	王小峰编	商务印书馆	1925年12月
9	新学制最新游戏法	［美］施退力著，黄斌生译	商务印书馆	1929年10月
10	优美体操	袁莹编纂	商务印书馆	1926年8月
11	不用器具的游戏教材	杨彬如编	商务印书馆	1926年9月
12	初中柔软体操	吴圣明编	中国健学社	1927年8月
13	走步体操游戏三段教材正编	王怀琪编	中国健学社	1928年1月
14	新学制体育教材	［美］麦克乐，沈重威合著	商务印书馆	1928年4月
15	三民主义体操教本	杨彬如编著	世界书局	1929年5月
16	歌舞游戏	朱士方编译	上海能强学社	1930年10月
17	体操教材续编（小学适用）	赵光绍编	商务印书馆	1930年7月
18	游戏与教育	王国元著	中华书局	1940年1月
19	高级小学体育教本（8册）	胡绍之、崔作山合著	并州新报社	1930年5月
20	初级小学体育教本（8册）	胡绍之、崔作山合著	并州新报社	1930年7月
21	体操教材续编（小学用书）	赵光绍编	商务印书馆	1930年8月
22	游戏新教材	陈志超、高元浚编	中华书局	1926年9月初版，1931年5月第7版
23	柔软体操	［美］麦克乐编	青年协会书报部	1930年
24	小学早操教材	虞继邃编	不详	1931年12月
25	儿童游戏（全一册）	陆复成编著	上海儿童书局	1932年5月

---

[1] 中国体育史学会. 中国近代体育史[M]. 北京：北京体育学院出版社，1989：194.

（续表）

序号	教科书名称	相关责任者	出版单位	出版时间
26	儿童游戏新法	陈鹤琴、屠哲梅合编	上海儿童书局	1932年7月
27	体育教学法	孙和宾编著	上海东亚体育专科学校	1932年9月
28	摔角法	金子铮编译	大东书局	1932年9月
29	走步体操游戏三段教材三编	王怀琪编	中国健学社	1933年12月
30	不用器械的小学体育新教材	张能潜编	儿童书局	1933年
31	儿童活动	上海市市立万竹小学编	编者刊	1933年1月
32	中小学适用体育游戏教材	王庚编著	中华书局	1933年2月
33	体育游戏教材	王庚编著	中华书局	1933年
34	现代小学健康教育实施法	梁士杰编著	儿童书局	1933年4月
35	新课程标准小学体育教本小学姿势训练（各级适用）	项翔高编著	勤奋书局	1933年9月
36	最新游戏教材	朱士方编译	上海体育书店	1933年5月
37	儿童游戏和运动法	蔡雁宾编	新中国书局	1933年5月
38	儿童设计仿效体操	蔡雁宾编	新中国书局	1933年5月
39	体育教材	杭州市政府教育科编	编者刊	1933年6月
40	小学体育教法	屠镇川编著	世界书局	1933年6月
41	复兴体育教本（初小用，4册）	束云逵、蔡雁宾编著	商务印书馆	第一册：1933年5月 第二册：1933年6月 第三册、第四册：1933年7月
42	体育教学法	吴蕴瑞编著	编者刊	1933年7月
43	新体育教学法	方万邦编著	商务印书馆	1933年7月
44	复兴体育教本（高小用，2册）	蔡雁宾、束云逵编著	商务印书馆	第一册：1933年6月 第二册：1933年7月
45	体育教材：唱歌游戏	蔡雁宾编辑	大东书局	1934年8月
46	儿童游戏（小学教科书）	编写组	湘赣儿童书局	1933年8月
47	小学姿势训练（各级适用）	项翔高编著	勤奋书局	1933年9月
48	舞蹈新教本	蒋佩英、陈慕兰著	勤奋书局	1933年10月
49	唱歌游戏（甲编）（乙编低年级适用）	潘伯英编著 胡敬熙编著	勤奋书局	1933年10月
50	故事游戏（低年级适用）	项翔高编著	勤奋书局	1933年10月
51	摹仿游戏（低年级适用）	王庚编著	勤奋书局	1933年10月
52	追逃游戏（低中年级适用）	王庚编著	勤奋书局	1933年10月
53	摹拟游戏（中年级适用）	王庚编著	勤奋书局	1933年10月

（续表）

序号	教科书名称	相关责任者	出版单位	出版时间
54	竞争游戏（高中年级适用）	王庚编著	勤奋书局	1933年10月
55	竞技游戏（各级适用）	王庚编著	勤奋书局	1933年10月
56	乡土游戏（各级适用）	王庚编著	勤奋书局	1933年10月
57	听琴动作（低年级适用）	胡敬熙编著	勤奋书局	1933年10月
58	小学土风舞（中低年级适用）	杜宇飞编著	勤奋书局	1933年10月
59	模仿运动（中低年级适用）	邵汝幹编著	勤奋书局	1933年10月
60	小学机巧运动（中年级适用）	邹吟庐编著	勤奋书局	1933年10月
61	小足球（高中年级适用）	陈奎生编著	勤奋书局	1933年10月
62	新课程标准小学体育教本·小学田径运动（高中年级适用）	阮蔚村编著	勤奋书局	1933年10月
63	小学远足登山（各级适用）	阮蔚村编著	勤奋书局	1933年10月
64	小学器械运动（高年级适用）	陈奎生编著	勤奋书局	1933年10月
65	小学游泳（高年级适用）	阮蔚村编著	勤奋书局	1933年10月
66	小学排球（高年级适用）	阮蔚村编著	勤奋书局	1933年10月
67	小学篮球（高中年级适用）	阮蔚村编著	勤奋书局	1933年10月
68	小学准备操（各级适用）	邵汝幹编著	勤奋书局	1933年10月
69	初小体育教本（8册）	张天百编著	世界书局	1933年10月—1934年10月
70	晨操新教材（全一册）	徐一行著	儿童书局	1933年11月
71	分级体育活动教材（小学初中）	凌陈英梅编著	上海女青年协会	1934年1月
72	小学歌舞（中年级适用）	杜宇飞、郁兹地合著	勤奋书局	1934年4月
73	童子军训练（第二辑中级）	陈邦才、叶养源主编，朱重明等编辑	中国童子军江苏理事会	1934年7月
74	柔软体操与步法	萧百新著	商务印书馆	1934年1月初版 1935年7月再版
75	不用器械的小学体育新教材	张能潜编	儿童书局	1934年2月初版，1934年10月第2版
76	少队游戏（小学教科书）	中央总队部总训练部编	少队中央总队部	1934年4月
77	球类运动概说	陈鸿仪编	中华书局	1935年1月
78	小学教材及教学法	俞子箴编著	正中书局	1936年2月
79	复兴初级中学体育教本（第一至三册）	王复旦编著	商务印书馆	1934年9月—1935年10月

（续表）

序号	教科书名称	相关责任者	出版单位	出版时间
80	复兴高级中学体育教本（第一至三册）	王毅诚编著	商务印书馆	1934年8月—1935年5月
81	小学教材及教学法	李清悚编著	正中书局	1935年5月
82	小学体育实施法	梅羹儒编	中华书局	1935年7月
83	短期小学课间操教材	教育部编订	商务印书馆	1935年9月
84	中国游戏	骆骥才编	中华书局	1935年10月
85	田径运动概说	王怀琪编	中国健学社	1935年
86	走步	不详	勤奋书局	1935年
87	小学体育之理论与方法	陈奎生著	勤奋书局	1932年9月
88	小学体育教材及教法	杨彬如编	新亚书店	1936年5月
89	新编女童子军初级课程	范晓六主编	二二五童子军书报用品社	1935年6月
90	新编童子军初级课程	范晓六主编	二二五童子军书报用品社	1937年4月
91	新编童子军初级课程（战时增订本）	范晓六主编	美商好华图书公司	1939年3月
92	大家来游戏	高少是编	中华书局	1936年1月
93	国防训练的小学游戏教材	姚家栋编	商务印书馆	1936年2月
94	初中男生体育教授细目	教育部编	商务印书馆	1936年2月
95	高中男生体育教授细目	教育部编	商务印书馆	1936年2月
96	小学体育教授细目	教育部编	勤奋书局	1936年9月
97	谁学得像	高少是编	中华书局	1936年5月
98	小学教科书评论	吴研因等著	正中书局	1936年5月
99	学生体育指导	蒋槐青编著	光华书局	1933年5月
100	初中男生体育教授细目	教育部编	勤奋书局	1935年9月第1册，1934年8月第2、3册
101	初中女生体育教授细目	教育部编	商务印书馆	1936年2月
102	小学体育教育实施法	姚家栋编著	正中书局	1937年1月
103	幼稚园的游戏	邹德惠编	商务印书馆	1937年2月
104	小学体育	俞子箴编著	康健书局	1937年2月
105	体育教学法	吴蕴瑞编著	勤奋书局	1937年2月
106	小学体育教材及教法	杨彬如编	新亚书店	1937年5月
107	复兴体操	胡子霖编	康健书局	1937年5月
108	毽子游戏教材	鲍叔良编著	勤奋书局	1937年7月

第三节
各大书局出版的中小学体育教科书

一、"体育教授细目"系列教材

1923年6月国民政府教育部颁行的《中小学课程标准纲要》正式把"体操科"改为"体育科"，学校兵操被彻底废除，体育课程发展进入了一个新的历史阶段，体育教科书的内容也随之发生了根本性的变化。尤其是1928年蒋介石宣布"以党治国"，强化思想控制，通过教育立法及制度建设加强对教育的管理，并加大了对教育的投入，到1937年抗日战争全面爆发前，中国教育体制日趋完善，中小学教育也取得了较为显著的发展。

新学制施行后，国民政府也先后出台了一些有关学校体育制度的文件，如1928年5月第一次全国教育会议通过的《整顿中华民国学校系统案》，1929年颁布的《小学课程暂行标准总说明》《初级中学暂行课程标准说明》《高级中学普通科暂行课程标准说明》，1932年颁布的《小学课程标准总纲》《初级、高级中学课程标准总纲》，1936年颁布的《小学课程标准总纲》《修正初级中学课程标准》《初中课程标准变更之概况》《修正高级中学课程标准》《高中课程标准变更之概况》等。围绕课程标准编写的教科书也如雨后春笋纷纷出版，"体育教授细目"系列教材是其中编写比较好的教材之一。"体育教授细目"系列教材是1934年至1936年间由上海商务印书馆和勤奋书局负责出版的，由国民政府教育部主编的第一套全国通用的体育教科书。这套教科书根据1932年的体育课程标准编写，聘请了时任中央大学体育科主任吴蕴瑞担任主编。经过吴蕴瑞、陈奎生、吴澄等编者的努力，编写完成了有体育课以来最全面的自编教科书系列，它包括从小学到高中所有年级的体育教科书，分男生和女生教材，《初中男生体育教授细目》（共3册）于1934年8月先由上海勤奋书局印制出版，1936年后改由商务印书馆出版；《高中男生体育教授细目》（共6册）和《初中女生体育教授细目》（共3册）于1936年由商务印书馆出版，《小学体育教授细目》（共4册）由上海勤奋书局印制出版，而《高中女生体育教授细目》则因种种原因未能出版。这套教科书的出版影响深远，业界如此评论："1936年，国民党政府教育部聘请国内专家，编印出版中、小学"体育教授细目"，为中国近代第一套较完备的中、小学体育教科书。"[1]

---

[1] 北京体育学院教务处. 省市自治区体委领导干部培训班 体育科学专题讲座：第一辑[M]. 北京：北京体育学院，1982：137.

"体育教授细目"系列教材体例独特，贴近当时体育课教学的需要。教材内容增加了游戏、球类、基本身体活动等，减少了呆板、枯燥的兵式体操和基本体操的内容。其中，《小学体育教授细目》教材中的内容主要有：游戏、韵律活动、基本体操（含模仿动作等）、垫上运动、球类运动、田径运动以及远足与登山、游泳等；《初中男生体育教授细目》教材中的内容主要有：游戏、球类运动、田径运动、器械运动（含机巧运动、木马、双杠等）等，并附有游泳教材（供有条件的学校选用）；《初中女生体育教授细目》教材中的内容增加了韵律活动及和缓运动（供不宜于激烈运动者选修）；《高中男生体育教授细目》教材中的内容包含有：健身操、球类运动、田径、游戏、游泳等。此外，该套教材在内容的选用上还充分考虑了中国当时所处的国际形势，编写了一些适应战争时期需要的身体锻炼的方法，例如在初中三年级安排了"护身活动"的内容，在高中年级安排了"攻守法"的内容。

作为一套革新出版的新编体育教材，社会上的评价以赞扬和认同为主，但同时也存在批评和争议。这些批评有的针对教材本身，例如有人认为教材在安全性上需要加强；有些人认为教材难以适应全国各地教师的不同需求，应该有一定的弹性和选择性等。还有一些则是针对教材实施情况的，例如有人提出学校不重视、缺乏师资、学生差异较大；有人指出中学的课时从原定的每周3课时改为了2课时，使得这个教材细目无法完成；等等。这些声音反映出国民党统治时期所编写的很多体育教材仅仅是停留在文本上，并未在学校得到全面实施。而且，这套教材编写完成后一年，抗日战争就全面爆发，正常的体育教学和教材印制都难以得到保障，种种原因使得该套教材没能得到更为广泛的使用和进一步的完善。

文化链接

【吴蕴瑞】（1892～1976）字麟若，江苏江阴人，著名体育家。1918年毕业于南京高等师范学校体育专修科，1924年毕业于东南大学体育系，获学士学位。同年，江苏教育厅首次设立了一个体育专业的官费留学名额，吴以优异成绩考取，赴美国留学，先入芝加哥大学主攻人体解剖和生理学，后入哥伦比亚大学师范学院专攻体育，获硕士学位。回国后任南京第四中山大学（后改名国立中央大学）教授、体育系主任。1930年起，历任东北大学、北京师范大学教授。以精励勤奋、治学严谨、学识渊博而闻名，强调体育科学化，开辟了我国运动生物力学的研究领域。1952年，奉命创建华东体育学院，同年11月被任命为院长。在体育教学、体育理论上均有建树，是中国现代体育教育事业的重要开拓者。主要著作有《运动学》《体育教学法》《田径运动》《体育建筑与设备》等。

（一）"体育教授细目"系列教材的主要分册

1. 《小学体育教授细目》

《小学体育教授细目》于1936年9月编辑出版（主编吴蕴瑞，编辑陈英梅，陈奎生），教材共分四册。教材依据1932年11月民国教育部颁布的《小学课程标准——体育》和1934年1月体育教授细目编辑委员会所修改的小学体育目标编辑而成。此书为教师用书，教材除一部分为体操外，其余均为含有游戏性质的比赛方法和练习。第一册大部分内容属于瑞典式体操。教材分为四编，第一编总论包括五章：第一章目标，第二章各学年作业要项，第三章教学要点，第四章正课及课外时运动时间之支配，第五章教学实施说明及案例。第二编作业要项说明包括五章：第一章游戏，第二章韵律活动，第三章体操，第四章运动，第五章其他。第三编各项教材示例，包括五章。第四编为单级小学体育课编制之方法。

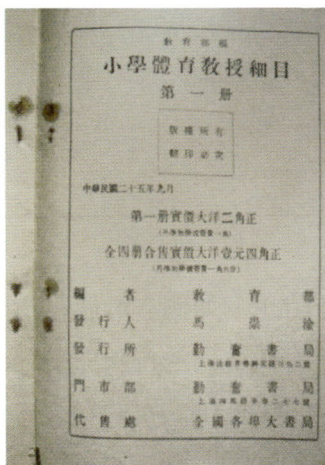

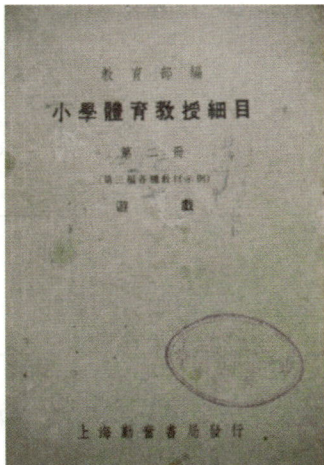

3-3-1

图3-3-1 《小学体育教授细目》（第一册）（第二册），教育部编，勤奋书局发行，1936年版

《小学体育教授细目》中低年级所采用的教材高年级同样可以用，但高年级的教材却不适用于低年级。教材是以年级为顺序从低到高安排的，教材内容由易到难、由浅入深，这种安排旨在引导学生逐步熟练掌握运动技能，从而使学生的兴趣逐步增加。

表 3-3-1 《小学体育教授细目》目录 [1]

章节	内容
第一编 总论	第一章 目标（第一册）
	第二章 各学年作业要项
	第三章 教学要点
	第四章 正课及课外时运动时间之支配
	第五章 教学实施说明及案例
第二编 作业要项说明	第一章 游戏
	第二章 韵律活动
	第三章 体操
	第四章 运动
	第五章 其他

[1] 教育部. 小学体育教授细目：第一册[M]. 上海：勤奋书局，1936：1.

第三节 各大书局出版的中小学体育教科书

（续表）

章节	内容	
第三编　各项教材示例	第一章　游戏（第二册）	
	第二章　韵律活动（第三册）	
第三编　各项教材示例	第三章　体操（第四册）	
	第四章　运动	
	第五章　其他	
第四编　单级小学体育课编制之方法	附录一　小学体育场所	
	附录二　小学体育设备	
	附录三　小学运动会组织大要	
	附录四　各项运动比赛组织大要	
	附录五　各项通讯比赛组织大要	

2.《初中女生体育教授细目》

《初中女生体育教授细目》共三册，供初中一、二、三学年使用。如例言所述，初中每星期体育课有三小时，每学期二十星期，合计三年共一百二十星期，有体育课三百六十学时，每学时分两单元，因此该教材共分配有七百二十个单元。本书教材的分配，包括游戏（15%）、球戏（30%）、韵律活动（25%）、田径运动（10%）、垫上运动（3%）、技巧运动（3%）、体操（14%）等。国术教材由中央国术馆编辑，于课外指导学习，因此该内容未列入。

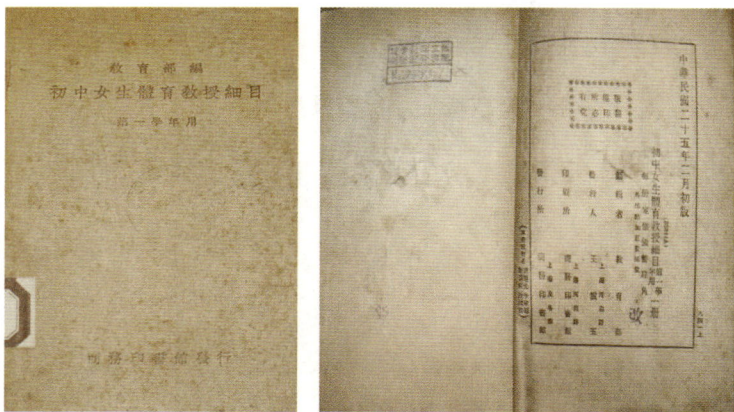

图3-3-2　《初中女生体育教授细目》（第一学年用），教育部编，商务印书馆出版，1936年版

《初中女生体育教授细目》（第一学年用）的教学内容按上下学期分配，每学期分为二十星期，共四十星期。每星期安排五个单元教学。这套教材具有以下特点：

（1）教学内容以西方竞技体育为主，涵盖田径、体操、球类等多项运动

本书在教学内容的选择上以西方的竞技体育为主，分田径、体操、球类（包括篮球、排球）三大教学内容板块，同时为部分身体存在特殊情况的学生设置了备选和缓运动（游泳）加以替代。

在第一学年上学期的教材中，田径部分主要设置了竞走、跑之训练、立定跳远、跳高、单足

跳，教学内容比较注重田径基本运动能力的练习，其中以跑之训练安排最多，共有五次课程。田径部分分为六个单元；竞走分为顶板竞走和织网竞走各一单元；立定跳远设两单元，跳高和单足跳各一单元。体操部分主要设置了体操、舞蹈基本动作之练习、可爱凯特舞、技巧运动、垫上运动、顽皮舞、方舞、勒夫台特夫台之练习。其中体操分为十个部分共二十单元，舞蹈基本动作之练习分为两部分，可爱凯特舞分为七个部分八单元，技巧运动分为四部分，垫上运动分为五部分，顽皮舞分为五部分六单元，方舞分为三部分四单元，勒夫台特夫台之练习分为五个部分共八单元。球类包括篮球和排球，篮球部分主要设置了篮球传接法，包括高球传接法、低球传接法、分组传球、相对传球、胯下传球、头上传球、上下传球等共十八单元。排球部分主要设置了排球托接法、跳浜排球游戏、排球发球比赛等项目，其中排球托接法分为正面和比赛两部分共五单元，跳浜排球游戏分为学习和复习两部分共四单元，排球发球比赛设一单元。排球的教学设置以游戏的方式为主，教者在游戏过程中指导学习，再通过比赛的方式检验学生学习效果。总体来看，对第一学年课程内容的设计中，体操占比最多，游戏穿插在整个学年当中。

第一学年下学期与上学期紧密衔接。在上学年学完体操前十部分之后，下学年继续学习后十部分共二十单元，垫上运动、技巧运动也分诸多部分继续学习，另外还新加了滑冰舞、集豆荚舞、割麻舞以及舞蹈复习等。田径部分主要设置了跑之练习、顶板竞走、跳高、立定跳远等。篮球部分主要设置了反跃传球、反跃踢球比快、胯下运球、双手肩上传球、顶上传球、分球、地面球、接球、传球换位、底线球、司令球、躲避球、起步停步传球、保守球等。排球部分主要设置了发球、低网排球、反跃排球等。另外还新增了西方之光项目，在第一学年下学期后四单元设置了各项成绩测验。整个下半学年仍然是体操项目居多。

从教学内容来看，本书注重体操类运动项目的教学，包括体操、舞蹈、技巧运动、垫上运动等，且每一项运动都贯穿了整个学年上下学期。本书中所提及的游戏项目众多，所占单元数也非常之多，每个星期都安排有游戏。而田径、篮球、排球的安排相对于体操和游戏较少。

（2）以星期为具体时间划分单位，教学难易有序

本书以学年为划分依据，分为上下两个学期；每学期中又各自划分为二十个星期共四十星期，除游戏内容以一单元的形式进行之外，教学内容均分为诸多单元，即教学内容先分为田径、体操、篮球、排球，在每一运动之下又划分了诸多项目，不同的运动项目以难易为序，先易后难，依次有序进行衔接。同时每一项目又分为诸多单元进行授课，同一项目每个单元内容按由易到难、由浅到深依次递进。如《初中女生体育教授细目》体操部分一共划分为二十个部分，每两个星期学习一部分，每星期一单元，其中体操（一）的内容为直立，直立、上体向前屈，开立、上体前屈、两掌按膝，开立、两臂上举、两足半开立等较为简单的内容；而体操（十）的内容为直立，两臂前平屈、手掌向下、足向后点地等相对而言难度较高的内容。

（3）以音乐为辅，图文并茂，游戏贯穿其中

本书共收录音乐曲目八首，并附有简明易懂的五线谱。在上学期第五星期的跳浜排球游戏中，除原本的文字介绍之外还配有插图，并标注"场地之大小可视一班人数之多寡与能力之强弱而增减"；此外，在排球向上发球之练习中配有与发球技术动作相适应的脚步路线，以图文并茂的方式展示这一游戏活动应当如何进行；方舞（二）、篮球传球速跑比赛、地面球、猫捕鼠、底线球、篮球接球游戏、司令球、割麻舞、排球发球比赛、猎人捕兽、体操等单元中均有图解，配合文字，帮助教者理解教学。这些图解大部分是对路线图的解释，且以对游戏的图解较多。

整本教材中设置有诸多游戏项目，对每一星期教学内容进行统计可发现，每一个星期中均有游戏项目，游戏贯穿于整个学年之中，游戏与学习相辅相成，强调在实际运动中进行学习。第一学年上学期的游戏主要设置了"报数接球、拉棒、狼与豹、寻羊、连运货物、掷球猜人、抢手巾、我说、风与花、捕鱼、猎人捕狗、守护中央、踢球游戏、单人追拍、三重追拍"共十五单元。而下学期则主要设置了"蹲下拍人、捉龙尾、双人追拍、换线追拍、猫捕鼠、黑白拉人、扶伤拍人、迷津拍人、潦倒棍棒、抛掷豆囊、猎人捕兽、持棒平均、圆周拉人、拍背争跑、骑马推拉"等。

本书的语言非常精练，全书对动作是如何完成的描述并不多，但是教学内容设计紧密，前后衔接有序，且不断通过游戏引导学生在实际运用中进行学习，让学生在特定的音乐情境和游戏氛围中进行感受与体会，从而形成学习—领悟—学习的良好循环过程。

3.《初中男生体育教授细目》

《初中男生体育教授细目》共3册。

《初中男生体育教授细目》（第一学年用）以单元为单位安排教材，分为上下两学期，每学期分为二十星期，共四十星期。每星期的教材共为五单元。内容上，第一学期游戏安排比重较大，以后递减；球戏约占六分之一，以后渐加；田径运动约占五分之一，以后略加；器械运动（包括机巧运动、活泼器械运动及木马、双杠等）占比略重于田径运动，以后渐加。

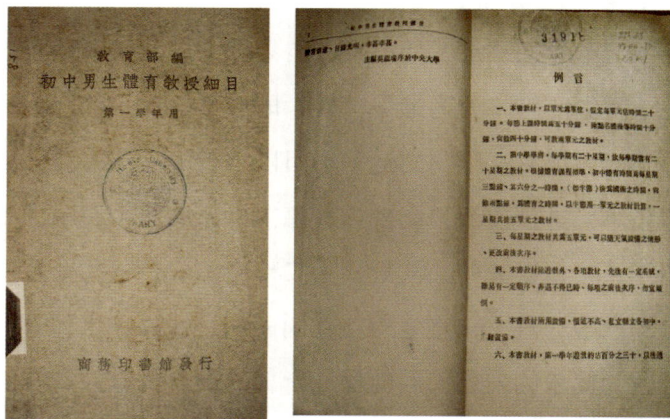

图3-3-3 《初中男生体育教授细目》（第一学年用），教育部编，商务印书馆发行，1936年版

教材主要内容包括田径（短跑之训练、走之训练、跑之训练、立定跳远、独脚跳、跳高、铅球

等），篮球（掷篮球比远、篮球游戏、掷篮法、胸前传球、相对传球比赛、两手腰前传球、头上胯下球替换比赛等），足球（足尖踢球、足背踢球、踢足球比远、射门比准、足立内侧和外侧运踢球法、足球运球比快、盘球跑、盘球射门比赛、停球法、停未落地球比远、盘球推进、足球进攻、顶足球比远、保守球、非正式足球比赛等），器械运动（双杠、低单杠、跳箱、横木马等）。

在序言部分，编者就写明了本书的编辑宗旨，即"其一在于供给新颖之教材；其二在树立体育教授之标准，使由小学至高中有由浅入深、循序前进之教材。以免从前漫无标准之弊；其三在予全国以试验之材料，俾主编者他日依据各方试验之结果，逐渐修改，以得一全国试用之本"。随后在例言部分，编者详细地列出了17条关于本教材的使用方案及建议，极大地方便了体育教师的工作，例如：

一、本书教材，以单元为单位，假定每单元占时间二十分钟。每节上课时间为五十分钟，除点名体操等时间十分钟，尚余四十分钟，可教两单元之教材。

二、照中学学历，每学期有二十星期，故每学期当有二十星期之教材。根据体育课程标准，初中体育时间为每星期三点钟，其六分之一时间（即半节），排为国术之时间，尚余两点钟，为体育之时间，以半节用一单元之教材计算，一星期共排五单元之教材。

三、每星期之教材共为五单元，可以随天气设备之情形，更改前后次序。

……

十七、每项目题目之下有（一）（二）等数字，表明此项目之次序。例如跳高（三），即表明已教过两次，此为第三次也。

书中内容的介绍较为详尽，每章节新动作的教学大多会辅以插图，通过清晰的文字描述加上简明的图片展示，使学生和教师对动作更易于掌握。以第三星期的短跳箱（一）为例，书中内容介绍如下：

一、上至片时腾身撑，同时右（左）腿向后举。

二、上至片时腾身撑，同时双腿分开。

三、上至片时腾身撑，同时右（左）膝前举。

四、上至片时腾身撑，同时转体向右（左）。

五、分腿腾跃。

六、同五，惟下时转体向右（左）转体四分之一。

七、向右（左）正腾越（如第二图）。

八、向右（左）俯腾越（如第三图）。

九、向右（左）腾越（如第四图）。

十、连续行多次分腿腾越（用二短跳箱时）。

《初中男生体育教授细目》（第二学年用）的编写宗旨和原则同第一学年，主要学习内容则是第一学年的进阶和升华版。本教材以单元为单位，一单元为二十分钟，每节课上课时间为五十分钟，（每节课教两单元）剩余的十分钟为点名、体操的时间。本教材共包括游戏、球戏、田径、器械运动并附录有游泳、溜冰等项目。其中田径主要设置了走之训练、短跑训练、跑之训练、赛跑、短跳箱、立定跳远、跳高、铅球、单足交换跳、低跳高架、单脚跳、跳车、单手双足跳拉等。足球包括足尖踢球之基本方法、比赛、足球射门、高踢、足立内侧与外侧踢球法、足球运球、盘球射门、角球、停球、踢空中球、顶球、进攻等。体操包括垫上运动、双杠、低横杠、双杠等。游戏有跳拍游戏、接棍、狗之奔跑、拉人过线、黑白追逐、双手拉人过线、蟹式爬行、双人拾薯比赛、推小车、印度人拍、横木马、拉人出界等。学习内容以各运动项目的基本技术动作为主。各类游戏活动均与对应星期所学内容相配套，以期学生在做中学，在学中做。

依照中学学制，本教材分上下学期各二十星期，一星期共安排五单元教学内容。在教学内容的时间安排上，本教材主要按照季候进行排列，其中田径运动、足球等户外运动主要安排在夏季和秋季，这两个季节雨水较少，适宜在户外进行体育活动；而篮球、器械等对气候要求相对较低的运动则主要安排在春、冬两季。游戏项目的安排贯穿全年。在教学安排上，本教材每项运动大多数安排一单元，只有为数不多的项目为两单元，每节课大多数都由两种活动构成。

本教材除设有田径、足球等运动项目外，还单独设有柔软体操科，这部分教学内容均放置在本书每一学期的最后；与常规内容不同，柔软体操内容的设置相对较少，第一学年上、下学期均只设有十八星期的课程，且时间安排上大部分以两个星期来划分界限，即同一内容需要上两个星期。

图书设计同第一学年，介绍十分详尽，如足球、篮球项目进行动作教学时，书中附带了场地图，插图清晰明了，配合文字的介绍，使得动作更易于学习和掌握。以第七星期的"足球　踢空中球（一单元）"为例，书中内容介绍如下：

一、设备　足球二个

二、场所　足球场

三、人数　二十人至四十人

四、方法　分全体学生为甲乙两队，每队举队长一人。队长握球在手，向地掷球，待球反弹而尚未落地时，第一队员上前踢空中球。踢球时不可使球直上空中，最好送球愈远愈妙。队员练习纯熟后，队长可掷球空中，代替反弹，使队员向离二十码之目的物踢去。

《初中男生体育教授细目》（第三学年用）体例设计沿用前面两册。内容以西方现代体育为主，教材主要内容包括田径（起跑、跳远、跳高、铅球、标枪），足球（守门员之资格、前卫之资格、内卫之资格、中卫之资格、前锋资格、踢角球、发球、传接球、夺球），篮球［向前（后）转身的练习、正式比赛以及中圈跳球、球出界时之阵法以及五人联防等简单的战术］，手球（发球、大队手球以及正式游戏），垒球（击球与接球练习、跑垒之方法、击准触球、滑垒练习、正式游戏以及接球员之方法和责任），器械运动（高单杆），徒手操［一二报数、由一列横队变两列、（排列）圆形排列〕以及护身活动。教材中共有二十幅图，第一幅图为竹标枪的标注图，第二、第三幅图均为篮球中圈跳球法的路线图，第四幅图为球出界时之阵式图，第五、第六幅图均为篮球短距离传球及掷篮之练习法的流程图，第七幅图为篮球惰夫进攻法的进攻路线图，第八幅图为篮球后转身练习法的分组图，第九幅图为篮球五人联防法，第十幅图为八磅铅球场地图，第十一幅图为游泳教学每小时教授时间分配图，第十二至第二十幅图为标准式游泳动作图解及教学顺序图。

书后附录游泳教材、田径运动考试标准、器械运动考试标准。其中游泳教材内容包括游泳之定义、游泳之基本练习，其中主要介绍了标准式游泳（American crawl，又名美国爬行式），教学流程为讲解、水上手部动作之练习、足部动作之练习、两者交替练习、正确呼吸教授法、手足联合动作之练习等；田径运动考试标准包括初中一、二、三年级田径运动测验假定标准；器械运动考试标准包括的项目有第一学年的跳短箱、双杠，第二学年上学期的横木马、垫上运动、低单杠，第三学年的木马、双杠、垫上运动。

综上所述，《初中男生体育教授细目》有以下特点：

1. 有详细的动作图释。书中除了用精练的语言对教学流程进行描述之外，还附上许多图画作为注释，包括动作图解、样式图、路线图等。例如在跳短箱、双杠、低横杠、高踢、跳高、体操等多个项目中均有正面或侧面的人物动作图解，其中跳短箱配备了三幅图，包括一张正面图和两张侧面图，以图文结合的方式解释在做此项目动作过程中需要注意的事项，给人以更直观的感受。

2. 以赛代练，将比赛与教学相结合。教材中安排了很多比赛环节，如接触赛跑、足球射门比准、退行替换比赛等，强调在与他人的竞争过程中进行学习，提高技术。这与当今所强调的中小学教学方法是一致的，通过营造比赛的氛围和环境，使学生能在与他人进行竞争的过程中掌握技能、提高自己。

4. 《高中男生体育教授细目》

《高中男生体育教授细目》，1936年由民国教育部编辑，商务印书馆发行，共六册。于高中一、二、三学年使用。教材以周为单位，高中体育每周设两课时，每课时上课时间为50分钟，每次课须教至少两单元。每学期共20个星期，三年合计120个星期，体育课时长共计240课时，教材内容除第十周测验及第二十星期考试无安排外，每星期安排4～6单元内容不等。教材内容囊括了健身操、游戏、田径赛、游泳、排球、篮球、足球、垒球、手球、器械操、垫上运动、攻守法、举重等13种运动。彼时"国术占全国教材四分之一，由中央国术馆负责编辑，且后另行颁布。本书未列入"[1]。该书每周所列教材内容较为灵活，因此单元较多，器材配备不完善的学校可斟酌选取合适内容进行教学。

---

[1] 教育部. 高中男生体育教授细目：第一学年上学期用[M]. 上海：商务印书馆，1936：2.

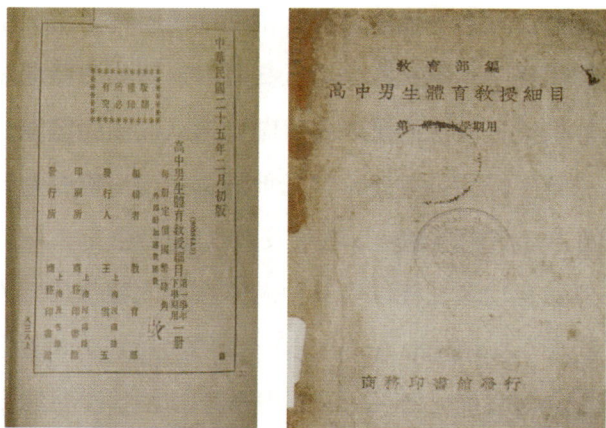

图3-3-4 《高中男生体育教授细目》（第一学年上学期用），教育部编，商务印书馆发行，1936年版

　　《高中男生体育教授细目》教材主要由田径、体操、球类、游泳、举重和攻守法六大内容板块构成。田径部分，在跑类中设置了短距离赛跑、中距离赛跑以及跨栏跑和接力跑。在跳类中设置了立定跳远和急行跳远、三级跳远以及跑跳高和撑竿跳高。在投掷类项目中设置了推铅球、掷铁饼、掷标枪、垒球掷远。教材按项目的距离、高度以及难度安排教学，循序渐进，注重跑、跳、投三方齐头并进，对田径这一板块的项目内容设置已颇具现代雏形。体操内容在教材中的占比最大，由健身操、器械操、垫上运动三部分组成，共计145个单元，在考虑其经济适用性及迅速发达肌力并锻炼学生勇气的效能的情况下，该教材多采用器械运动，其中活泼器械操尤为新颖有趣，共设置了60个单元，囊括了单杠、双杠、木马、吊绳、跳箱、联合运动等项目。健身操共设置55个单元，数量仅次于器械操，两周为一秩序。除日常普通健身操外，还设置了双人操、乐球操、双球操、铁球操等趣味性与观赏性更强的健身操，以作团体表演之用。此外还设置了一系列辅助田径练习的健身操如跑之训练、推铁球之训练、标枪之训练、撑竿跳之训练等。球类项目内容相较于初中而言有所增多。除篮球、排球外，还丰富了足球、手球等类别。篮球教学时，初中阶段，学生以学习篮球技能为主，需要掌握的是篮球传接法，高中阶段则更注重对学生篮球攻防能力的培养，需要掌握如何运用防守法与进攻法。排球设置了垫球、劈掌、拦网、发球、捧托、急压练习以及攻守方法练习。篮球、排球这两个项目在内容设置中穿插了相关的游戏与比赛，如"篮球非正式游戏""排球非正式游戏"等，在"玩"与"赛"中使教学内容更易为学生所吸纳。足球与手球这两个项目的内容设置则以基本传接球练习为主。游泳内容在第一学年上学期设置的是水性及呼吸法练习，其他学期设置了对各种类型游泳的学习，包括仰泳式、侧游式、爬划式（蛙步）、俯泳、潜游、立游（自由泳）等。举重内容共计12个单元，篇幅较少，缘于举重这一项目本身系国粹体育，理宜恢复，目的在于提倡，如例言中所说"今以科学方法略列数则于此，以示提倡！希国术专家另增新材"[1]。攻守法板块共36个单元，内容包括倒地法，双握解脱法，单手被擒解脱法，单手叉颈解脱进攻法，双手叉颈解脱攻击法，抱腰解脱攻击法，抱颈解脱攻击法，擒拿法以及刀击、棍击、枪击防守法。该板块

[1] 教育部. 高中男生体育教授细目：第一学年上学期用[M]. 上海：商务印书馆，1936：2.

内容与体操中的垫上运动皆为增强学生勇气及作为国防工具而设置。

本教材在第三学年下学期附录部分列举了考试项目的种类及其评分标准，如田径运动标准测验说明、器械运动测验动作说明。根据学年的不同，教材设置的田径运动的评分标准与器械运动的考试动作也有所变化。各校可依据设备及天气情况选择考试内容，标准的高低也不必非参照书中施行不可。教材最末列举了各种器材图样及尺寸，除向运动器具公司定购外，还可自行仿造。各项运动在各学年的设置中全按季候排列，如田径运动排在夏秋雨季，器械运动排在冬春雨季，游戏则终年都有。相较于初中教材而言，高中教材内容更丰富，设置也更灵活。

（二）"体育教授细目"的特点

在《初中男生体育教授细目》的序言中，编者说明了编写这套教科书的目的："吾国体育，比较落后，各级学校之体育教授细目，至近年始有由教育部主持编辑之建议。在各省教育厅体育股未设之前，此议未始不可见诸实行。然以吾国幅员之广，人口之众，各省体育程度之不齐，南北气候之差别，以及地势高低之迥异，欲求一适于全国之教授细目，则又戛戛乎其难矣，故本书编辑之宗旨、其一在供给新颖之教材；其二在树立体育教授之标准，使由小学至高中有由浅入深，循序前进之教材，以免从前漫无标准之弊；其三在于全国以试验之材料，俾主编者他日依据各方试验之结果，逐渐修改，以得一全国适用之本。初非敢谓此即为全国适用之书，各级学校，须一一照教也。"[1]可以看出，编者力图将此书作为全国通用的教科书，事实上这套教材确实在全国各地都有学校在使用。从清末中小学正式设置体操课以来，一方面，由于中国幅员辽阔，各地的气候、教学环境、师资等不同，很难采用统一的教科书；另一方面，《奏定学堂章程》颁布之时也正是清朝政府风雨飘摇之时，随着清政府的灭亡，辛亥革命后中华民国建立，国家一直处于政权更迭频繁的年代，政权不统一，统治阶级也无暇顾及统一教材事宜。从以蒋介石为首的国民党当政时期到抗日战争全面爆发前，这一时期政权比较稳定，教育方面也有了很大的改观，统治者终于有时间和精力组织编写统一的中小学体育教科书。

1. 从现代体育项目到军事训练内容，教科书内容全面而完整

从教科书的内容安排看，本套教材中现代西方体育占了较大的分量，如初中阶段男生的教材安排，第一学年游戏约占30%，以后递减；球戏约占16%，以后渐加；田径运动约占20%，以后略加；器械运动（包括机巧运动、活泼器械运动及木马、双杠等）占27%，以后渐加；护身活动于第三学年开始编入，国术约占六分之一。女生的教材安排第一学年游戏占15%，球戏占30%，韵律活动占25%，垫上运动及机巧运动各占3%，体操占14%。随着年级的增长，现代西方体育所占的比例逐渐提高。小学阶段的教材安排主要包括体操和游戏。女生教材主要包括游戏（15%）、球戏

[1] 教育部. 初中男生体育教授细目：第一学年用[M]. 上海：商务印书馆，1936：1.

（30%）、韵律运动（25%）、田径运动（10%）、垫上运动（3%）、机巧运动（3%）、体操（14%）及附录内容之和缓运动与游戏9类。高中教材包括田径、游泳、健身操、游戏、垒球、器械操、篮球、手球、举重、攻守法等。所有的教材中国术均未被列入，国术教材为另外单独编写。

这套教材涵盖的内容多而全。我们对书中出现的教材内容进行了统计，全套书涉及的球类有篮球、排球、足球、垒球、网球、手球、棒球，体操有单杠、双杠、木马、跳箱、垫上运动、柔软体操、健身操、机巧运动等，田径项目有跳高、跳远、铅球、短距离跑、长距离跑、撑竿跳高、接力跑、标枪等，还有舞蹈、游泳、举重等，几乎涵盖了大部分现代体育项目。教材还为身体有残疾的学生安排了专门的运动，"一部分学生因身体有特殊缺点，而不宜做某项运动时，则以附录内的和缓运动代替"[1]。项目内容非常丰富，面面俱到。

这套教材增加了部分军事训练的内容以备战时需要，而且这些内容和民国初期的兵式体操不一样，包括了教授战时的一些自我防护、自我救助的技能，以及适应战争时期需要的身体锻炼的方法等。教科书的例言中说"护身活动第三学年始编入"[2]。教材中这部分内容主要是介绍战时遇到对手入侵时如何保护自己。高中阶段安排的"攻守法"也与此类似，"攻守法是和敌人争斗的时候，不拿武器能救全自己生命的一种方法，利用自己的机巧力量和手法，去诱用敌人的力量，并且使自己的力量发生最大的功效，藉以战胜敌人而求得自身的安全"[3]，"本教材所列垫上运动及攻守法等，均为增加勇敢及国防之工具"[4]。1929年国民政府重修教育宗旨，并规定教育宗旨实施方针八条，其中表明"多级学校及社会教育，应一体注重发展国民之体育。中等学校及大学专门学校，须要相当之军事训练。发展体育之目的，固在增进民族之体力，尤须以锻炼强健之精神、养成规律之习惯为主要任务"[5]。这套教科书也基本贯彻了这一规定。

2. 从封面到内容，插图丰富，编写规范

教材包括封面、序言、例言、教学内容、附录、考试标准和封底。初中阶段的序言和例言都相同。除了小学是按照项目来编排内容外，初中及高中都是按照学年、学期、星期来分配教材。教材的编写非常规范，编排体例和现在的教材几乎一致。例如：《初中女生体育教授细目》参照《初中男生体育教授细目》的格式编写，除游戏、球戏、韵律活动及和缓运动外，其余均采用男生教材及教法，只是练习数量有所不同。各项教材内容根据教学需要，每学年安排的分量有所不同，如球戏及田径运动，第一学年较少，以后逐渐增加，其他项目则相反。一部分学生因身体有特殊情况而不宜做某项运动时，则以附录内的和缓运动代替。游泳一项，可按各地气候及设备之情形，在可能时，用附录内的游泳教材。该教材各个项目，每学年皆按季候排列，除游戏外，学习程度均由浅入

[1] 教育部. 初中男生体育教授细目：第一学年用[M]. 上海：商务印书馆，1936：4.

[2] 教育部. 小学体育教授细目[M]. 上海：勤奋书局，1936：4.

[3] 教育部. 高中男生体育教授细目：第一学年上学期用[M]. 上海：商务印书馆，1936：93.

[4] 教育部. 高中男生体育教授细目：第一学年上学期用[M]. 上海：商务印书馆，1936：2.

[5] 《莒南县教育志》编纂委员会. 莒南县教育志：1840-1997[M]. 济南：山东人民出版社，1999：93.

深。大部分的练习都配了插图，图文并茂，一目了然。

3. 从直线式排列、螺旋式排列到混合式排列，教材的编排形式多样

体育教材有两种基本的排列方法，即直线式排列和螺旋式排列。直线式排列是某个项目教过之后，后面不再重复教学的排列方式。螺旋式排列是指各项目在各年级反复出现，但逐年提高要求的排列方式。这套体育教材有些项目教学内容采用直线式排列，以球类为例，教材中足球、篮球、垒球、排球等项目，尽管在不同的年级中穿插学习，但是所学习的具体技术并不相同，其教学内容排列方式属于直线式排列。如篮球，从小学高年级一直到高中都有篮球项目，小学阶段和初中一年级是以游戏的形式让学生在游戏中学习篮球的基本技术，到了初中第一学年下学期则安排了"掷篮球比远""人篮球""运球入篮比赛"三个教材内容，第二学年上学期介绍投篮（掷篮）技术，主要有单手掷篮、胸前掷篮、腹前掷篮、掷篮比赛以及传球练习等。下学期介绍篮球传递掷篮、近距离传球练习、传球与运球混合的练习、运球绕物练习等。第三学年介绍了篮球向前（后）转身的练习、篮球的正式比赛以及中圈跳球、球出界时之阵法以及五人联防等简单的战术。高中阶段进一步学习一些简单的战术。高一年级开始介绍区域防守、近掷进攻法和个人防守步法、个人防守姿势以及团体进攻法等，高二、高三年级设计了一些比赛练习。可以看出，其教学内容排列方式采用的是直线式排列。有些项目采用的是螺旋式排列，如舞蹈、游戏、健身操、垫上运动等。大部分项目是混合式排列，即以上两种方式混合使用。这样的编排比较符合学生身心发展的规律。

4. 通过游戏传授知识，体现了"在做中学"的实用主义教育思想

整个教材中没有对各个项目每个技术细节进行过多的说明，大多是通过练习来传授知识，如教授足球的内外侧踢法时，教材试图通过一个游戏使学生掌握踢法的要点，首先分四点说明这个游戏的规则，然后对足内边踢法和足外边踢法的技术动作稍作描述，再说明足内边和足外边踢法的作用（在盘球、短处、接侧而递之来球及射门等场合多用之）。现在来看，教材在学习内容的设计方面还是比较科学的即先通过游戏认知，让学生在游戏中感受、体会，然后再学习相关知识，体现了"在做中学"的实用主义教育思想。

5. 从课程标准到教科书内容，政府对教科书的调控日益加强

这套教科书的内容都是按照1932年民国教育部颁布的体育课程标准所规定的教材内容来编写的，能忠实地反映课程标准。以《小学体育教授细目》为例，由教材目录可知，"第二编作业要项说明，第一章、游戏；第二章、韵律活动；第三章、体操；第四章、运动；第五章、其他"[1]。这基本对应《小学课程标准——体育》第三项："各学年作业要项，类别包括游戏、舞蹈、运动、其他"。课程标准对教材类别的规定和《小学体育教授细目》的作业要项说明大同小异。正如该书编辑导言中所说，"本书系统，完全依照民国二十一年十一月本部所颁之小学体育课程标准"[2]。

---

[1] 教育部. 小学体育教授细目[M]. 上海：勤奋书局，1936: 2.

[2] 教育部. 小学体育教授细目[M]. 上海：勤奋书局，1936: 1

按照课程标准的规定来编写教科书，也就是按照课程标准制定的教材选编范围、教材选编标准以及教材组织要求来编写教材，这也是南京国民政府对教科书进行控制的主要手段之一。另外，国民政府还通过制定各种规章制度来控制体育课程，如在《国民体育法》中规定高中以上学校体育为必修科，这项规定与前公布的军事教育方案同时施行。如无这两项功课成绩的学生，不得毕业。从这套教科书的编写目的也可以看出，当时的国民政府力图通过各个学科的教材编写来达到其对人民进行思想控制的目的。

二、"体育教授细目"系列教材的出版意义

"体育教授细目"作为最早的、最完备的通用体育教科书，在我国体育教材史上具有重要的意义，这套教科书得到很多体育专家的好评。

1. 开启全国通用体育教材的先河

从清末开设体操课以来，中国政府一直想编写一套适合全国中小学使用的体育教材，但是由于种种原因没能如愿，"体育教授细目"开启了我国全国通用体育教科书的先河。作为全国各个学校体育课上使用的教材，这套教材使得全国的体育课的教学和考核都有了一个统一的标准。

为了达到全国通用的目的，时任国民政府教育部体育督学的郝更生在各种场合推广这套教材，"1933年，国民政府教育部聘请国内体育专家着手编写中、小学体育教材，至1936年编印出版了24册"体育教授细目"。这套体育教科书有《高中男生体育教授细目》《初中男生体育教授细目》《初中女生体育教授细目》和《小学体育教学细目》等，是以美国和德国学校的体育教材为蓝本编写的，按学生的年龄、性别、每学期、每周分单元排列教材，有一定的系统性、科学性，是中国第一套较完整的中、小学体育教科书。这套中、小学体育教科书的出版，使中国学校体育在教材方面初步有了可遵循的标准"[1]。从中也可看出，这是国民政府教育部按照中国学校体育教材的标准来编写的。

2. 促进了实用主义教育思想在体育教学中的发展

1919—1921年杜威访华期间，实用主义教育思想在我国盛行，将"体操"改为"体育"也是在此思想影响下发生的。在"体育教授细目"之前，由麦克乐翻译自美国的《新学制体育教材》体现了典型的实用主义教育思想，但是国人自编的、体现实用主义教育思想的体育教材并不多见。"体育教授细目"从小学到高中、从男生到女生的教学内容都体现了实用主义教育思想，教材倡导学生"在做中学"，大部分的知识点都是学生通过完成练习或者游戏来掌握的，教材内容贴近学生生活，很容易引起学生的学习兴趣。这样一套教材在全国范围内得到推广和使用，无疑极大地促进了实用主义教育思想在体育教学中的发展。

---

[1] 崔乐泉. 中国体育通史：第四卷1927—1949[M]. 北京：人民体育出版社，2008：8.

3. 探索了中小学体育教科书成套编写的规律，使整个中小学体育教学有机结合起来

教科书的进步对课程的发展有着重要意义。从有体操课以来，我国的体育教材大部分是译自国外的，即使是自编的体育教材，质量也不尽如人意。胡绍之在其编写的教材《初级小学体育教本》（第一册）的自序中就说："今日小学体育之不发达，固由于教育经费之不独立，与办学者之无诚意，而适当教材之缺乏要知厥为一大原因。查坊间所出，理论者专于理论，实施者专于实施，分门别类，各将体育之一部，如'体育原理'也，'教学法'也；'游戏'也等等，从不曾融溶贯通，编为一彼此联络，先后衔接之体育佳本；且其编也，亦不过本其营业之性质，拉杂纂成，冀图获取余利而已；其于儿童身心发达之程序也、好尚之兴趣也、气候也、环境也、正教风化也，虽不敢谓为一无所顾及，然却不能称曰详尽无遗；是以各小学之于体育也，因感教材搜集之困难，敷衍了事者，所在皆是。'稍息''立正''开步走'为惟一之体育资料，'猫捕鼠''捉迷藏'乃不二之游戏法宝，今年如斯，明年亦复如斯。一体之发达，欲其有助于儿童身心之健康也难矣！"[1]胡绍之认为教材质量不高是导致当时体育科不发达的主要原因之一，体育教材存在的问题是不能将不同的体育项目融合在一起，有些人编写体育教材只是为了赢利，教材不考虑学生身心发展的规律，不考虑学生的兴趣，不考虑气候，不考虑环境，教材内容重复率高，编写者敷衍了事，这些都严重影响学生的身心健康。这一现状在一些史料中也可见一斑："至于中学的体育方面，也大概有几点，是亟应改进的，第一点，这是体育教材，应当积极改进的。一般中学体育教材是很陈旧的，而且是散漫的，特别是早操以及课间操的教材，更是觉得陈旧。这是应当积极改进的。……最后说到小学体育应当改进的地方，也有几点。……第二点应该改进的，就是小学体育教材的改进，有很多的小学，体育教材是十分陈旧死板，这也是应该积极改良的。"[2]

一方面，"体育教授细目"系列教科书包括了从小学到高中、从男生到女生的教学内容，教材以现代体育项目为主，内容丰富，小学到初中、初中到高中阶段的知识点紧密结合，使教材内容的编写更符合青少年生理、心理发展的规律；编制体例比较完备，本系列教科书有机地将小学、初中和高中的教学内容衔接起来，使教师在教学中有章可循，为其后通用教材的编写提供了可贵的经验。

另一方面，"体育教授细目"是国民政府教育部编写的力图在全国推行的通用教材，但是由于其没有考虑整个国家不同地区的情况而强行推行，其使用效果也难如人意。我们从当时的一些史料可以看出使用的效果。

> （国民政府）教育部终于在1933年前后召集一些体育专家，参考了国外学校的教学情况，拟订出中、小学体育教授细目各一部。从此，体育教师总算有了依据，不象（像）先前那样茫然无主了。但是，有了这样的教授细目，体育教学是否就真的没有问题了呢？不然。只能说情

[1] 胡绍之，张武成，崔作山. 初级小学体育教本：第一册[M]. 太原：并州新报社，1930：1.
[2] 郝更生. 今后学校体育亟应改进之点[J]. 勤奋体育月报，1935，2（5）.

况稍微改观了一些。其原因很多，择要言之：其一，国民党反动统治时期的教育部，对于教授细目的实施，并未采取适当的安排措施。例如，教授细目尽管规定了许多新的项目，但却未给学校配备规定设备，没有规定的器材，体育教师无法实施教学，只能是纸上谈兵而已。其二，当时一般学校中的体育教师只有一人，而教授细目中则洋洋大观，从我国的武术一直到西洋体育全部皆需教授，一个体育教师一般很少能具有这种全面发展的"通才"。比如，有位体育教师系私立学校毕业，自己并没有打过垒球，教学生的时候则无从着手。细目中所列的笈球，是个价值昂贵、国内很难买到的教具，且许多教师还不识其球，根本无从训练起。当然事在人为，要实施体育教授细目中所规定的动作也并不很难，只要有体育教学实践经验，各省市或地区利用假期办一个教授细目学习班，即可解决很大问题，但当时反动政府并没有这样做。其三，当时一般中学的体育课每周为两小时，个别有一小时的，但细目的教程却是按每周三小时来安排的，因而教学时间的安排、项目的衔接都大成问题，兼以各校操场遇到雨天，则更难完成规定。所以教师们除去因设备上的限制而删繁就简以外，还得在时间上再来个七折八扣，结果弄得零零碎碎，不成体统。

以上种种原因，致使解放前的中小学的体育教学没有办法根据教授细目去上课，依然是各自为政，因人施教，教师擅长球类的则教球类，擅长田径的则教田径，擅长器械体操的则教器械体操，学生的体格得不到全面锻炼。笔者作为一个老年体育工作者，迄今思之深感自愧！

关于小学、初中、高中的体育教授细目，用历史唯物主义的眼光看，在当时能编写这三部体育教科书还是值得称赞的。体育专家们煞费苦心完成了这一项任务，确实难能可贵。如果当时的国民党能予以物质和精神上的支持，我国的学校体育是能得到一些改进的，但反动派素来轻视体育，只顾大打内战，不屑将钱花费在教育事业上，致使专家们的辛勤劳动未能起到应有的效果，实在令人惋惜。[1]

从以上史料可以看出，国民党统治时期，各地学校都开设了体育课程，即使是在抗日战争时期，一些学校仍然能坚持体育课的教学。但是，多数学校的体育课教学效果并不理想。一些教师教学不认真，教学时既没有教学计划，也不备课；虽然也有体育教材，但是由于缺乏应有的运动场地设备，或者教师的水平达不到要求，大多数项目不能按规定执行，很多学校无法按编写的内容上课。篮球、排球、足球仍然是大部分学校开设的主要项目。田径项目只是在学校开运动会之前临时安排给参加运动会的学生的教学内容，成了少数选手的体育教材。至于器械体操项目，由于一般学校缺乏设备，学生多不感兴趣，更不受重视。但也有少数中小学体育课教学认真，课外体育活动开展得也较好。总体而言，民国时期编写的教材仅仅停留在文本层面，大部分学校还不能全面实施，限制了其作用的发挥。

---

[1] 王振亚. 旧中国体育见闻[M]. 北京：人民体育出版社，1987：26-27.

三、商务印书馆的体育教科书

（一）《体操教材》（小学适用）

本教材由松江赵光绍编写，孙揆校订，上海商务印书馆1924年出版，全书共111页，供小学教师用，教材包括上编和下编两编，上编体操包括七章，第一章为体操科教授之要旨，介绍体操的教材教法；第二章旗体操连续练习法；第三章圈体操连续练习法（第一种）；第四章同前（第二种）；第五章行进体操连续练习法（第一种）；第六章同前（第二种）；第七章铁砟（原文译音盎维而夸辣斯）。下编游技包括第一章游技教材之选择法，第二章游技之特质，第三章器械之制作法，第四章竞争的游技，第五章非竞争的游技。

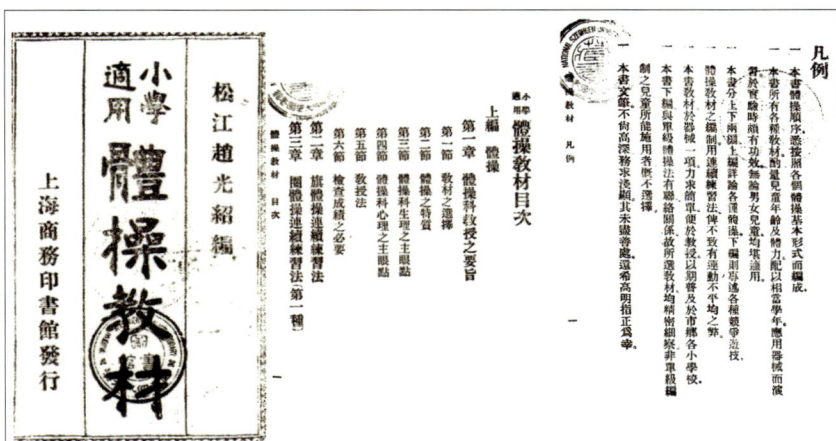

3-3-5

图3-3-5 《体操教材》（小学适用）赵光绍编，孙揆校订，上海商务印书馆出版，1924年版

本书体操顺序，悉按照各个体操基本形式而编成。本书所有各种教材，酌量儿童年龄及体力，配以相当学年。应用器械而演习，于实验时颇有功效。无论男女儿童均堪适用[1]。教材强调根据儿童的年龄和体力来选择教材的内容。

（二）《新学制体育教材》

1923年8月，中华教育改进社体育组第二届年会召开，会议决定请美国人麦克乐编订运动标准及体育细目，1928年，由麦克乐和沈重威合著的《新学制体育教材》出版。《新学制体育教材》共十八章，分为总则和教材两部分。其中总则包括体育的意义、体育的需要和价值、体育教育的目的、体育教材的内容和选配、体育组织概要、体育领袖、标准试验和其他奖励方法、体育教授的精神八章。教材包括步法、游戏、个人和团体武的竞争、垫上运动、运动、机巧运动、学生姿式的概要、柔软体操、敏捷运动以及舞蹈共十章。

---

[1] 赵光绍，体操教材[M]. 上海：商务印书馆，1924：1.

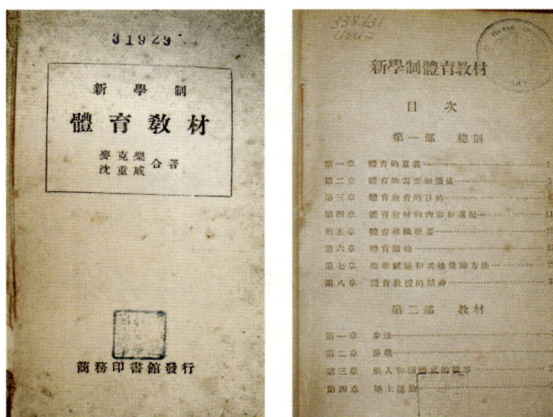

图3-3-6　《新学制体育教材》，麦克乐、沈重威合著，商务印书馆发行，1928年版

　　《新学制体育教材》由商务印书馆发行，实际是麦克乐据美国的体育教科书翻译，由沈重威整理编写而成。本书堪称"壬戌学制"后承上启下的体育教科书，自1923年体操科改为体育科后，到1929年南京国民政府颁布暂行体育课程标准这段时间，中小学体育教科书大部分是"壬戌学制"前出版过的教科书再版，真正符合新学制要求的体育教科书很少。《新学制体育教材》继承了民国初期体育教科书的合理成分，为南京国民政府时期中小学体育教科书的编写提供了参考。它是当时最全面的一本体育教科书，适合从幼儿园到大学各个阶段的体育教学需要。教材具有以下特点。

1. 教材内容丰富，以实用主义教育思想为核心

　　《新学制体操教材》包括两个部分，第一部分为总则，阐述了体育的基本理论；第二部分为教材，系教学所用的具体教材。体育基本理论方面，其内容不仅包括体育本身的知识，如体育的价值、体育的意义，而且包括体育教材教法的内容，如：如何选用教材，体育教学中应该注意哪些问题，如何制订教学计划包括年计划、周计划、天计划，如何测试学生的体育成绩，如何对学生进行分组教学，等等，非常详尽。教材内容方面，不仅包括步法、游戏、体操、垫上运动、个人和团体武的竞争、运动、舞蹈等多种项目，而且考虑到不同年龄层次的教学内容，如游戏一章的教学内容，根据年龄可将游戏分成六级，一级是从初生到三岁的游戏，二级是从四岁到七岁的，三级是八岁以下的，四级是八岁到十岁的，五级是十一岁到十四岁的，六级是十五岁以上的；根据场地可分成室内游戏、室外游戏；根据运动可分成豆囊游戏、拍人游戏、分腿腾跃的游戏、垒球类游戏、队球类游戏等；根据年级则分成适合小学生的游戏、适合初中生的游戏、适合高中生的游戏、适合大学生的游戏。教材的内容多且全面，可供选择的项目多。

　　同时，教材中还增加了生理卫生知识以及健身方面的知识。教材不仅为身体正常的学生选配了教材内容，也为身体有缺陷的学生设计了改正体操。此外，教材还对体育教学的时间安排、教学时间分配以及课外体育活动的组织进行了介绍。

　　本教材的内容体现了体育要"顺应儿童爱好活动的本性"，以及"发展个人之本性及人格"的功能，强调教学内容要符合学生的身心特点，更贴近学生的生活，容易引起学生的兴趣，有利于提高学生对体育学习的积极性。

比如教室内的游戏法的内容，基本上是利用教室的现有条件，如黑板、课桌、教室的墙壁甚至黑板刷等来安排游戏，游戏简单、易学、可操作性强，不需要教师过多的讲解，即使是学生自学，也很轻松。

随着战争的结束，兵式体操开始走向衰落，中小学体育教科书中兵式体操的内容也越来越少，直至被完全废除。从本教材的内容看，除了步法和柔软体操中有类似兵式体操的队列练习外，一些像射击等富含兵士特色的内容已经没有了，取而代之的是游戏，由跑、跳、投组成的田径运动以及球类运动。

教材的编写受实用主义教育思想的影响，教材中凸显实用主义教育思想。如教材在介绍体育的目的时是这样说的：

体育教育的目的。

（甲）属于身体的目的。

（1）增进健康率和元气，发达各器官、系统的功用，养成良好增进健康率的习惯。

（2）使学生立、或坐、或行走时，身体都有良好的姿势。

（3）使学生有身体上机械的效率，就是增进身体的均衡和肌肉感觉，使身体上有一种灵敏的支配，有相当的技能。

（4）增加体力的速度和耐劳，可使达到稍有富裕力的地位；不但能适应平时的需要，又使其能适应意外测度不到的事情。

（5）使身体柔和，肌肉感觉灵敏，能顺应各种境遇。

（6）发达神经肌肉和精神运动的联络，使神经系统可有富裕的能率，并使神经系统各部分的联络，以最丰富的地位，而发达一切隐藏的可能。……

（乙）属于性质及人格教育上的目的。……

体育教育所欲发达的性质，有下列数种：

（1）顺应敏捷的思想、决断力和判断力。

（2）坚持勇敢，不易灰心。

（3）进取精神和奋斗精神。

（4）灵敏态度、发明性、启发性、自赖性。

（5）遇有危急或受痛苦，仍有镇定的心思。

（6）联合性和团体训练。

（7）社会性。

（丙）培植体育技能是体育的工具。

……若以篮球做譬喻，可在左方分成三部；

（1）篮球运动所以激刺本能，如：1. 自尊，2. 好胜，3. 逃避，4. 追赶和捕捉，5. 达目的，（如投球进篮）6. 竞争进取和奋斗精神，7. 团体领袖，统帅群众。

（2）所常用活动，1. 跑，2. 躲避，3. 跳，4. 掷，5. 接，6. 用手打，7. 中的。

（3）在人格教育上能成就的几个要件，1. 使人对于各事有君子的态度，2. 守规矩的道德训练，3. 尊重敌队权利，4. 牺牲自己机会，愿和他人连合，求全队的胜利，5. 公平态度，6. 尽力比赛，无论分数如何，总不灰心，7. 胜而不骄，败而不馁，8. 顺从队长和游戏系统，9. 个人负责，设法应付当时情形，10. 随机应变，决断迅速，11. 虽遇危急而仍镇定。……

（丁）知识上的目的。

……（1）运动规则和方法。（2）急救伤科的紧要方法。（3）个人卫生、公共卫生和学校卫生的要义。（4）察知他人的性情心理，决定社会作事标准，游戏最有此种教育。[1]

本教材明确提出了体育教学的四个目标，即身体的、精神的、社会的、知识方面的目标。再如书中所述游戏的教学目的："（1）运动身体。（2）要发展各个学生。（3）要使学生发展适合社会需要的德性。（4）发达各人仁侠的精神。（5）要养成日常运动的习惯。"[2]可以看出，编者力图通过游戏使学生达到强身健体、发展个性、适应社会、养成锻炼的习惯的目的，充分体现了"在做中学""教育即生长""个性自由""以儿童为中心""从兴趣出发"的实用主义教育思想的观点。教材内容的安排特别强调顺应儿童的心理、生理的发展，把实用主义教育思想贯彻到每一处教材内容。

2. 教学目的与当代新课改的目标有相似之处

教学目标是教材设计与教学的出发点和方向指南。[3]旧学制时期的教材基本上没有反映出其教学目标，而本教材对教学目标都作出了明确的规定。如第一章步法，强调应用走步法的功用一是用来变更位置，排列起来做他种体操；二是使体操班有训练，有秩序；三是教育功能；四是使人觉得自己是一个大团体的有机分子。穿花跑和各大团体跑步法的功用就是"运动身体，增进耐劳"。

在第二章游戏中阐述游戏教学时，要求教游戏法的教员该明白教学的目的。其目的简单说明如下：

（1）运动身体。这是各种运动最普通的目的。……

（2）要发展各个学生。1. 勇敢胆量和坚持性，2. 顺应的思想、敏捷的反应、决断力和判断力，3. 进取和奋斗的精神，4. 启发性、发明性和自信的精神。……

（3）要使学生发展适合社会需要的德性。如联合性、牺牲性、对于团体或机关的忠心和做领袖的资格。……

（4）发达各人仁侠的精神。这种精神是最高尚的、积极的、君子的精神。……仁侠精神的定义，就是包括孔子"己所不欲勿施于人"，和耶稣"你愿意人怎么待你，你就应当怎么待

[1] 麦克乐，沈重威. 新学制体育教材[M]. 上海：商务印书馆，1928：6-11.

[2] 麦克乐，沈重威. 新学制体育教材[M]. 上海：商务印书馆，1928：46.

[3] 曾天山. 教材论[M]. 南昌：江西教育出版社，1997：101.

人"的教训。有仁侠精神的学生，对于比赛时各方面的事情，就拿公平、公理和礼节做标准，不愿设法在裁判员的背后，违背规则，开不公平的恶例。……

（5）要养成日常运动的习惯。教学游戏的第一个目的，是要使学生习一种终身应用的技术；因此应注意学生在毕业以后能利用的游戏法，是最要紧。……

（6）使学生在运动的时候，可以练习一种娱乐的工夫。[1]

体育教育的目的除了身体上的如"增进康健和元气，发达各器官、各系统的功用，养成良好的康健的习惯。使学生立或坐、或行走时，身体都有良好的姿势等等"外，人格教育、培育体育技能以及学习体育知识等方面也非常重要，因此在教材的内容及其选配上必须考虑这些因素。

本教材所提出的教学目的和今天体育新课改的课程目标极其相似，起始于二十一世纪初的体育新课程改革中，提出学习领域的五个目标是运动参与目标、运动技能目标、身体健康目标、心理健康目标、社会适应目标，对比《新学制体育教材》游戏的教学目的，运动参与目标和运动技能目标与上面的"（1）运动身体"相对应。身体健康目标与上述"（5）要养成日常运动的习惯"和"（6）使学生在运动的时候，可以练习一种娱乐的工夫"相对应。心理健康目标、社会适应目标对应于上述（2）（3）（4）点。

其他项目的教学目的也有相似之处，如"玩篮球或比赛运动，他的价值非在运动，是在幼时所练，到中年以后仍能应用。但玩各种球戏，就能发达若干性质与态度，并且和中年以后的生活有最大的影响"[2]。从这里可以看出，学习篮球的目的，不仅仅是为了当时的练习而练习，而且作为将来锻炼身体的一种手段，符合终身体育的理念。

3. 有丰富的体育教材教法

清末民初的体育教科书（教师用书）中，非常重视对体育教材教法的介绍，但是和《新学制体育教材》相比较，《新学制体育教材》更全面、更丰富，其对体育的目的、价值、教材的分配、教学时间的安排等，详细而科学。

提出分组教学方法。作者提出在组织体育教学的时候，最好能按学生生理的年龄、性别和运动程度来分配。他认为在十岁以前，男女的需要、能力和情绪等是大同小异的，所以体操不必分班，过了十岁以后，由于女子出现渐渐趋向成年的情形，所以建议过了十岁以后，最好男女分班教学。针对不同体育基础的学生的教学，作者也提出了自己的观点，"除了年龄和性别外，最要又最难的问题，就是个人程度不齐的问题。如有的学生身体很灵敏，有的身体很笨重，有的已经学过各种运动，有的毫没有练习过；在一个较小的学校中，把这些人都编在一个体操班内，如果只有一个体育教员，这个问题就最难解决"[3]。这个问题在今天的体育教学中也是令教师们感到很棘手的，因此，作者首先在教材中提出"在运动的时候，另有一种分组法，就是按年龄、身高、体重分组，约

[1] 麦克乐，沈重威. 新学制体育教材[M]. 上海：商务印书馆，1928：43-44.

[2] 麦克乐，沈重威. 新学制体育教材[M]. 上海：商务印书馆，1928：9.

[3] 麦克乐，沈重威. 新学制体育教材[M]. 上海：商务印书馆，1928：20.

从十岁起到十六岁、十八岁止（女子十四至十六），若是运动没有分组法，恐怕身体较小的学生，实在没有机会胜过身体较大的"[1]。按身高、体重等来分组，在今天的体育教学中都具有一定的意义。其次，作者在对教材内容的选编中也采用了按不同基础安排不同内容的方法，如在"个人和团体武的竞争"一章中，按运动的难易程度将教学内容分为四级，适用不同基础的学生。

教材要求教师应该有三种计划：全年的、一星期的和一天的教材计划。其中，对一天的教材计划有确定的要求。

（1）前几分钟的体操，应由舒缓渐渐增加剧烈，可以先使身体的各功用，适应运动的要求；不要立刻做最剧烈的运动。因为前几分钟可以算为"准备运动"，平常可用走步、慢跑步，或简易的柔软体操，代这一部分的运动。

（2）要使身体先做一个好姿势，并且要鼓励学生保持这个好姿势。……

（3）要使学生身体每一部分都得做运动，并且运动量要稍多；无论做柔软体操或游戏，应当使学生用力做，操毕的时候，身体应稍觉疲倦。……

（4）每次运动，应当有一部分多运动躯干肌肉。……

（5）每天的秩序，应当包含一部分的运动，能激刺身体、心脏和肺部，使呼吸功用增速，心脏的跳动增快而大。这一类的运动，大约多用跑步，或多次跳跃的运动。这种运动，时间不可太短，应当到心肺功用格外增速的时候为止。

（6）应当有一部分舒缓运动，使心肺还原；这一种运动，最好用走步。[2]

从这段文字看，教材计划的内容就相当于现代体育教学的"三段式"教学法，即准备部分、基本部分、结束部分，教材对每一部分练习的强度和密度，以及应该采用的手段都做了介绍，这在当时是非常先进的了。

教材不仅在第一部分"总则"中详尽介绍了体育教学的方法、教材选用的原则、教学注意事项等，而且在第二部分"教材"中对每一部分教材都作了详细安排，其中基本包括了概念、教材的功能、教材的分类、教学目标、教材选配的原则、教学的要点、教学方法等，能极大地帮助教师教学。如"游戏"一章中，教材内容第一介绍游戏的教学目的；第二介绍游戏的阶级（按年龄分为六级）；第三介绍选配游戏的概要，告诉教师如何选配教材；第四介绍教学游戏的要点；第五介绍预备游戏的方法；第六介绍选追赶员的方法；第七介绍选长时队的方法。这些都是告诉教师在教学中如何使用教材、如何教好学生的方法，这对教师的教学有很重要的作用。

这些优势从当时学界的评价中也可见一斑，《体操教材续编》（小学适用）封底刊印了一则对《新学制体育教材》的广告，是这样介绍的："是书详述关于体育组织的概要以及教授的精神，并列举各种教材如步法、游戏等项，搜集完备，选配适当，为中小学用体育书中所罕见。"[3]认为

[1] 麦克乐，沈重威. 新学制体育教材[M]. 上海：商务印书馆，1928：20.

[2] 麦克乐，沈重威. 新学制体育教材[M]. 上海：商务印书馆，1928：22-23.

[3] 赵光绍. 体操教材续编：小学适用[M]. 上海：商务印书馆，1930：封底.

《新学制体育教材》内容完备，选配适当，是不可多得的中小学体育教科书。

《新学制体育教材》是"壬戌学制"颁布以来到此时期编写最全面、内容最多、内容跨度最大（适合幼儿园到大学）的体育教材，它前承民国初期，吸收了民国初期中小学体育教科书的合理内容，后启南京国民政府的中小学体育教科书的编写，为其后体育教科书的编写提供了很好的模板。其详尽的教材教法内容，对培养合格的中小学体育教师有很好的指导作用，对当今的体育教学也有很好的参考价值。

（三）《短期小学课间操教材》

《短期小学课间操教材》由国民政府教育部编，上海及各地商务印书馆、中华书局、世界书局以及正中书局发行，1935年（中华民国二十四年）9月发行初版，1936年4月发行第三版。《短期小学课间操教材》主要适用于遇阴雨天气不能在室外运动，需要在室内运动时所进行的室内五分钟课间操。

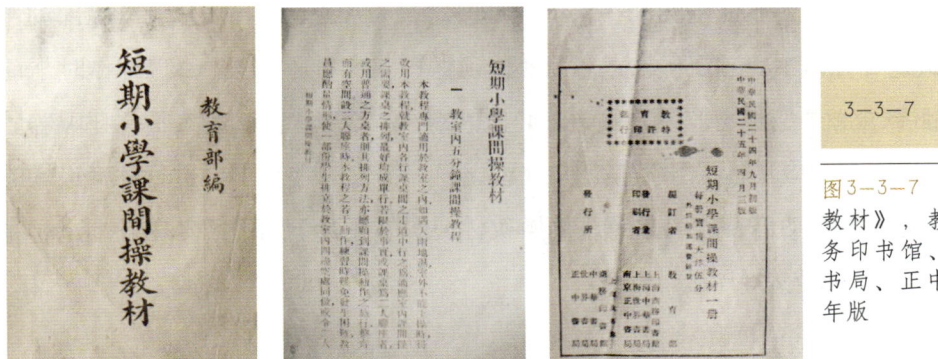

3—3—7

图3—3—7 《短期小学课间操教材》，教育部编，上海商务印书馆、中华书局、世界书局、正中书局出版，1935年版

（四）《体操教材续编》（小学适用）

《体操教材续编》（小学适用）于1930年由赵光绍编，商务印书馆出版，全书共77页，供小学教师用。

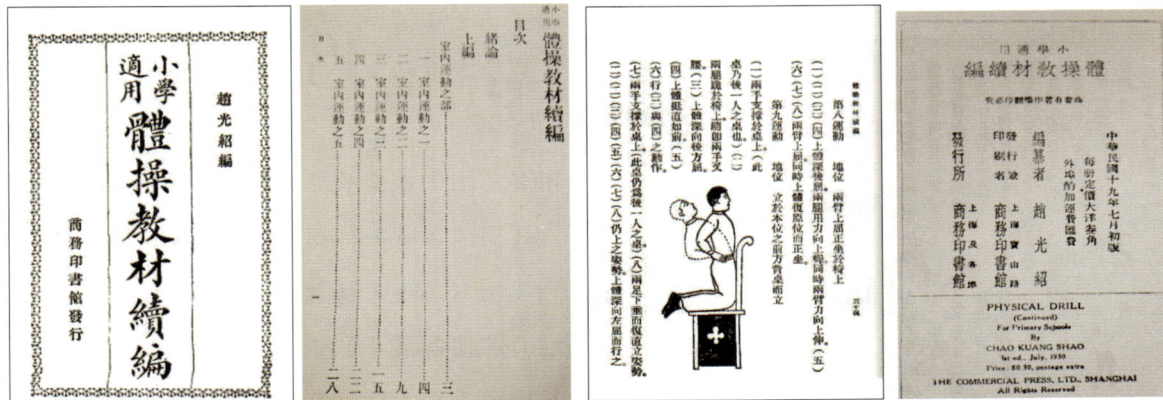

3—3—8

图3—3—8 《体操教材续编》（小学适用），赵光绍编，商务印书馆出版，1930年版

本书是在1924年赵光绍编写的《体操教材》上编、下编的基础上修改而成，也分上编和下编，上编为室内运动部分，包括五种室内运动。下编为应用体操部分，包括：马上运动或称凳上运动、竹竿体操、健身运动、附录游技。文末的附录详细介绍了十种游技，分别为：蜀道难、上学竞争、篮球、摧手蹴球、跳马、交换智、打猎、捕鱼、鸠占鹊巢、整队竞争。

该书在绪论中谈到编写此书的宗旨为："一、求身体之活泼，活泼足增兴味，呆板减杀兴味，有兴味而后有耐久性。二、求教材之适当，教材之过难过易，均非适合其本性，勉强行之，卒难见效。三、求教师之悉切指导，凡事理解明了，举动切确，则足以增其兴趣，被教育者无不乐从而欣感之。"

书中内容介绍详细，配以丰富的插图，不仅便于学生理解而且能够帮助教师更好地教学。上编室内运动部分在正文介绍之前，还特别作了说明，嘱咐在室内运动时应注意的事项。如"一、气窗之通闭。于课之前后亦宜两面开通，俾得一面通入新鲜空气，一面排出碳气。二、桌椅之距离，须与儿童长度适当。三、粉屑灰尘最易飞扬于空气之中，时宜拭去之。四、室内须备有坚固之桌椅，不易动摇者，安置须稳妥"。另外还提出四个在室内教授时"最重要之点"，即"1. 足部动作时不宜过重，当注意灰屑之飞扬。2. 支撑于桌椅之上者，须保持其桌椅不动摇。3. 动作时于前后或左右之距离或相接触者，先宜变易其半数人方向。4. 教室接连者动作宜默数，不宜呼唱"。条条列出，清晰明了。同样，下编应用体操部分在正文介绍之前，提出兴趣是学生进行体育运动的关键所在，充满趣味的教材能事半功倍，故编此应用体操教材。本书适合于国民四年级以上之学生程度，提倡力求所有以助学生养成运动习惯。

（五）《复兴体育教本》

本教材由蔡雁宾、束云逵编著，商务印书馆1933年出版，共分6册，每学年一册，适合小学使用。各学年作业要领和时间分配，均按照1932年国民政府教育部颁行的《小学课程标准——体育》编辑。该教材包含正教材40节（预备每星期1节），另加副教材20节（作为临时补充选用），以及

3-3-9

图3-3-9 《复兴体育教本》，蔡雁宾、束云逵编著，商务印书馆出版，1933年版

附录内容（如姿势训练和考查方法、儿童身体发育、早操午后操的设施和教材、运动会和课外运动等）。该教材均按时令编排，每册后附有可供参考的体育实施月历。该教材分教材、教材说明、教法、备注4项，均编成详细教案。此外，各册均有姿势比赛，以及姿势检查的说明，供教师采用，同时还有图示说明动作和方法，一目了然，有利于教学。

如在高小第二册第一编正教材中介绍"由我负责"，按"教材""教材说明""教法""备注"四部分组织内容。第三部分是"表演法：将歌曲和队列队形的动作结合起来"，其中关于教材的说明如下：

（一）要旨：1. 使儿童习有互助的精神，并养成有随机应变的能力。2. 使儿童有曲折赛跑的习惯，并发达两腿之各部肌肉。（二）类别：追拍游戏。（三）单元：学习曲折赛跑法。（四）时间：90分钟。[1]

（六）《复兴初级中学体育教本》

这套书共三册，由王复旦编著，由商务印书馆于1934年9月、1935年5月、1935年10月分别出版。全套书一般按总论、早操、正课、课外运动分四章，总论包括目标、实施方法概要、班级组法、时间支配4节；早操包括要旨、规则、排列方法、点名方法、秩序、编配教材原则、教材等7节，第二册第二章"早操"增加行政1节，第三册第二章"早操"增加早操和行政2节；正课分上、下学期分别列举；课外运动包括时节支配、指导方法、课外运动规程、课外比赛、节假日体育设计。

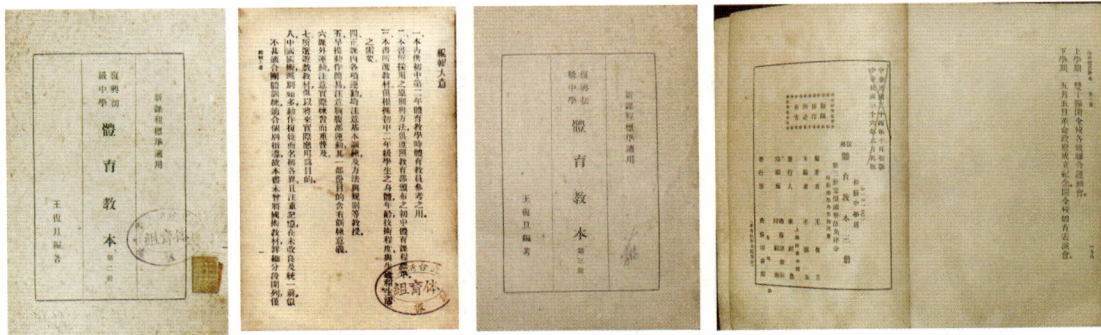

3—3—10

图3—3—10　《复兴初级中学体育教本》，王复旦编著，商务印书馆出版，1934年、1935年版

文化链接

王复旦：1924年毕业于国立东南大学（1928年改名中央大学，1949年改名南京大学）体育系。体育家，曾任（上海）江南体育师范专科学校校长。高培生（鹏鸣）是该校首届毕业生。王复

[1] 束云达，蔡雁宾. 复兴体育教本：高小第二册[M]. 上海：商务印书馆，1933：2.

旦曾致力于上海的体育教育事业。主要成就在浦东川沙小学，徐村小学，惠北小学和浦西的难童小学，平民小学，徐汇中学等校从事青少年的体育启蒙教育。出版著作《王复旦先生体育论集》（台北维新书局，1973年），《王复旦先生体育论集续集》（台北维新书局，1978年）等。

以本书第三册为例，主要供初中第三学年体育教学时体育教员参考所用，其中所采用的原则和方法均遵循国民政府教育部颁布的初中体育课程标准。主要内容、主要结构同上所述，第二章正课包括要旨、规则、排列方法、点名方法、早操室、秩序、行政、编配教材之原则、教材共9节；第三章正课，内容分为上、下学期，共2节，每学期十八周，一到十六周均为不同项目的教学，十七周为测试周，十八周为大考周；第四章课外运动，内容包括场地、时间支配、指导方法、规程、课外比赛、节假日体育设计共6节。

（七）《复兴高级中学体育教本》

这套书共三册，由王毅诚编著，由商务印书馆于1934年8月、1935年1月、1935年5月分别出版。第一册分为绪论、标准教程和高中体育教程三章，第一章包括健康的效果、教育的效果、如何实现体育效率、体育课程举例、体育设备、体育教授法概要6节，第二章包括教员与教材、论走步、论口令、论走步体操法、论柔软体操、论器械操、论团体运动7节，第三章包括教程概论、高中一年级体操教材、高中课外运动田径赛练习法3节。第二册分通论和第二年教程，通论包括教材大纲和训练要点；第二年教程共有18课，从九月到次年六月依次排列。第三册分为教程和球类运动筹备评判述要，教程共12课，从九月到次年三月依次排列。

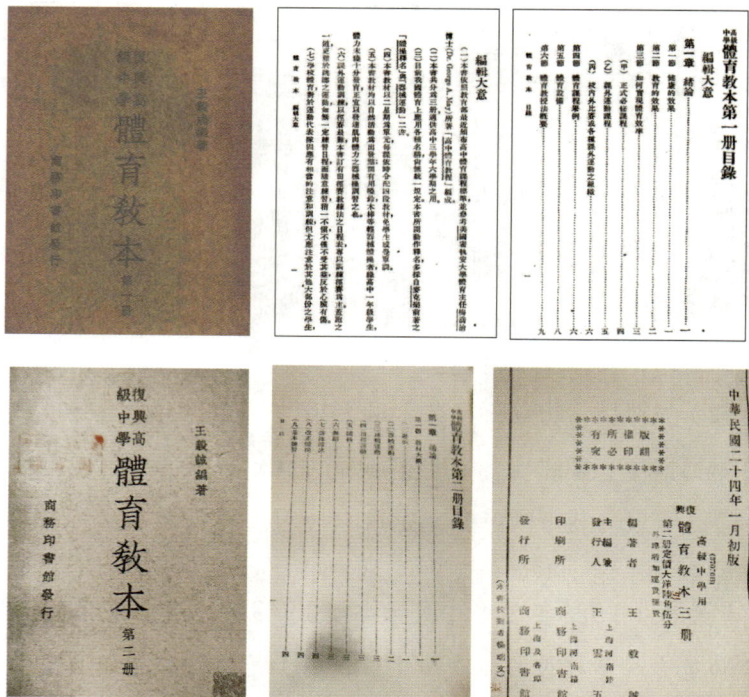

图3-3-11 《复兴高级中学体育教本》，王毅诚编著，商务印书馆出版，1934年、1935年版

四、勤奋书局的体育教科书

（一）《晨操教材》

《晨操教材》系1936年由彭礼南编，勤奋书局出版。编者出于对当时讲体育者大多重视球艺、田径赛或拳术等项目，对健身以及各种运动技能入门时就应掌握的基本徒手操却处于漠视状态的不满，基于对国势的考量与洗刷"东亚病夫"耻辱称号的愿望，将实现中华民族"强国强种"之愿寄托在体育上。编者认为最易普遍实现者首推体操，而体操中晨操尤为重要。晨操的开展不需要配备特别的器材，也无须花费过多的时间，且动作简单易行、普及性强，只需干净、清洁的场地并坚持不断地学习，便能收获长远的效益。彼时国内体操出版物如雨后春笋，唯有晨操及课间操教材还缺乏专著，故编辑此书也为应急切之需。以下为本书编辑大意。

图3-3-12 《晨操教材》，彭礼南编著，勤奋书局出版，1936年版

本书之成，编者因感国内其他体操出版物，如雨后春笋。惟晨操及课间操之方面尚乏专籍，编者此书，为补助急切之需，与应各同好之要求而作也。

本书计分晨操教法，晨操教材，呼吸操法，及医疗操法四章。各章中，除编者本诸教学数年来心得撰成外，余皆采取中外著名各家操法，悉由编者用最新运动方式，顾及青年男女身心上之种种修养计，慎重编成。

本书之编就，是循序渐进，由简趋繁，适合教学两者之需要，并能感无限兴趣，毫不致发生烦厌等弊。

本书各种体操，采诸他书者；编者为保存固有名义起见，故其名称多袭旧有，如教者学者觉不妥当，不妨更改，以臻完善。

本书所载教材不多，然皆适合各级男女学校晨操及课间操锻炼体躯之用，至于对学习者身心之发育，与日常生活动作上之需要，咸皆顾及。并经编者在国立成都大学、四川省立第一师范学校、四川术艺专科学校、建国中学、时中女学，以及昔年主任绵阳南山学校，成都广益学校、成城公学、及德阳、什邡等中学体育时，一再实验，均获相当成效，决无过与不及之虞。

　　本书各种体操，操时之应呼唱与否，望教者学者审慎加入，亦可藉呼唱之力，收集中精神与减除疲劳之效。

　　本书各种体操，为教学明了起见，分预备、动作等项，详细说明之。惟医疗操法，编者为适合病者种种起见，故动作方面，仅述运动之名称。至运动量之多寡，需遵医师，或体育教师检验体格后之规定施行之。

　　本书各种体操，操时之前后，应先教以短时间之走步、游戏，及竞技等操作。惟编时为节省篇幅起见，对于此项教材，不再细赘。但编者当别出专籍，以供参考。[1]

　　该教材共计四章128页，由晨操教法、晨操教材、呼吸操法与医疗操法四章组成，各章中除编者本诸实践教学的数年心得外，其余皆采用名家操法，由编者采用最新运动方式兼顾青年身心之修养慎重编成，循序渐进，由简至繁，且内容趣味性较强，不致学者厌烦。晨操教法由晨操之利益、晨操之设施、晨操之排列、晨操司令台之构造、晨操教材之分配、晨操应注意之事项六节构成，其中晨操之设施详细概述了小学、中学、大学及女校之晨操。第二章晨操教材，囊括了思梅氏晨操教材十则、英谷氏晨操教程六则、士方氏晨操教材十二次序、礼南氏晨操教程四则四节内容。第三章呼吸操法包含中外各名家及作者自编之内容，分别是米勒氏五分钟呼吸操九法、华佗五禽戏呼吸操法、八段锦呼吸操法、思梅氏呼吸操八法、礼南氏呼吸操七法及克罗蜜威廉氏女子呼吸操七法。第四章为医疗操法，编者在编辑大意中特别说明"惟医疗操法，编者为适合病者种种起见，故动作方面，仅述运动之名称。至运动量之多寡，需遵医师，或体育教师检验体格后之规定施行之"[2]。晨操的教授方式因人而异，如若因教材分配失衡，于教者学者皆有损无益，故操练要选适当之方法与教材，避免"削足适履"情况的发生，无论是教者还是学者都该留意。教材中有些操法虽采自他籍，但都由编者亲自试验有所收益后才编进此教材，编者在文中列出了具体校名，此处不再赘述。该教材适合男女各级学校的晨操或课间操使用。作者谆谆提醒教者学者注意各部体操教材中姿势的准确性，行操时前后的卫生指导等，在这种提醒和指导下，晨操不但能达到收发育心、强健体魄的效果，还能作为强国强种雪耻之开端。

（二）《新课程标准小学体育教本》

　　《新课程标准小学体育教本》按照小学年级的高低分编了37册，包括田径运动、球类运动、游泳以及各类游戏，基本涵盖了当时小学体育教学的全部项目，尤其是小学中、高年级的教学内容，包括短跑、跳远（立定跳远和三级跳远）、跳高（急行、撑杆）、跨栏、投掷（铅球、篮球和垒球掷远）等项目的教法和教程[3]。本套教材内容丰富，图文并茂。在"编辑要旨"中，教材指出小学体

[1] 彭礼南. 晨操教材[M]. 上海：勤奋书局，1936：2-3.

[2] 彭礼南. 晨操教材[M]. 上海：勤奋书局，1936：2-3.

[3] 付俊良. 国民时期"新学制"下小学体育教材述略. ［J］. 河北体育学院学报，2017（6）.

育不发达是民族体质衰弱的主要原因，认为造成这种不发达的实际原因系各地各学校各自为政，缺乏统一的标准，"运动的种类不全，分量的轻重失当，程度的高下不分"，加之儿童对体育课缺乏兴趣，使得体育课对儿童身体无实际效益。因此该教材的编写本着三个要旨："（一）质量要精，须与新标准吻合无间；（二）分量要多，使教育者应用不尽；（三）富有弹性，适应各地小学校的情形。"[1]

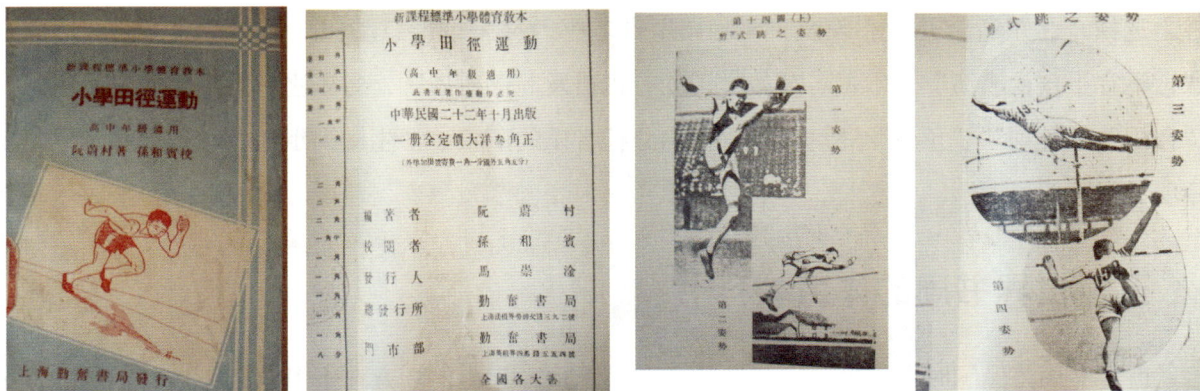

图3—3—13　《新课程标准小学体育教本·小学田径运动》（高中年级适用），阮蔚村编著，勤奋书局出版，1933年版

（三）小学歌舞

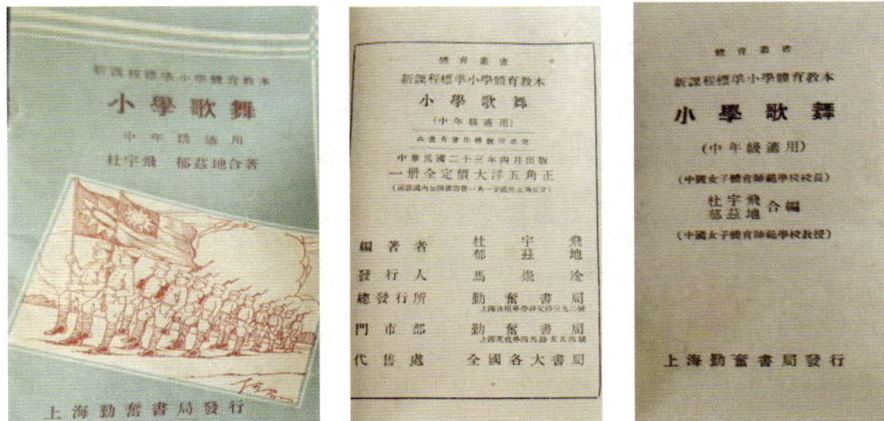

图3—3—14　《小学歌舞》（中年级适用），杜宇飞、郁兹地编著，勤奋书局出版，1934年版

[1] 阮蔚村. 新课程标准小学体育教本：小学田径运动：高中年级适用[M]. 上海：勤奋书局，1933：1.

1932年，国民政府教育部作出决定，在儿童体育教学内容中加入舞蹈内容，并聘请了相关专家，拟定《小学体育课程标准》，这一标准于当年公布，并规定小学体育课有四大部分：游戏、舞蹈、运动及其他。其中舞蹈部分为听琴动作、简易土风舞、歌舞等。为了配合这一规定的执行，上海勤奋书局聘请有关专家编写有关教材，从1933年起作为体育丛书陆续出版。

《小学歌舞》例言指出，"教育部颁布之最新《小学体育课程标准》，规定三四年级及五六年级均有歌舞一门""本书包含教材十四节，按照时间支配，富足有余，以便教师之选择""本书教材之选择，注重适合儿童心理及日常环境""本书教材采取形意动作，依照新课程标准适用于正课，不宜于登台表演""本书各节教材，均有正谱及简谱音乐"，音乐之后附专门"说明"，下分"音乐""排列""预备""动作"，详细分析音乐的节拍、学生排列组合、预备动作及歌舞动作分项说明。

五、世界书局的体育教科书

世界书局是民国时期的民营出版发行企业，于1917年由沈知方在上海创办，1921年从独资企业改组为股份有限公司，设编辑所、发行所和印刷厂，在各大城市设分局30余处。沈知方任总经理。该书局初期以出版小说为主，1924年起开始编辑出版中小学教科书，后在教科书出版领域与商务印书馆、中华书局形成三足鼎立的局面。1934年，因资金周转不灵，沈知方被迫退职，由陆高谊任总经理。抗日战争期间，由该书局出版、林汉达主编的英文文学读本颇负盛名。

（一）《三民主义体操教本》

《三民主义体操教本》，编著者杨彬如，上海世界书局出版，1929年版。

《三民主义体操教本》可供小学和初级中学体育教师参考使用，书上所有的操法，依动作的繁简，分初、高两级，每级又分第一、第二两个部分，初级适用于小学三、四年级程度，高级的第一部适用于小学五、六年级程度，第二部适用于初级中学程度。书中的各项操法，每部运动数亦各不相同，如初级分部为六运动，高级分部为八运动，文字浅显，叙述详明，不仅方便教师教授，也便于自主学习。每部操法均照顾到上肢、头部、胸部、躯干、跳跃、呼吸等各项运动。

《三民主义体操教本》（小学校适用）的主要内容分五部分，分别是：国旗和党旗的历史、党国旗的组织、初级部、高级部以及党国旗游戏。该书不仅指示了党国旗的操法，并把党国旗的历史和制法一并编入书内，以供参考，且在书的末尾附有党国旗游戏法两种，方便教师采用。书中所用操法均经实地试用过，故无牵强弊病。

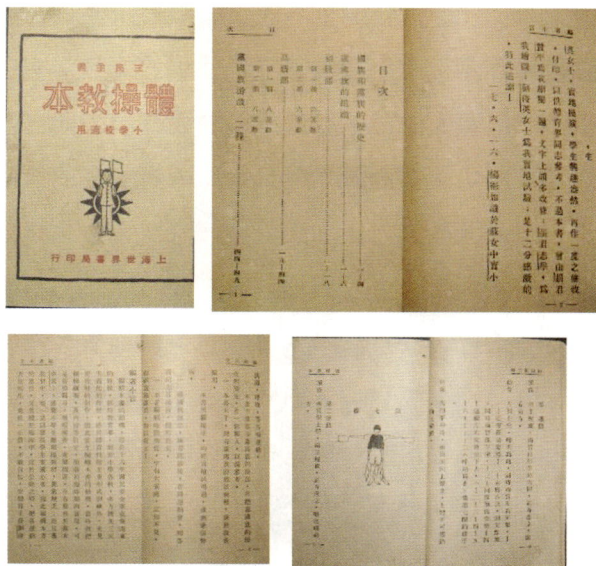

图3-3-15 《三民主义体操教本》（小学校适用），杨彬如编著，上海世界书局出版，1929年版

书中章节排列简单，文字叙述较为简洁，以初级第二部中第一运动内容的编写为例，整节共分为四部分，包括预备、动作、注意和一幅动作插图。内容如下：

预备——两手握旗，两臂自然垂于两侧，正身直立，眼看前方。

动作——左脚左出，脚尖点地，同时两臂左右平举，一、回复预备姿势，二、右脚右出，脚尖点地，同时两臂侧平举，三、回复预备姿势，四、连续左右交换做下去，一二三四五六……二八呼唱为止。像第七图的样子。

注意——臂侧平举时，两旗须向上竖立，上躯不可摇动，胸宜前挺。

（二）《初小体育教本》

《初小体育教本》这一套体育教材主要供初小教员使用，全套共八册，由张天百编著，世界书局出版发行。如第一册的编辑大意所述，"本书全部八册，供初级小学四年之用；本册即为小学校第一学年第一学期应用之教本。本书系根据教育部最近颁布的小学课程标准编辑。本书内容，每册约分八章，第二三四五等四章，是属于教材方面的；第六章是属于设备方面的；第一章与第七、八两章，是属于教学方面的；另附教材配当表一份"[1]。这套书内容比较完备，配备了每学期的教材配当表（教学计划），安排了每一周每一堂课的具体教学内容，从其教材配当表看，这一时期每学期的体育课开设18周，每周分"日火、水、木、金、土"五部分教学内容。每册教材约含8～10章内容。以第三册为例，本册目录如下："第一章体育教学法概论、第二章准备操、第三章姿势训练、第四章游戏、第五章舞蹈、第六章简易仿效运动、第七章课外运动、第八章体育设备、第九章成绩考查法、第十章教学实例"[2]。

---

[1] 张天百. 初小体育教本：第一册[M]. 上海：世界书局，1933：1.

[2] 张天百. 初小体育教本：第三册[M]. 上海：世界书局，1934：1-2.

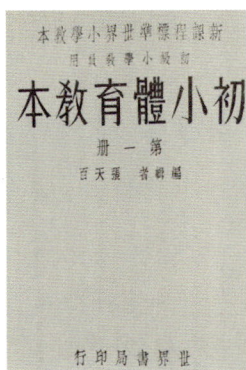

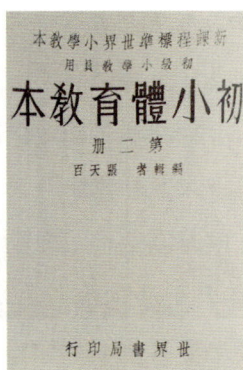

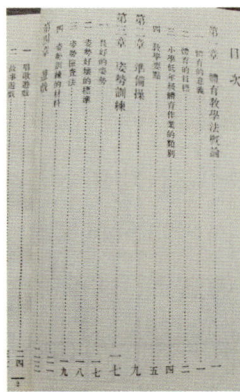

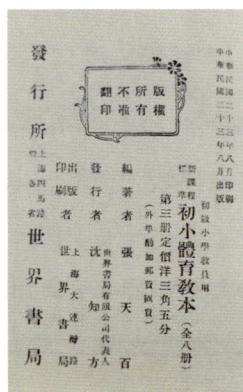

图3—3—16　《初小体育教本》，张天百编著，世界书局出版印行，1933年版

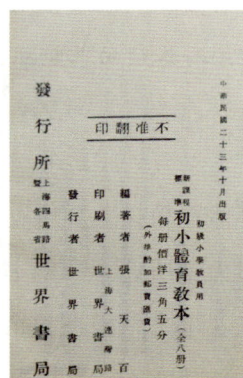

　　这套书除了有教材的分配计划外，还有教材教法。全套书主要在第一章介绍教材教法，包括体育的意义、体育的目标、小学低年级体育作业的类别、教学要点等。书中指出，体育的意义在于强身健体、矫正姿势、治疗疾病、娱乐身心，这与当代学校体育的意义相似。除此之外，书中还提到"方今强权世界，帝国主义者，常以武力侵略弱小民族，凡为国家，没有充分的军备，几不足以图存，军备中的主要问题，为国民军事训练的普及，小学校中的体育课，即为国民军事训练筑一牢固的基础，积弱如我国，对于体育课程，尤宜三注意于此"[1]。从这里很容易看出，作者认为，体育除了强身健体之外，还有保家卫国的重要作用，军国民主义教育思想仍然贯穿其中。书中所述体育

---

[1] 张天百. 初小体育教本：第三册[M]. 上海：世界书局，1934：2.

的目标包括健身、娱乐、涵养德性三个方面的目标，这也和当代学校体育的目标类似。

在教科书中提出考试的方法在民国时期的体育教科书中并不多见。本教材在第九章中提出了体育成绩的考查方法。教材中首先提出了"体育成绩考查的目的，是考验儿童的成绩，是否因身体的发展而进步，并使儿童知道进步的度量而努力学习；教员审查教学的效果，而求教学的改良。低年级儿童的体育成绩，应视平时出席的勤勉、姿势正确、动作活泼和体格的健全与否而定的，故考查的方法，亦分平时出缺席、姿势动作测验和体格检验三种：计算平时出缺席的记分法，凡一学期内课内操和早操都不缺席的，给一百分，每缺席一次少二分，无故缺席的加倍……"[1]书中对检查体格的方法也作了详细的规定，主要包括身长、体重、胸围、肺力、握力、体态和五官的检查，这和现在的学生体质测试内容差不多。体育成绩的考查方法写得非常清楚。

这套教材还有一个特点是专门有一章介绍仿效运动，简易仿效运动都是比较贴近学生日常生活的练习，"仿效运动，则以模拟各种做事的动作，使儿童有运用各部筋肉的机会；总括一句话，就是锻炼儿童健全的身心，养成耐劳勤动的习惯"[2]。书中列举了三种仿效运动，包括弄乐器、船夫和清洁运动。（一）弄乐器含敲锣、敲鼓、拉胡琴、吹笛、捺琴；（二）船夫含起锚、撑篙、摇橹、拉篷。（三）清洁运动含扫地、揩柜子等。当然这不是要儿童真的去弄乐器、做家务，而是把这些动作运动化，让学生体验生活中的运动，充分贴近生活，这和当前新课改强调的将体育与健康知识运用到生活中有很大的相似之处，置于民国时期，可以说是相当进步了。

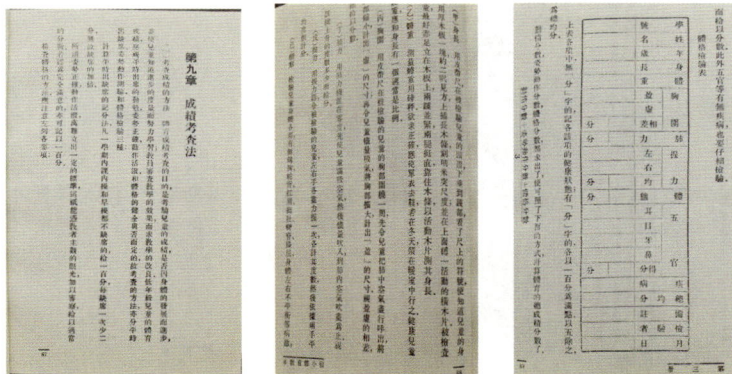

图3-3-17　《初小体育教本》（第三册）"成绩考查法"

六、其他书局的体育教科书

（一）《初级小学体育教本》

《初级小学体育教本》由崔作山与胡绍之合著，于1930年（民国十九年）7月初版、1933年（民国廿二年）3月再版，并州新报社印刷。全套书共八册，每册六十课，教学运动项目包括步法、基本动作、唱作游戏、柔软操、模仿操、队形变化、应用操以及跳舞等。

[1] 张天百. 初小体育教本：第三册[M]. 上海：世界书局，1934：87.
[2] 张天百. 初小体育教本：第三册[M]. 上海：世界书局，1934：73.

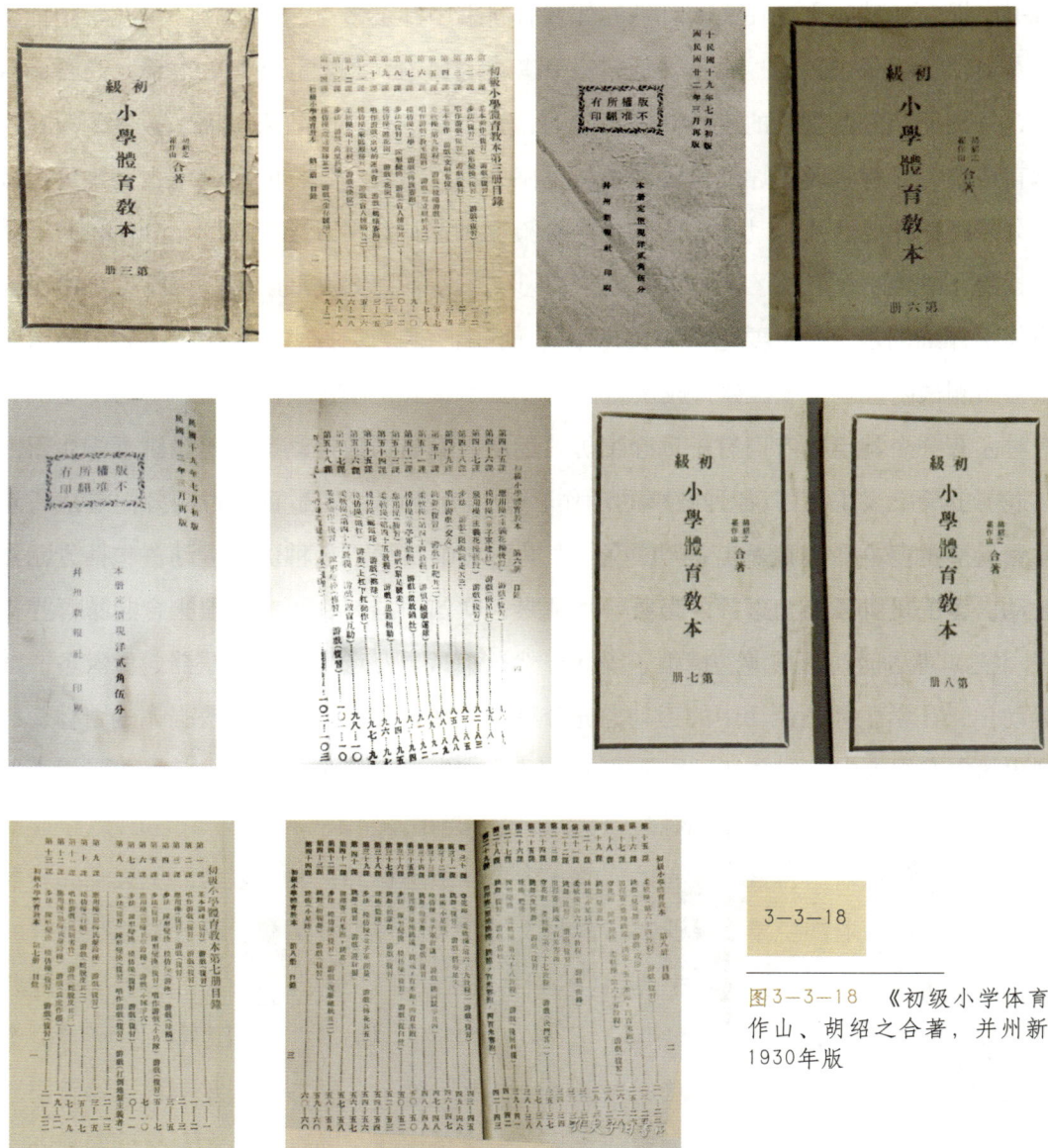

图3-3-18 《初级小学体育教本》，崔作山、胡绍之合著，并州新报社印刷，1930年版

如本教材第三册的目录，"第一课基本动作（复习）游戏（复习）、第二课步法（复习）队形变换（复习）游戏（复习）、第三课唱作游戏（复习）游戏（复习）、第四课基本动作游戏（文明夺位）、第五课柔软操（第九教程）游戏（拉绳游戏其一）、第六课唱作游戏（教室规则）游戏（竖立棍棒其二）、第七课模仿操（上学）游戏（传旗赛跑）……第六十课唱作游戏（复习）游戏（复习）"[1]。可知本册教学内容以体操、游戏为主。

至本教材第六册，教学内容包括了步法、基本动作、唱作游戏、柔软操、模仿操、队形变化、

[1] 崔作山，胡绍之. 初级小学体育教本：第三册[M]. 太原：并州新报社，1930：1-2.

应用操以及跳舞等。第七册则包括基本训练、唱作游戏、应用操、模仿操、步法、队形变化、球术、田径赛及柔软操等。第八册包括柔软操、小足球、田径赛（原地跳远、跳远、50米赛跑、400米赛跑）、游戏、小篮球、跳舞、模仿操等。

以本教材第六册内容为例，书中附有上课实例图片作为插图，能够帮助学生更直观地学习知识、理解知识。在六十个课时的学习内容中，几乎每节课都安排了游戏环节，游戏种类众多，几乎未有重复，如击鼓、坐轿夺魁、患难相助等，而且游戏名称也别有一番趣味；这些游戏十分符合中小学生的兴趣爱好，易于在课堂开展，能够激发学生热爱体育的精气神。

书中的内容描述简洁精练，每个课时的文字叙述都较为简短。且在六十个课时的教学内容中，复习动作占多数，新教授动作内容的描写所占课时不多。以第六册中第二课时的描述为例：

第二课时　步法、队形变换、游戏

1. 准备动作

a. 整理队形　b. 穿花跑　c. 行进　d. 分队　e. 呼吸

2. 主要动作

甲：步法　复习，复习已授之步法；乙：队形变化　复习，选择复习已授之队形变化；丙：游戏　复习，选择复习已授之游戏。

3. 结束动作

a. 并队　b. 行进　c. 呼吸　d. 散队[1]

每堂课包括了三个部分，即准备动作、主要动作、结束动作，相当于现代体育教学的三个部分——初段准备部分、中段主运动、后段整理运动。

从整套教材的内容看，本套教材有其先进之处。首先，教材依据教育原理，按照"由浅入深、由易入难、由简单及复杂、由自然及器械"的教学原则编写，内容上也力求变化，寓教于乐，以适应儿童的年龄和身心发育状况。其次，教材结构层次分明，教育目的一目了然，能够满足国民政府教育部对小学体育教材选取的四项要求，即：一、游戏。低年级：唱歌、故事、感觉、模拟等游戏，中年级：感觉、竞技、竞争、模拟等游戏，高年级：竞技、竞争等游戏。二、舞蹈。低年级：听琴动作、简易土风舞，中、高年级：歌舞、风舞。三、运动。低年级：模仿运动，中年级：模仿、机巧、简单球类等，高年级：球类（篮球、足球等）、田径（跑、跳远、跳高、掷远等）、器械运动（低架高架跳法、垫上）。四、其他。低、中、高年级：姿势训练、准备操等。[2]

（二）《高级小学体育教本》

《高级小学体育教本》由崔作山与胡绍之合著，1929年7月初版、1930年3月再版，并州新报社

[1] 崔作山，胡绍之. 初级小学体育教本：第六册[M]. 太原：并州新报社，1930：1-2.
[2] 王华倬. 中国近现代体育课程史论[M]. 北京：高等教育出版社，2004：97.

印刷，本套书一共四册。本教材的编写延续了《初级小学体育教本》教材形式，即每册六十课，安排游戏、田径、篮球、足球等内容。

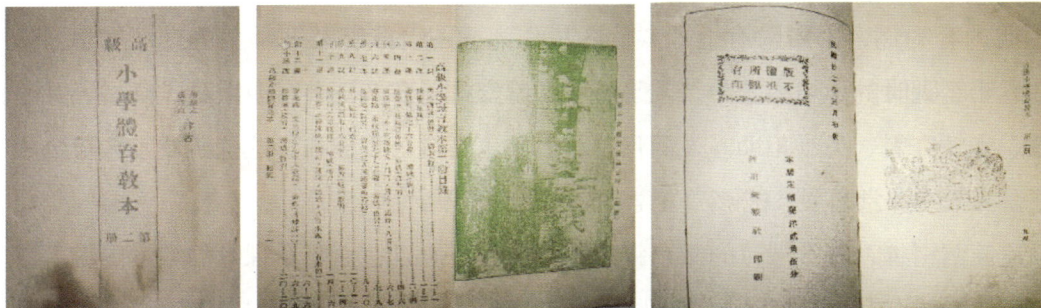

图3—3—19 《高级小学体育教本》，崔作山、胡绍之合著，并州新报社印刷，1930年版

（三）乡村小学教材研究（体育教材部分）

《乡村小学教材研究》由张宗麟编著，黎明书局1934年出版。全书共一册，包含八个章节，其中体育教材部分的内容为第七章节。

图3—3—20 《乡村小学教材研究》，张宗麟编著，黎明书局出版，1934年版

🏵 文化链接

【张宗麟】（1899—1976）浙江绍兴人，我国著名的幼儿教育家。曾积极参加五四运动。1925年于南京高等师范教育系毕业后留校任教，协助陈鹤琴创办我国第一所幼稚教育实验中心——鼓楼幼稚园，成为中国幼教史上男大学生当幼稚教师第一人。中华人民共和国建立后，历任教育部高等教育司副司长、高等教育部计划财务司副司长，司长，重视教育质量和教育体制

图3—3—21 张宗麟

的建设，明确表示不同意机械照搬苏联经验。主要著作有《幼稚教育概论》、《给小朋友的信》、《乡村教育经验谈》、《幼稚教育论文集》（与陶行知、陈鹤琴合著）、《乡村小学教材研究》、《幼稚园的演变史》等。

图3-3-22 《乡村小学教材研究》体育教材部分内容

第三节 各大书局出版的中小学体育教科书

《乡村小学教材研究》的体育教材部分的内容共包含三小节：第一节 乡村儿童原有的运动，第二节 现代小学各项体育的批判，第三节 乡村小学应有什么体育。并在章节的开头设置了"讨论问题"版块，其中谈到"人类除了中了鸦片毒者，没有一个不喜欢运动的。尤其天真的儿童，整天跑跳，正不必成人们强迫他们运动，只希望成人们不限制他运动。但是运动要有相当环境的，住在大都会洋楼上的孩子，父母代儿童买了许多玩具，但是没有一个场地，儿童们依然只好整天讨着吃糖果。上海、汉口、南京、天津等处的儿童，大家都以弄堂胡同为唯一运动场，比起广漠的乡村来，乡村儿童幸福得多了"[1]。说明在当时的年代，由于环境、观念等因素的影响，农村体育的发展要优于城市体育的发展。

在第一节"乡村儿童原有的运动"中，作者回顾了乡村儿童的游戏，列出了以下九种游戏运动：踢毽子、造房子、捉迷藏、行山、丢草刀、游泳、雪战冰戏、野战、放风筝。另外还提到了请客、婚嫁、小家庭、寻藏、拾子、田野棋等较静止的游戏，玩石担、石锁、拳术等角力游戏。各种各样的游戏活动丰富了乡村儿童的童年生活，从另一个角度来说也极大地促进了儿童体育运动的发展进程，正所谓"生于水滨者习游泳，长于山乡者善攀援，北方儿童玩雪与滑冰，南方孩子拾椰壳做鬼脸"，就是对这一时期不同地域下不同游戏活动开展的恰当表述。

在第二节"现代小学各项体育的批判"中，作者对国民政府教育部颁布的小学体育课程标准中的各项内容是否真正适合乡村小学的发展有所质疑，并将疑惑和问题一一列举了出来。如球类项目，乡村的经济条件难以负担儿童玩篮球、足球、乒乓球等游戏设备，故从乡村经济考虑，球类项目应暂缓推行；又如运动会，虽然运动会可以激发国民关注体育，一扫柔弱与沉闷的风气，但锦标式的比赛是以个人为单位参赛的，危险因素较多。作者提倡乡村小学的运动比赛项目应注重于乡村固有的活动，如挑柴、挑水、挑粪等人民能做、常做的活动。本小节对国民政府教育部颁布的小学体育课程标准提出的批判与反思，是作者对在乡村小学的特定环境下如何更好地发展体育运动的一些建议。

在第三节"乡村小学应有什么体育"中，作者谈到大家对乡村小学开展体育课的意见，其中分析了用劳动工作代替体育科的利弊和早操与排队必须保留的理由，最后提出体育科项目需视地方情形而定，并提出五个主张："1. 少买舶来品的运动器具，免去儿童间接做帝国主义者的活广告，免去养成儿童奢侈的恶习。2. 使儿童能够全身匀称的发达，没有养成畸形的危险。3. 体育科是强健儿童身心的重要工作，着重在平时的逐渐的普遍练习，不是为着学校教师的出风头，临时培养几个英雄式的健将。4. 体育无中外之分，含于科学者可以采用，中国的八段锦、太极拳，西洋的五分钟徒手操，都是合乎科学的，都可以采用。5. 体育可以附带养成公民应有的许多好习惯，如守秩序、互助、行动敏捷等，但是应当以培养农民出头为主要目的，不当再训练儿童做顺民，那么子

---

[1] 张宗麟. 乡村小学教材研究[M]. 上海：黎明书局，1934：163.

子孙孙做奴隶了。"[1]

作者最后总结：现行的小学体育科的目的，实在难以使全国乡村小学一律照行。

（四）《初级中学各科教学纲要》

广东全省第四次教育会议决案，《初级中学各科教学纲要》，商务印书馆1935年出版。

3—3—23

图3—3—23 《初级中学各科教学纲要》的封面和"体育教学纲要"目录

---

[1] 张宗麟. 乡村小学教材研究[M]. 上海：黎明书局，1934：178.

《初级中学各科教学纲要》分一至三学年，每学年分为两个学期。主要内容包括教学目标、时间分配、进度、习作、教学要点以及结束最低限度六个部分。每个学期的进度、内容都不相同，但总体来说都包括步法、体操、游戏、田径、韵律、球类、技巧七大类。

（五）《走步、体操、游戏三段教材》

《走步、体操、游戏三段教材》由王怀琪编，由中国健学社出版发行。正、补编体例相同。第一段为走步教材，包括整顿、转法、步法、变排、分队及各种圆转走法。第二段为体操教材，包括徒手柔软体操和轻器械柔软体操两类。第三段为游戏教材，分为徒手游戏、用器游戏、非正式球戏、拟战游戏、唱作游戏和舞蹈游戏六类。补编为补充教材，包括武术、田径、球类运动、单杠、叠罗汉等教材和运动会规则、运动标准、各种表格样式等。三段教材分别适用于体育课的不同阶段，与当时流行的三段教学法相适应。该教材取材丰富，内容实用，出版以后受到中小学教师的欢迎，因此在二十世纪二三十年代多次再版，在学术上也有相当价值。

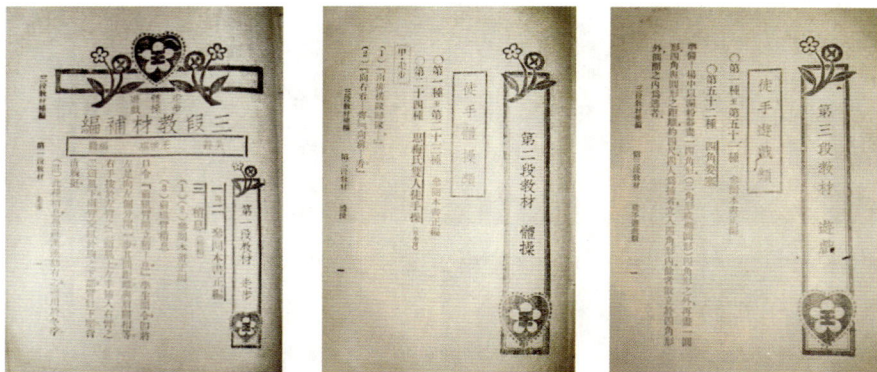

图3-3-24 《走步、体操、游戏三段教材》，王怀琪编，中国健学社1923、1925、1928年出版

（六）《初中柔软体操》

这套教材由吴圣明编，中国健学社1927年出版，适合初级中学及与初中同等学校用，内容一共有二十四部，教材分为六学期，每学期包括四个部分，如一年级第一学期包括徒手操、仿效操、拍掌操和哑铃徒手混合操四个部分。教材遵从初中学生身体发育的规律而编写，并在浙江第十一中学等校进行了教学试验。

（七）《歌舞游戏》

本书由朱士芳编译，上海能强学社出版。教材包括二十个部分：1. 早操，2. 女孩子，3. 环绕乡村，4. 又法，5. 又法，6. 伦敦桥，7. 山谷的农夫，……15. 鸭舞，16. 吸水，17. 古人，18. 法王，19. 也脱史监脱，20. 罗培罗。特点是将音乐和舞蹈结合在一起。

（八）《瑞典式徒手体操》

《瑞典式徒手体操》，作者彭礼南，全书共十个部分，教材内无页码，其排版和当代的教材排版一致，标点符号以逗号为主。全书目录如下：一、绪言，二、教授瑞典式体操之一定形式，三、瑞典式体操之基本姿势，四、瑞典式体操各运动之种类及口令与动作，五、体操之目的及功能，六、体操上应知的事项，七、关于教授体操上之留意事项，八、两部可供表演式或锻炼式的瑞典连续徒手操，九、医疗体操，十、结论。

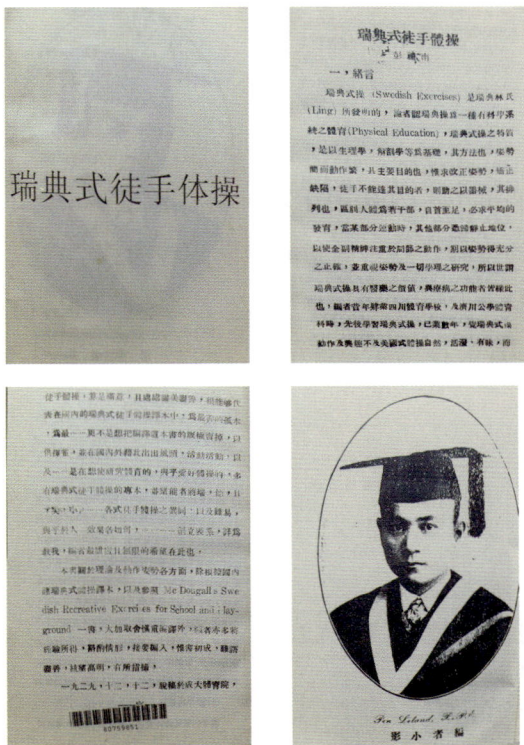

图3-3-25　《瑞典式徒手体操》，彭礼南编，出版发行单位不详，1929年版

（九）《分级体育活动教材》（小学初中）

1934年1月，上海女青年协会编印了由金陵女子文理学院凌陈英梅编写的《分级体育活动教材》（小学初中）。该教材是编者教学经验的总结，目的是改变人们对体育价值的认识。编者认为，体育不仅可以促进人的身体健康，更重要的是可以锻炼和培养人的思想、智力、技能，以及改造人的性格和人格。本套教材的特点，一是根据儿童身心发育的阶段，依学生的需要分级编制；二是结合儿童喜歌谣、好音乐及富于模仿的天性，编写大量韵律活动，且均附有乐谱，以便教者采用；三是教学内容和运动场所兼及室内外；四是顾及乡村地区和体育设施、设备不全的学校，教材编写的内容多不用设备；五是考虑到体质羸弱的儿童，教材编写的多半项目属于大肌肉活动，操练时不需消耗大量体力；六是有些活动不受人数和教学限制，一二人或课余时间均可进行。从此书的特点和作者所在的学校来看，这套教材主要以小学女生为教学对象。

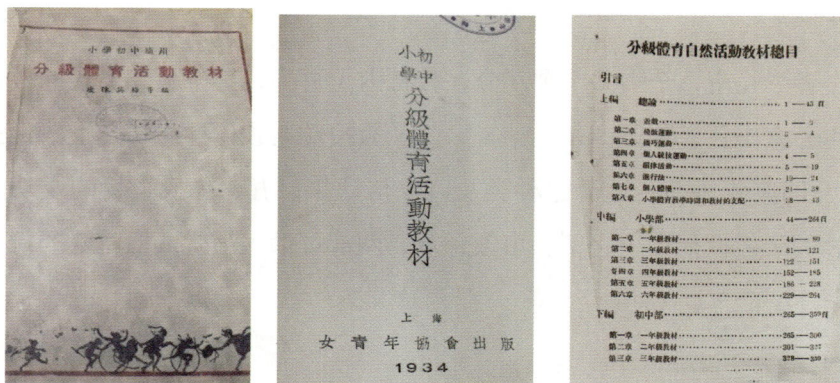

3—3—26

图3—3—26 《分级体育活动教材》（小学初中），凌陈英梅编，上海女青年协会出版，1934年版

（十）《儿童技巧和机巧运动》

　　1934年5月，大东书局出版了由蔡雁宝编写的《儿童技巧和机巧运动》（小学校初高级用），这本教材写有"新课程标准适用""新生活教科书"的字样。这本教材完全以游戏为教学内容，如踢毽子、拍皮球、翻筋斗、跳马等，教材编写体现的是"儿童生活就是游戏生活"的原则，旨在遵从儿童的身心发育状况，试图让小学生在游戏中强身健体、接受体育思想。

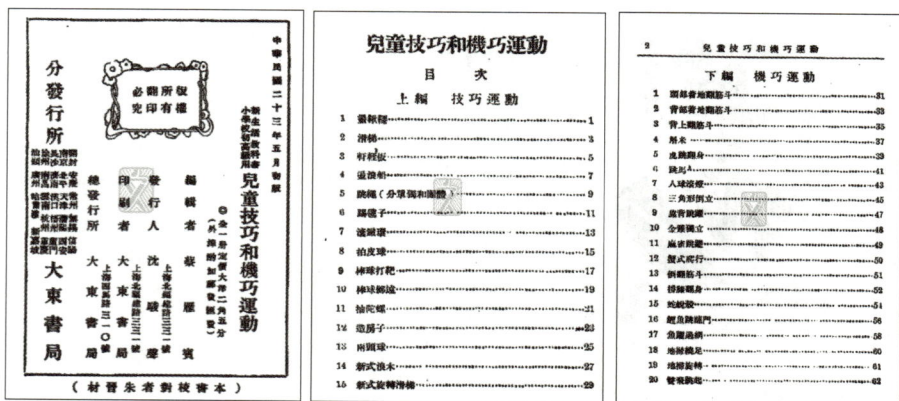

3—3—27

图3—3—27 《儿童技巧和机巧运动》（小学校初高级用），蔡雁宝编辑，大东书局出版，1934年版

第四节
二十世纪二三十年代体育教科书的特点

一、贯彻了以 "学生为本" 的理念，由模仿日本转向学习美国

以 "学生为本" 是实用主义教育思想的体现，实用主义教育思想主张 "教育即生长" "以儿童为中心" "从兴趣出发" "个性自由" 等，实用主义的教材强调 "自身体上言之游技能得善良的全身运动……自精神上言之游技能得意思之自由与快乐……自训练上言之游技能养成个人的及社会的善良德性……自教授上言之游技方法简易，需时不多，适合于儿童心理" [1]。教材要始终围绕儿童的需要来编写，所选择的游技，必须能锻炼儿童的身体，使儿童自由、快乐，能养成个性，适应社会，符合儿童的心理发展。

民国初期出现了很多自编体育教科书，如 "共和国教科书·体操" 系列、《三民主义小学体操教本》等，但是这些教科书或者模仿日本体操教科书编写，或者重新编撰，虽然较清末有很大的进步，但是其内容和编写体例大多是参考日本的体操教材，还有很深的日本教科书的痕迹。"壬戌学制" 颁布后，我国体育教科书发生了很大的改变，由模仿日本转向学习美国，开始吸收英、美式的近代体育教材内容，同时，武术、踢毽子、八段锦等中国传统武术也进入中小学体育教科书，开始了近代意义的真正的体育教科书时代。

"壬戌学制" 颁布后出版的体育教科书，其数量相对较少，中小学体育教科书受实用主义教育思想影响，贯彻 "以儿童为中心" 的理念，内容和编写体例仿效美国，也肯定了中国的传统体育项目的地位。但是从其实施效果来看，还存在单纯地从学生兴趣和爱好出发，否定教师作用的 "放羊式" 教学的现象；或者出现教师会什么就只教什么的现象。

二、教材的内容多，形式丰富，现代体育成为教科书主体内容，中学以上出现军事训练的内容

1923—1937年间出版的体育教科书是有史以来最多的，和清末民初相比较，有较大幅度的增加，据统计，这一时期的中小学体育教科书达到181本，其中小学教科书最多，达到135本，占

---

[1] 赵光绍. 体操教材[M]. 上海：商务印书馆，1924：58-59.

74.6%。体育教材种类繁多，有以单项教材为主的，如勤奋书局1933年出版的《新课程标准小学体育教本·小学田径运动》（高中年级适用）、《小学远足登山》（各级适用）、《小学排球》（高年级适用）、《小学篮球》（高中年级适用）、《小学游泳》（高年级适用）。综合性教材，如1936年由商务印书馆出版的《复兴体育教本》（初小、高小）、《复兴初级中学体育教本》、《复兴高级中学体育教本》、《小学体育教授细目》、《初中女生体育教授细目》、《初中男生体育教授细目》、《高中男生体育教授细目》，这些教材的内容基本上是按照正式课程标准教材纲要来编写的。教材包含的运动项目类别多，主要有以下内容：（1）游戏类：游戏类教材在低年级教学中选用得比较多，内容多选择儿童喜闻乐见的、比较简单的内容，其目的不在于让学生学到很多的技术，主要是激发儿童的兴趣。室内游戏有换位游戏、拍墙游戏等。室外游戏有各种跑、跳的游戏、各种球类游戏等。（2）体操类：包括走步、垫上运动、柔软体操、健身操、器械操等。（3）田径运动类：包括短距离跑、中长距离跑、跳高、跳远、投掷等。（4）球类运动：包括排球、足球、篮球、垒球、手球等。（5）国术类：包括拳术、角力和摔跤等。（6）韵律类：包括土风舞、风情舞等。（7）天然活动类：包括爬山、露营、踢毽子等。（8）地方特色类：如南方的游泳、北方的滑冰等。教材内容详尽，几乎涵盖了所有的体育运动项目。

教材不仅包括课内教学的内容，还包括课外教材的内容，如张天百的《初小体育教本》每一册都设一章来介绍课外体育活动，讲授课外体育活动应该如何选择教材内容，如何安排课外体育活动等，"课外运动的好处……不外为'增进运动的技术，保持身体的健康，发扬儿童的品德'。但课外运动的练习，非漫无限制的；设若不顾一切，妨害其他功课，或为过度剧烈的运动，则于身体学业，都有妨碍，万万不可，所以对于课外运动的取材和时间，都该有适当的规定。课外运动的材料，就可采用体育课内所授的，如此，可使课外运动与体育课相联系，则凡体育课内的教材教法，都可运用于课外运动中，而课外运动的项目与领导方法，亦宜于体育课中作一准备，如此，则指导儿童练习课外运动的时候，自能收事半功倍之效。惟如荡秋千、玩滑板等器械运动，难为体育课内所无，也可练习。课外运动的时间，在中年级儿童，以课后三十分钟为最宜"[1]。编者详细介绍了课外运动的作用、选材的内容、练习的时间、练习宜注意的事项等。

体育教科书中既有针对普通学生的教材内容，也有针对残疾学生的教学内容，如《体操教授细目》（甲、乙、丙编）专为不能正常上体育课的学生编写了运动量小、强度不大、内容相对简单的柔软体操。有的教材还附有体育教学设备的配备要求，如《初小体育教本》就安排了一章来介绍体育设备，说明了该学期必须配备的体育教学设备的名称、数量，同时还介绍了一些器材的制作方法，这对体育器材缺乏的学校很有意义。有的教材还列明了考试的标准等。

从体育教材中各项内容的比重来看，西方现代体育项目在教材中的分量越来越大，出现了各

[1] 张天百. 初小体育教本：第八册[M]. 上海：世界书局，1934：73.

类单项教科书，如球类单项教材——《小学排球》（高年级适用）、《小学篮球》（高中年级适用），田径单项教材，舞蹈单项教材等。尤其是到了高年级，西方现代体育占的比重更大，我们统计了《高中男生体育教授细目》三年六学期六册的教材内容，游戏占38个单元，器械操占60个，攻守法占35个，篮球占37个，足球占31个，排球占21个，垒球占21个，德国式手球占18个，健身操占55个，游泳占42个，田径占42个，举重占12个。这些项目中，属于现代西方体育内容的球类运动占比约31.0%，游泳、田径、健身操、举重四项约占36.6%，以上共占了67.6%，这些项目也是民国初期的体育教科书中没有出现过的。综上可知，西方现代体育内容在这一时期的教材中占了很大的比重。

为了应付战时需要，1928年，国民政府召开第一次全国教育会议，通过了实施军事教育的决议案，规定高中以上学校须将军事训练列为必修课程，女生学习看护。同年公布的《体育课程标准》中也做了这样的规定。1932年、1936年、1941年先后三次公布《高级中学军事看护课程标准》，并注明"女生不授军事训练时，可以此课代之"。1936年颁布的《高级中学军事看护（女生）课程标准》，其主要目的是培养女生看护常识与服务精神，养成女生看护技术及其应用能力。这些内容在体育教科书中也得到了体现，如《小学体育教授细目》的例言中就说"护身活动第三学年始编入"[1]，主要介绍战时遇到对手入侵时保护自己的方法。高中阶段安排的"攻守法"也与此类似。

三、教科书的编排体例丰富多样，自成体系

教材的排列有一定的系统性和科学性。教材的编排有以单节课为单位来安排的，如胡绍之等编著的《初级小学体育教本》，教材按每周教学三小时，一学期教学二十周计算，每册共计六十课，每课分准备动作、主要动作及结束动作三大部分。王复旦编写的《复兴初级中学体育教本》也是按照课时来安排教材的，根据每周3课时（其中一小时国术不安排在教材中），每周两小时安排教学内容，如初中第二册第三周的教材第一小时为田径赛，第二小时为田径赛，第三小时为国术。也有以项目为单位编写的，如麦克乐等编写的《新学制体育教材》，是以项目为单位来安排的，其中步法专门作为一部分来编排，游戏作为教材的一个部分来排列等。以星期为单位来安排的居多，如《初中女生体育教授细目》《初中男生体育教授细目》《高中男生体育教授细目》以每周为单位编写教材，一周的教材包括4~5个单元内容，"第十九星期：拉人出界（一单元）、短跳箱（五）（一单元）、垫上运动（六）（一单元），横木马（二）（一单元）、短棍拉（一单元）"。这几种编排方式各有特色，单项教材适宜条件达不到国家规定的学校进行选择性教学，系统教材适合师资水平高、教学条件好的学校选用。

---

[1] 教育部. 小学体育教授细目[M]. 上海：勤奋书局，1936: 4.

四、教科书忠实地反映体育课程标准和体育课程目标

课程标准是教科书编写的直接依据。我们分析了1929年到1948年近20年的体育教材的内容，发现教材对课程标准的反映程度在逐步提高，如按照暂行课程标准出版的体育教材，较为全面的是胡绍之等著的《初级小学体育教本》《高级小学体育教本》，教材内容是为小学体育新制而编，教材的基本内容包括步法、穿花跑、仿效操、应用操、游戏、柔软动作、唱作游戏等。其中不含简单的球类运动、技巧运动的内容，这和暂行课程标准的规定有一定的差别。正式课程标准颁布后出版的体育教科书，如教育部编写的"体育教授细目"系列的高中体育教科书，就包括了游戏、器械操、攻守法、篮球、足球、排球、垒球、德国式手球、健身操、游泳、田径、举重、垫上运动等，和正式课程标准对体育教科书的规定基本一致。

"课程目标是一定学段的课程力图最终达到的标准……从课程目标中可演绎出具体的带有操作性的教学目标，进而影响到教材体系与分科教材的教学目标之确定与实践。"[1]从民国的体育教材看，暂行课程标准颁布后出版的教材对课程目标的体现比较模糊，而且较简单，从教材选择的内容看，一定程度上反映了课程的目标，教材力图通过游戏、模仿体操等达到发达学生身体内外各器官的功能，以儿童喜闻乐见的游戏为基本内容，能顺应儿童爱好游戏的本性，发展其运动能力，对学生团体精神的培养也能起到一定的作用。张天百编辑的《初小体育教本》中没有提出很明确的教学目的，但是从其对考试的要求"体育成绩的考查，关于技术部分，最好不用学月学期等规定的试验，因为体育成绩，并不重在记忆，而重在体格的锻炼，姿势的改正，习惯的养成……"[2]可以看出，经过几年的试验，教材的目的更加明确，已经接近课程标准的要求。《初中男生体育教授细目》《复兴高级中学体育教本》等教材，教学的目的直接融入教材内容中，具体到每一次课都有教学目的，能够更加有针对性地反映课程目标。

五、注重教材教法的提示

民国时期的中小学体育教材都是教师用书，因此大部分教材中都有教法的提示。如1934年张天百编写的《初小体育教本》，每册的第一章均为体育教学法概要，主要包括各个项目在教学中所使用的教学方法、教材的分配以及每一学期的教学要点等。如第一册的教学法概要中，首先，教材对教师的示范作了要求，要求多做示范动作；对示范时的方向、示范的位置、示范的次数等都有要求。其次，对教师在教学中怎样融入学生群体作了说明，如要教师在教学中兴高采烈，教学时不要过于庄严，应把自己的精神融入教学中等。再次，教材对教师教学中的语言包括口令、教材的讲解等作了要求。最后，指出教师在教学中要注意和其他学科的联系等。教材对教学方法的阐述也非常

[1] 曾天山. 教材论[M]. 南昌：江西教育出版社，1997：108.

[2] 张天百. 初小体育教本：第一册[M]. 上海：世界书局，1933：87.

详细、明了而且实用。如第二册第一章着重介绍游戏的教学要点。

（一）教师的态度。

（甲）教师当以自然的态度与儿童共同游戏；

（乙）教师要有公正的态度；

（丙）教师要有忍耐心和研究心去指导儿童。

（二）怎样教授游戏　教授游戏，切勿一边讲、一边做，使儿童的观念模糊，顶好用下述诸法教导。

（甲）绘图说明；

（乙）先口述后示范；

（丙）演习游戏的动机；

（丁）新游戏的教授。

（三）游戏前应注意的几件事……

（四）听琴动作要由儿童自由设计。

（五）教学的过程。[1]

教材详细介绍了游戏教学时的教学方法、教师应有的教学态度、教学过程中的注意事项等，这些对教师的教学有很好的指导作用。

麦克乐、沈重威编写的《新学制体育教材》也对教学方法作了很详细的说明：

（一）教时应有兴趣。

（二）教材该适应学生年龄、体育教育的程度、性别与身体的情形。

（三）教材应合实用。

（四）各种运动应有益于练习者的身体。……

（五）所采用的方法应多趋向天然活动。……

（六）教授的标准，就是教育的效率，不宜过分注重外表。……

（七）应注重现代适用的教材。……

（八）应特别注意有娱乐价值的教材。……

（九）教材应分别等级，使学生能由浅入深，常有进步。……

（十）各种运动应有标准试验法，使学生做运动时可以常有一目标，已到一种程度，可再往前求第二步。[2]

教材对教学中应注意的事项作了较为详细的提示，涉及的内容包括目前体育教学中很多教师都感到棘手的、关于不同基础学生的因材施教问题，教学中循序渐进问题，教材的使用问题等。

---

[1] 张天百. 初小体育教本：第二册[M]. 上海：世界书局，1934：3－5.

[2] 麦克乐，沈重威. 新学制体育教材[M]. 上海：商务印书馆，1928：14.

此外，教材中还有很详细的教材分配方案，如《初中男生体育教授细目》：

一、本书教材，以单元为单位，假定每单元占时间二十分钟。每节上课时间为五十分钟，除点名体操时间十分钟，尚余四十分钟，可教两单元之教材。

二、照中学学历，每学期有二十星期，故每学期当有二十星期之教材。根据体育课程标准，初中体育时间为每星期三点钟，其六分之一时间（即半节），排为国术之时间，尚余两点钟，为体育之时间，以半节用一单元之教材计算，一星期共排五单元之教材。

三、每星期之教材共为五单元，可以随天气设备之情形，更改前后次序。

四、本书教材除游戏外，各项教材，先后有一定系统，难易有一定顺序，非不得已时，每项之前后顺序，勿宜颠倒。

五、本书教材所用设备，价值不高，私立县立各初中，不难置备。

六、本书教材，第一学年游戏约占百分之三十，以后逐减；球戏约占十六，以后渐加，……

七、本书教材，每一项大半为一单元，属两单元者不多，以故每点钟有两种活动，若全队人数在十人至二十人左右，则可分两队，上半节甲队用一种项目，乙队用他一种项目，下半节两队交换。若一班有四十人左右，则应分四队，一点钟之内用四项运动，经两节时间，则四种活动，四队均能做到。惟因分成数队之故，教师一人有不遑应付时，可预先训练领袖数人，使上课时裹助率领各队队员。

八、各项运动之在各学年之内，全按季候排列，例如田径运动排在夏秋两季，器械运动排在冬春两季，足球在秋季，篮球在冬春两季，垒球排球在夏季，游戏则终年都有，此为活动排列之大概。

……[1]

编者对每节课的教材量、教学时间、每个教材所用的时间、每学期教材的安排、上课时不同学生人数的教材安排、不同气候与教材安排之关系都做了重点介绍，而且非常详尽。

有的教材还提供教案示例，如《复兴高级中学体育教本》中提供的体育课程举例（教案）

（甲）走步　任用下列一种或二种（五分钟）。任用下列某类之某项：

（a）兵操步法。　（b）普通步法 。（c）走步体操 。（d）跑步。

（乙）柔软体操，（十分钟）任用下列某类之某项：

（a）改正姿势体操——或徒手体操或用轻器械，如哑铃，木棒，等。　（b）摹仿体操——摹仿田径运动，及其他游戏比赛中之动作。

（丙）器械操或翻筋斗——任用一种或二种器械（二十分钟）重器械操，如高横杠，双杠，木马，吊环，横梯，援绳，长人步等等。

---

[1] 教育部. 初中男生体育教授细目[M]. 上海： 商务印书馆，1936: 1-3.

（丁）团体运动，任用一种或二类（十分钟）：

（a）田径赛。（b）接力跑——属于运动或体操者。（c）游戏——低级或高级组织者。

（d）有竞争或无竞争性质之游戏。[1]

这个教案示例简单明了，时间上也做了分配，对教师教学的时间控制、强度以及量的安排都有一定的指导意义。

六、逐渐完备的教科书审定制度

在我国的不同历史时期，教科书审定制度有着不同的演变形态。1902年颁布的《钦定学堂章程》正式确立了我国的教科书审定制度，而后从清末时期"不完全"的教科书审定制度发展到民国时期教科书审定制度与国定制度的博弈。随着社会的不断发展和制度规则的不断变化，教科书审定制度也在不断完善之中。

（一）清末"不完全"的教科书审定制度

"不完全"的教科书审定制度指在教科书审定过程中，由于各种原因，存在部分科目、部分版本的教科书被排除在审定书目之外而采用其他审查方式（如国定制）的制度。清末中小学教科书审定制度包括审定机构的确立、审定标准的颁行和审定工作的监督机制三部分。

其一，审定机构的独立设置标志着教科书审定制度的开始。例如，1905年清政府设立学部，正式确立了其管理全国教育行政的职能，学部下分别设置"编译图书局"和总务司的"审定科"，前者专门负责编撰、出版官修教科书，后者则负责教科书审定工作。

其二，审定标准的颁行和后续修正保证了教科书审定的合理合法性。1906年，学部相继公布了《第一次审定初等小学教科书凡例》和《第一次审定高等小学暂用书目凡例》，正式向全国公开审定教科书的标准与要求。[2]其中，"审定凡例"对审定教科书的具体事项作了规定，主要内容有：1. 审定教科书悉依《奏定学堂章程》中的教学科目为准，与教科书配套的教授法、挂图也一并审定。2. 初、高等小学堂在学部审定教科书颁布前，可使用自选教科书，但在学部审定教科书颁布后即须停止使用。凡审定合格的教科书，一律附审定提要。3. "读经讲经"一科教科书悉依《奏定学堂章程》所列门目。4. 审定后的有效期，初小、中学、师范为五年，高小为四年。教科书经审定后若有更改，应报学部核审。5. 审定之图书，准著书者于书中标明学部审定字样。如未经学部审定而伪托名者，应行查办。6. 对审定的教科书的纸质、字形、定价方面都有规定。"凡经审定之图书，纸质须求坚韧，字形须求清朗，以期适于教科之用"，"教科书以书精价廉为合格，学

[1] 王毅诚. 复兴高级中学体育教本：第一册[M]. 上海：商务印书馆，1934：7-8.
[2] 关晓红. 晚清学部研究[M]. 广州：广东教育出版社，2000：382.

生用书合计五年，多者以五六元，少者以四元为准，以求教育普及"[1]。学部颁行的初小和高小教科书"审定凡例"，是近代中国教育史上官方首次对教科书的编撰审定标准正式作出明确的要求和规定，这对整顿教科书出版发行的混乱状态起到了积极引导作用。

其三，建立教科书审定工作的监督机制。1906年以后，学部陆续将审定教科书的意见和评语在《学部官报》上予以公示，这种公开接受公众监督的机制表现出学部对教科书审定工作的认真规范，清末学部将审定意见公之于众的这一做法，在一定程度上形成了对教科书审定制度的监督与约束机制。

（二）民国时期教科书审定制度与国定制度的博弈

民国时期，社会动荡不安、政局多变、军阀混战，整个国家处于内忧外患之中，这一时期教科书的审定制度在定制与回溯的反复中徘徊，从民国初期南京临时政府"完全"教科书审定制度的建立到袁世凯时期国定制度的试行，再到南京国民政府时期教科书审定制度和国定制度的并行，均显现出这个时期教科书审定制度的复杂多变。

第一阶段，南京临时政府成立后，作为立国之本的教育体制也适应"民主共和"的政体而革故鼎新，建立了近代"完全"的教科书审定制度，确立了政府和民间监督与被监督的关系，形成了一个开放型的教育资源管理体系，即政府以管理者的姿态，宏观地规划教科书的编纂和审定，如制定编辑宗旨、法律条规、审定标准等，规范市场竞争，促使教科书良好发展。而教科书的具体编写权、选择与使用权则下放到各省、各校、各书市等教育机构。从这个意义上说，它造就了南京临时政府"完全"教科书审定制度的完全性、彻底性、科学性和现代性。

第二阶段，袁世凯在窃取辛亥革命的胜利果实后，一直妄图恢复帝制，其组建政府的封建本质决定着他最终篡改了南京临时政府"五育并举"的教育方针，之后他还制定了"爱国、尚武、崇实、法孔孟、重自治、戒贪字、戒躁进"的教育宗旨，同时对南京临时政府"完全"教科书审定制度也逐步进行修正，开始试行国定制度。

第三阶段，南京国民政府成立后，奉行"三民主义"教育宗旨，采取了严格的教科书审定制度。1928年，南京国民政府公布《修正中华民国大学院组织法》，条文规定"中华民国大学院为全国最高学术教育机关，承国民政府之命，管理全国学术及教育行政事宜"[2]。在大学院之下设立了文化事业处，教科书的审查事项由之负责。[3]其后，国立编译馆在1932年6月成立，主要职责是教科书的编纂工作及其相关事项。国民党当政期间，对学校的教育控制日益加强，不断实行"党化教

[1] 王建年. 中国近代教科书发展研究[M]. 广州：广东教育出版社，1996：168.

[2] 蔡元培，中国蔡元培研究会. 蔡元培全集：第18卷 续编[M]. 杭州：浙江教育出版社，1998：456.

[3] 赵爱伦. 近代中国社会变迁视角下的高等教育制度：以南京国民政府高等教育制度现代化问题为中心[J]，学习与探索，2010.

育"，提出由政府编辑中小学教科书。中小学教科用书编辑委员会于1933年成立，该委员会邀请学校教师及相关专家学者从事中小学教科书编纂工作。同时，国民政府教育部一方面编写国定本教科书，一方面不断加强对民间编写教科书的审查。

民国时期的教科书编审制度与之前相比，各方面均有了较大的提升和完善，无论是相关机构的建立还是规则的设定，都在不断进步。这一时期的中小学体育教科书建设也有了很大改观，教科书的种类逐步增多，数量稳定增加，中小学各类教材齐头并进，教材的审查制度日趋完善，教材质量稳步提高，愈益科学。

本章小结

国民党统治时期的体育教科书所包含的内容相当丰富，其教材来源不仅有西方现代体育内容，也有中国本土传统体育内容。体育教科书这种兼容并包的教材组成，表明经过清末及民国时期较长一段时间的发展后，体育教科书在内容上已逐步形成了相对完善的选择机制，其选编理念日臻成熟。

这一时期的体育教科书，一是内容紧扣课程标准，教材体系完整、系统。无论是成套系统编写的《体育教授细目》《复兴体育教本》等，还是其他单项成册的体育教科书，大多在其封面、扉页或序言中注明"新课程标准适用""特为新制小学体育而编"等字样，表明它们是按照最新颁布的课程标准来编写的。在教材内容选用上，这一时期体育教科书的内容几乎涵盖了课程标准所规定的全部内容，同一出版社出版的各种体育教科书往往能在内容上互为补充，如《复兴体育教本》在编写田径运动教材内容时，只叙述教学过程中的具体实施方法和程序，而对于技术要领则建议参照教科书编写者另行编写的相关田径运动著作。这种内容上互为补充的编写方式既节省了笔墨，又使教科书内容体系完整而不重复。

二是体育教科书中教材排列形式多样化。这一时期的体育教科书中教材的排列有直线式排列、螺旋式排列，或为两者相结合的混合式排列方式。单项编写的体育教科书大多为直线式排列，内容上较为系统紧凑，较少有重复。成套编写的体育教科书则多按周次、课时等编排教材，往往将教材内容化整为零，打乱后重新组合在每周的各个课时中，教材内容注重每一周内容上的科学性和实效性，部分内容则不可避免地重复出现。这部分教科书中有些体育教材是属于螺旋式排列的，但也有些教材尽力做到不重复，如胡绍之编写的《初级小学体育教本》《高级小学体育教本》，其序言中称"厌故喜新，儿童较成人为尤甚，故教材之排编，多重变化，力避重复，务使兴趣横生，宏生健康之效，惟认为有必须复习之教材，为发育儿童身心计，可酌量复习数次"。《体育教授细目》中也指出"本书教材除游戏外，各项教材，先后有一定系统，难易有一定顺序"，由此可见，成套编写的这一类体育教科书在教材排列上应算是混合式排列。

三是课内外教材内容兼顾，课外活动在体育教科书中受到重视。要完成体育课程的主要目标，光靠体育课堂的学习是不够的，还应注重课外体育活动的组织和实施。当时即有体育学者指出"课程标准里体育的时间不多，课外活动，一面为补活动时间之不足，一面为实践课内指导的方法，决不可等闲视之"。国民党统治时期的体育教科书也在一定程度上体现出了对课外体育活动的兼顾。如《复兴体育教本》中论及如何实现体育教育效率时，即指出体育课程应包括"正式必修课程""课外运动课程"和"校内外比赛或各种课外运动组织"三种，并要求"凡校中之体育部，应按其体育计划，将上列三种课程，努力推行实施之"。这一时期的体育教科书中也列出了相应章节论述"课外运动"和"校内外比赛或各种课外运动组织"的相关知识，如《复兴初级中学体育教本》第一、第二册中均在最后一章中对课外活动的"时节支配、指导方法、运动规程、比赛及节假日体育设计"等进行了具体论述。这种在编撰了体育课"正课"教材内容之外，仍安排专门章节论述课外体育的组织和实施的做法，体现出了这一时期体育教科书编写者对课外体育活动的重视，表明当时的体育教育者已初步具备了课内外体育内容统筹兼顾的体育课程理念。

四是体育教科书内容表现出了鲜明的时代特征。抗日战争的爆发给这一时期的学校教育带来了巨大的影响，体育教科书也因之表现出了与抗战相关的鲜明的时代特征。最为显著的是抗日战争开始后面世的体育教科书，书中普遍增加了战时教材的内容，程登科、王复旦还专门编写了《战时体育补充教材》，"所选教材均以适合战时环境与经济为原则"，"以供给迁移乡间之学校采用"。同时，针对中华民族所遭受之屈辱，体育教科书中也创编了诸如"国耻操"一类的体育项目，以激励学生强身健体，保家卫国。如《复兴初级中学体育教本》中将第一学年第二学期第十周（五月第一周，因"五七""五九""五卅"种种耻辱均发生在五月）定为国耻周，特编"国耻操"以教授学生。"国耻操"的内容主要包括通过队列队形变化排出"五七""五九""五卅""九一八""一·二八"等字样，并设计了"攘臂忍辱""委曲求全""奋斗""卧薪""仰天长啸""梦未醒""无抵抗""铁轮与枪声"等体操动作以表达对"国耻"的纪念，意图唤醒沉睡之国人。《复兴体育教本》将书名冠以"复兴"字样，以铭记我国东北沦陷，也是一个例证。

五是体育教科书编写中愈发重视体育的教育功能。自清末兴学以来，教育部门所提出的体育课程目标中除强调体育的强健体质之功效外，均一致将体育课程"活泼精神""养成守规律尚协同之习惯"等作用视为其重要的教育功能。但之前的体育教科书在编撰中更多的是将着眼点置于体育课程对学生生理上之促进作用，直至自然主义体育思想逐步为体育教育界所普遍接受后，体育教科书的编写才将视域更多地投向体育的教育功能。因而我们在这一时期的体育教科书中能看到更多对体育教育功能的关注。如《复兴高级中学体育教本》中指出，"凡属完善组织之体操教程，即能获得两种效果：（一）健康的效果；（二）教育的效果"。"如能利用体育活动，不仅有增加个人身体活动之机会，而收体格健全之效果，并能辅助教育，使个人剩余之精神，不得旁及无聊之行动，而专致力于体育之训练。如此，即知体育不但能健全人之体格，且为教育中不可少之一项教育方法。"[1]凌陈英梅在论及游戏之意义时指出："游戏除能健身外，还能恢复精神，娱乐身心，保

---

[1] 王毅诚. 复兴高级中学体育教本：第一册[M]. 上海：商务印书馆，1934：3.

本章小结

存魄力"，"但游戏的意义，还不止此，最要者，即能利用各种游戏，于不知不觉中，教导人至于至善。因此在教育上，却有极大的贡献，现在提倡游戏，不遗余力，也就是这个缘故"[1]。体育教科书编写者在观念上对体育教育价值的重视，势必影响并体现在其所编撰的教科书中，这也使得这一时期的体育教科书在发挥其教育功能上具备了更大的可能性。国民党统治时期，体育教科书伴随着体育课程的发展，经历了一个从快速发展到转入低潮再到短暂复苏的过程。随着经济文化上的短暂发展和政治环境的相对稳定，国民政府各级学校教育在办学规模和质量上均获得了相对稳定的发展，学校体育也随之有了一些新的气象。体育教科书在这一时期迎来了中华民国成立以来编写和出版的最高峰，其出版数量和质量均创造了历史新高。其后，随着抗日战争爆发，国民教育遭受了极大的破坏，虽然许多爱国师生在物质条件极端匮乏的情况下仍然坚守岗位、努力教学，但学校教育的规模仍不可避免地急剧缩小。体育教科书的编写和出版在这一时期也因此而转入低潮，直到抗战后期才逐步得到复苏。但好景不长，抗战胜利后，中国又陷入内战之中，体育教科书的出版终究没能迎来全面复苏的好时代，而是在短暂复苏后又渐归于沉寂。

国民党统治时期，体育教科书受实用主义教育思想和自然主义体育思想的影响，较为重视体育的教育功能，在编写上紧扣课程标准要求，内容体系完整而全面。在内容编排上，这一时期的体育教科书大多以周次或课时为单位，教材组织有序，每节课教学内容的安排既能做到新旧知识结合，又能注意到学生兴趣与体能的分配；教科书中既有以直线式排列以引起学生学习兴趣的新内容，又有以螺旋式排列以供学生练习的旧知识，不同学段也能结合学生身心特点采用适宜的教材排列方式，教科书中既有教学内容的安排，还常有教学方法的提示，使用操作性较强。国民党统治时期体育教科书编写上的这些进步之处，对今天的教科书编写仍有重要的借鉴意义。受时代之局限，这一时期的体育教科书也不可避免地存在一些问题，如教科书仍以文字叙述为主，缺少图画，以致可读性不佳；国术教材仍需单列，中西体育教材内容融合不够紧密；在教科书管理和使用中教育部门监管力度不够；教科书难以充分发挥其使用价值；等等。这些问题有些是由其所处的时代造成的，有些则是教科书在发展过程中必然要经历的。以我们今天的眼光来看，虽然这一时期的体育教科书仍然存在一些问题，但在当时的历史条件下，从清末萌芽至此时期，短短几十年时间里，体育教科书能够取得如此成就，无疑可称得上是难能可贵的。体育教科书所取得的成绩及其局限性，都是与其自身所经受的历史洗礼及其所处的时代背景分不开的，这一时期所累积的经验和教训将对新中国体育课程和体育教科书的建设产生重要影响。

---

[1] 凌陈英梅. 分级体育活动教材：小学初中[M]. 上海：女青年协会，1934：1.

第四章

全民族抗战到新中国成立前的体育教科书（1937—1949）

1937

抗日战争期间，尤其是七七事变后，日本帝国主义侵占我国广大领土，使中国社会遭到严重的破坏，山河破碎，满目疮痍，人民饥寒交迫，颠沛流离。中华民族同仇敌忾，共赴国难。1938年3月，国民党政府召开临时全国代表大会，制定了"抗战建国"的基本国策，通过了《战时各级教育实施方案纲要》，国民政府采取了一系列紧急应变措施。在抗日战争极其艰苦的岁月里，广大教育工作者以民族大义为重，自强不息，中国教育在逆境中仍然取得令人鼓舞的进展。

抗日战争时期国民党颁布的教育文件主要有：1937年8月国民政府教育部颁布的《总动员时督导教育工作办法纲领》，1938年4月国民党临时全国代表大会通过的《中国国民党抗战建国纲领》和《战时各级教育实施方案纲要》，1941年前后国民政府颁布的中小学体育课程标准等一系列文件。这些教育文件均以"三育并进""文武合一""教育目的与政治目的一贯"等为方针，并提出："对于学校及社会体育应普遍设施，整理体育教材，使与军训童训取得联贯，以矫正过去之缺点；强迫课外运动，以锻炼在学青年之体魄，并注意学生卫生方法之指导及食物营养之充足。"[1] 这一纲要提出，要使体育与军训合一，与童子军合一，与卫生教育合一，其目的偏重在兵源的补充和兵源的品质上。在抗日战争极其艰苦的岁月里，中国教育在逆境中不断奋进。大批学校和体育工作者迁往内地，促进了西南、西北地区体育教育的发展。一方面，在国民党统治区，为加强学校体育的管理，国民党一度成立了学校体育的领导机构，先后颁布了不少学校体育法令，并在此基础上于1940年3月公布了《各级学校体育实施方案》。这是我国近代史上第一个比较全面的学校体育实施方案，对我国近代学校体育的发展起到了积极的作用。但由于学校体育在传统观念和制度保障上不被重视，所制定的一些法令和措施并没有得到贯彻和实施。学校体育经费严重缺乏，运动场地器材设备简陋不堪，体育课被视为"小四门"，可有可无，课上"放羊式"现象普遍存在，课外只注重训练少数选手争夺锦标，因而学校体育发展缓慢，甚至畸形发展。另一方面，中国共产党领导下的革命根据地十分重视学校体育的开展。在苏区和解放区内，各级各类学校都开设有体育课和课外体育活动，活动内容丰富多彩，经常举行各种类型的运动竞赛和运动会。在物质条件十分困难的情况下，广大师生想方设法，因陋就简，土法自制，缓解了场地器材不足的局面，使根据地的体育活动呈现欣欣向荣的气象。1941年，根据地还创建了延安大学体育系，为解放区培养了一批体育干部和师资力量，使根据地的学校体育有了很大的发展，也为新中国学校体育的开展奠定了基础。抗日战争胜利后，国民政府完成了教育的善后工作。但是，国共内战使得教育发展受到严重影响。尽管如此，毛泽东提出民族的、科学的、大众的文化教育之新民主主义教育理论，教育为无产阶级政治服务的方针，使边区、解放区的教育事业不断发展，并在有计划地从战时教育向正规教育转变过程中，迎来了新民主主义革命的伟大胜利。[2]

---

[1] 李桂林. 中国现代教育史教学参考资料[M]. 北京：人民教育出版社，1987：316.

[2] 耿培新. 中国百年教科书史：体育卷[M]. 北京：人民教育出版社，2020：112-114.

战乱时期体育的异化

一、"体育军事化"之争

1935年，程登科在中华体育协进会出版的《体育季刊》上发表了《德国体育现状》一文，认为体育的第一目标就是主张体育民众化，第二目标就是主张体育军事化。随后，他在《怎样利用军警权力辅助民众体育使全民体育化》中提出："我国体育的生路是什么？就是以平民化的运动去实施全民体育化。以我固有的国粹体育，衡取合我国情的外国运动，冶于一炉，求得一个中心的训练。现在我国人民，体短瘦弱，已呈普遍现象，至于坚毅果敢的民族性，早经丧失殆尽，要挽救这个狂澜，实行我国的'国家兴亡，匹夫有责'的古训，打破西人的'东亚病夫'和日本的'劣种'的侮辱的称呼。"[1] "因为只有全民体育化，才能使每个人民得受体育锻炼的机会，民众御侮抗敌的意志与忍苦耐劳的精神，始获养成。而'病夫'与'劣种'的命名，才有涤雪的一天，强种救国和复兴民族的工具才不致成为口号。"[2] 从而拉开了"体育军事化"的序幕。

同年，方万邦在《教育杂志》发表了《我国现行体育之十大问题及其解决途径》，他认为"（1）现在战争完全是科学的，尤以化学物理数学等应用科学为最重要，非如古代战争所用之弓马刀枪等可比，现代所用的专门战术，皆为体育课程所未备，所以体育军事化在实际上是没有什么用处的。（2）若谓体育与军事教育有密切关系的历史、公民、物理、化学等科更应先行军事化了。在未实行军国民教育前，体育实无单行军事化之理由。（3）就实际上论，目前教育宗旨首重民族复兴，与其体育以军事化为目的，不如以复兴民族为目的，因为复兴民族是需要个个国民有健全的身体，健全的精神和健全的人格，体育就是造就这种国民的良好工具。（4）以目前国内军队情形观之，体育军事化，实不如军事体育化，以训练军士坚强的体格及精神"[3]。方万邦认为体育不宜军事化，他从现代战争的特点、体育与军事教育的关系、教育宗旨以及当前军队的现状四个方面阐述了

[1] 国家体委体育文史工作委员会，全国体总文史资料编审委员会. 中国近代体育文选：体育史料第17辑[M]. 北京：人民体育出版社，1992：278-280.

[2] 国家体委体育文史工作委员会，全国体总文史资料编审委员会. 中国近代体育文选：体育史料第17辑[M]. 北京：人民体育出版社，1992：278-280.

[3] 国家体委体育文史工作委员会，全国体总文史资料编审委员会. 中国近代体育文选：体育史料第17辑[M]. 北京：人民体育出版社，1992.

体育不宜军事化的理由。

针对方万邦和程登科各自不同的观点，徐致一在《勤奋体育月报》中发表了《我也来谈体育军事化》，表达了对两种观点的看法。1936年，章辑五在《体育季刊》发表了《读方万邦程登科两先生大著之后》，也表达了自己对体育军事化的看法。其后，程登科在《体育季刊》发表了《读方万邦先生〈我国现行体育之十大问题及其解决途径〉中所持对体育军事化不切实用的检讨》，进一步阐述了体育应该军事化的理由，他认为"因为时代告诉我们，我国现在所需要的体育，一方面要把握时代，一方面还要强国强种，使我民族复兴。……本来体育系促进人类健康与娱乐为目的的，不过处在这个二十世纪强食弱肉的时代，诚如达尔文氏进化论所说：'优胜劣败'，也就不容许我们把体育视为以健康与娱乐为目的的了。……体育在现在已被认为强国强种与复兴民族的工具，复兴民族要军事化，那么，体育既系复兴民族的工具，强国强种的生命线，体育当然尤先必需军事化了。……所谓军事体育化就是对国民党军队官兵进行体育训练，以增强其战斗力；而体育军事化则是用国民党军队那一套来管理体育并进行训练"[1]。程登科把体育看成是"强国强种"与"复兴民族"的工具。这些观点实际就是德国体操学派中强调军事价值及进行精神和纪律训练的内容。这套理论在当时以实用主义教育思想为核心的学校体育中很难占据主导地位，但是在抗战开始后逐渐受到重视，成为所谓"战时体育"的理论基础。

二、战时教育方针与体育教科书

1937年7月7日，日本发动全面侵华战争，日本帝国主义的疯狂侵略，严重破坏了发展中的中国教育，在全民抗日的伟大洪流中，教育既肩负着振奋民族精神、鼓舞抗日斗志的现实使命，又承担着培养建设人才、服务建国事业的长远职责。国民政府在接受了中国共产党倡导的建立抗日民族统一战线和全国民众"一致抗日，共御外侮"的主张后，从"抗战建国"的基本国策出发，逐步建立了"战时应作平时看"的教育指导方针，并通过制定一系列教育政策和应急措施，力求使战时教育体制能够顺利运转。

1937年8月，国民政府教育部颁布了《总动员时督导教育工作办法纲领》，要求各级各类学校的训练应力求切合国防需要，但课程之变更，仍须遵照部定办法。1938年，国民党临时全国代表大会通过《中国国民党抗战建国纲领》和《战时各级教育实施方案纲要》，明确规定了战时教育的"九大方针"和"十七项要点"，要求体育教材应与军训、童训联贯；严格管理，中等以上学校采用军事管理。

---

[1] 程登科. 读方万邦先生《我国现行体育之十大问题及其解决途径》中所持对体育军事化不切实用的检讨[J]. 体育季刊, 1935, 1（3）：353-361.

三、课程标准对体育教科书的规定

1940年，国民政府教育部颁布了《修正初级中学体育课程标准》和《修正高级中学课程体育标准》，1941年发布了在部分学校实验了的《六年制中学体育课程标准草案》，1942年颁布了《小学体育科课程标准》[1]，这一系列的标准和以前颁布的课程标准最大的区别是初中以上的体育课程目标均增加了"训练生活上及国防上之基本技能"。此外，国民政府教育部还在1941年颁布了《高级中学家事（看护包括军事看护）课程标准》，同年颁布了《高级中学军事看护课程标准》。

这些课程标准对中小学体育教科书也作了相关规定，以此为标准出版了系列教科书。

修正课程标准对体育教科书的规定

1.《小学体育科课程标准》对教材的规定

1942年的《小学体育科课程标准》规定小学学制六年，每学年都开设体育课，教材大纲分为整队与走步、体操、韵律活动、游戏与运动、国术5类。每周教学时间规定如下：第一、二、三学年每周各120分钟，第四学年每周150分钟，第五、六学年各180分钟。其中对体育教科书的规定非常具体，并且还规定："各种教材，必须于规定学年内全部教学完毕；各校除照上列教材教学外，得酌授补充教材，并讲解体育及卫生常识；各校倘设备完全，环境许可，高年级儿童得酌习游泳一项，惟须严密管理；上列各项教材要目，本部将分别编辑小学体育教材及小学简易国术教材，以供各校应用。"[2]这个课程标准一直实施到新中国成立前夕。

2. 1940年《修正初级（高级）中学体育课程标准》对教材的规定

1940年颁布的《修正初级中学体育课程标准》规定，初中学制三年，每学期都开设体育课，每周2学时，教学内容包括体操、韵律活动、游戏运动、技巧运动、球类运动、竞技运动、自卫活动、水上及冰上运动和其他运动等，并对每学年各教学内容所占比重进行了安排。课程标准还对部分教材的使用作了附注，"（一）此项比例得因各校环境及需要略加伸缩。（二）水上及冰上运动缺乏适当设备，无法教学者，应将其应占百分比移增于技巧运动、竞技运动及自卫活动三项内"[3]。此外还对选配的教材作了规定，"教材之选配以部颁《初中体育教授细目》为标准，教员得自选适当教材加以补充；各学校除照上项所列教材教学训练外，并宜随时讲授体育常识，暂无健身房或室内运动设备之学校，遇雨天地湿不能在户外运动场上课时，即可利用此时间在室内讲解体育常识，同时仍作适当室内游戏运动"[4]。

《修正高级中学体育课程标准》规定其教学内容为体操（包括走步与各式体操）、韵律活动

[1] 李宫菊. 中国当代体育课程问题史论[M]. 济南：山东人民出版社，2014：259.
[2] 课程教材研究所. 20世纪中国中小学课程标准：教学大纲汇编：体育卷[M]. 北京：人民教育出版社，2001：26.
[3] 课程教材研究所. 20世纪中国中小学课程标准：教学大纲汇编：体育卷[M]. 北京：人民教育出版社，2001：434.
[4] 课程教材研究所. 20世纪中国中小学课程标准：教学大纲汇编：体育卷[M]. 北京：人民教育出版社，2001：434.

战乱时期体育的异化

（各种舞蹈）、游戏（含各种非正式游戏）、技巧运动（垫上运动及叠罗汉）、球类运动（以篮球、排球、足球、乒乓球为主）、田径、自卫运动（拳术、角力、摔跤）、水上运动（游泳、划船、滑冰）等，每周开课2小时。课程标准中所列教材大纲如下："教材之选配以部颁《高中体育教授细目》为标准，教员得自选适当教材加以补充；各学校除照上项所列教材教学训练外，并宜随时讲授体育常识，暂无健身房或室内运动设备之学校，遇雨天地湿不能在户外运动场上课时，即可利用此时间在室内讲解体育常识，同时仍作适当室内游戏运动。"[1]

3. 《六年制中学体育课程标准草案》对教材的要求

1941年，国民政府教育部公布在部分学校实验了的《六年制中学体育课程标准草案》，不分初、高中，实行六年一贯制。这个体育课程标准按性别分别规定了中学男女生体育教材的内容，将体育教材分为体操、韵律活动、游戏运动、技巧运动、球类运动、竞技运动、自卫活动、水上及冰上运动、其他运动等9类。在这份草案中，教材大纲一节对各学年教材种类及其所占百分比作了详细规定，并对教材选配及具体操作作出了与《修正高级中学体育课程标准》同样的规定。

从课程标准的规定看，中学所选用的教材大多为《体育教授细目》，小学教材则是另外编写的。

四、1937—1949 年间体育教科书的出版概况

表 4-1　1937—1949 年间出版的中小学体育教科书目录表

序号	教科书名称	相关责任者	出版单位	出版时间
1	游戏教材	张铁珊编	潞河乡村服务部	1938年6月
2	室内体操	王应麟编者	商务印书馆	1939年10月
3	体育科战时补充教材（中学适用）	黄金鳌编	商务印书馆	1940年2月
4	小学体育科教材和教法	束云逵编	商务印书馆	1940年3月
5	少年体育科教材教法	束云逵编	商务印书馆	1940年4月
6	叠罗汉教材	章瑞麟等编	江西力学书店	1940年1月
7	徒手体操教材	余永祚主编	江西力学书店	1940年1月
8	个人竞技游戏教材	邓嘉祥等编	江西力学书店	1940年1月
9	体育教材大全（上册）	崔玉玢、阎华棠编辑	燕京大学体育系	1940年10月
10	中级童子军训练	中国童子军浙江省理事会	童子军教育用品供应社	1941年11月
11	徒手体操教材教法	俞晋祥、葛衢康编著	教育部国民体育委员会	1942年7月
12	小学垫上运动与叠罗汉	周鹤鸣编著，吴澄校订	正中书局	1948年8月
13	小学体育	高梓编著	正中书局	1943年12月

[1] 课程教材研究所. 20世纪中国中小学课程标准：教学大纲汇编：体育卷[M]. 北京：人民教育出版社，2001：438.

（续表）

序号	教科书名称	相关责任者	出版单位	出版时间
14	战时体育补充教材	程登科著，王复旦校	教育部国民体育委员会	1944年10月
15	小学游戏教材	陈焖桢编著	仙游师范学校	1944年10月
16	高小滑翔补充教材	余祥麟、白启荣编著	正中书局	1944年4月
17	小学整队与走步教材	陈韵兰、赵汝功编著	教育部国民体育委员会	1944年1月
18	中级童子军训练	周伯平编著	少年教育用品供应社	1944年
19	唱游	陈韵兰编著，高梓校订	正中书局	1948年8月
20	小学竞技运动教材与教法	王复旦编著，冯公智校订	正中书局	1945年8月
21	体育教材	何能夏编著	沙县教育图书出版社	1945年
22	小学体育教材选辑	吴邦伟、高楼选辑	吴邦伟，范宗先刊	1945年3月
23	初中器械运动	周鹤鸣编著，吴澄校	教育部国民体育委员会	1944年4月
24	小学体育训练图解	郑法编著	七七出版社	1945年8月
25	游戏拾零	苏中军区直属政治部编	编者刊	1945年11月
26	小学徒手操	吴澄、王子鹤编著	教育部国民体育委员会	1945年11月
27	中学舞蹈（上）	高梓编著	教育部石印室	1945年5月
28	中学舞蹈（下）	高梓编著	教育部石印室	1945年12月
29	小学游戏	冯公智编著，吴邦伟校审	教育部石印室	1945年11月
30	小学韵律活动补充教材	彭泽芬编著，高梓校审	教育部国民体育委员会	1945年12月
31	中心国民学校体育教材教法	俞子箴、袭镇藩合编	江西省中国兴业出版公司	1946年6月
32	体育教学法及教材图解	周学旦编著	教育图书出版社	1946年10月
33	中级童子军	中国童子军江苏省支会理事会	大时代书局	1946年
34	球类运动教材	吴文忠编著	商务印书馆	1946年12月
35	体育教师手册	吴文忠编著	中华书局	1947年1月
36	中级童子军	胡立人编	中华书局	1947年12月
37	大时代中级童子军	中国童子军江苏省支会理事会	大时代出版社经销处	1947年3月
38	游戏教材教具教法	顾珉、侯铭编	新中国出版社	1947年5月
39	唱游舞蹈教材	庞嫒玉编著	新四川文化社	1947年6月
40	经用的幼儿游戏材料	［美］加利孙著，董任坚译	中华书局	1947年9月
41	几种机巧运动	王庚编著	商务印书馆	1947年10月
42	我们的田径运动	赵宇光编著，宗亮寰校订	商务印书馆	1947年10月
43	户内户外游戏	阮良编著，徐应昶校订	商务印书馆	1947年10月
44	我们的竞争游戏	张宝楎编著，沈百英校订	商务印书馆	1947年10月
45	唱游教材及教学法	邓铸成编	晨光书局	1947年11月
46	游戏教育概论（讲义）	王庚编	中华体育师范学校	1947年11月
47	童子军游戏教材教法	曹庸芳著	商务印书馆	1947年12月

战乱时期体育的异化

（续表）

序号	教科书名称	相关责任者	出版单位	出版时间
48	几种乡土游戏	张宝榰编著，沈百英校订	商务印书馆	1947年10月
49	最新实验小学游戏教材	［美］米瑟尼著，王毅诚译	世界书局	1948年3月
50	小学体育科教材和教法	束云逵编，朱经农、沈百英编著	商务印书馆	1948年4月
51	室内游戏三十种	金知温编著	华年出版社	1948年5月
52	小学体育教本（第一至三册）	沈寿金编著	正中书局	第一册、第二册：1947年10月 第三册：1948年8月
53	小学整队与走步教材	陈韵兰、赵汝功编著，吴澄、王子鹤校	教育部国民体育委员会	1944年1月
54	小学韵律活动补充教材	彭泽芬编著	正中书局	1948年7月
55	小学游戏	冯公智编著，吴邦伟校对	正中书局	1948年8月
56	小学徒手操	吴澄、王子鹤编著	正中书局	1948年8月
57	小学体育教材教法（上、下册）	邹法鲁编著	新夏图书公司	上册：1948年1月 下册：1948年8月
58	小学体育科教材和教法一册	束云逵编纂，朱经农、沈百英主编	商务印书馆	1948年4月
59	唱游教材	顾绶卿编	晨光书局	1948年5月
60	南京市小学体育巡回辅导团教材	高梓编	正中书局	
61	小学体育教材教法	邹法鲁编著	世界书局	1948年9月
62	表演教材	黄一德编著	大可书店	1948年9月
63	儿童游戏	冀中教育社编	新华书店保定总分店	1949年
64	儿童游戏	钟昭华	华年书店	1948年
65	小学团体操教材及教学法	俞海林编	中国儿童图书出版公司	1949年3月
66	小学体育教师手册	张觉非、俞子箴编	中华书局	1949年
67	小学韵律活动	高棪编著	正中书局	1949年3月
68	实用户外游戏教材	吴耀麟编	商务印书馆	1949年4月

五、抗战时期的中小学体育教科书

为了适应战时需要，1941年，国民政府教育部颁布了《高级中学家事（看护包括军事看护）课程标准》，强调"使学生明了普通疾病之起因、症状、治疗及其护理、预防之方法与技能；……使学生了解吾国军医之组织与军护工作概要，并养成其对救护技术应用之能力"[1]，并且还专门编写了战时体育教材。

（一）《体育科战时补充教材》（中学适用）

1940年2月，商务印书馆出版了黄金鳌编写的《体育科战时补充教材》（中学适用），教材文字为竖版排列，全书共51页。

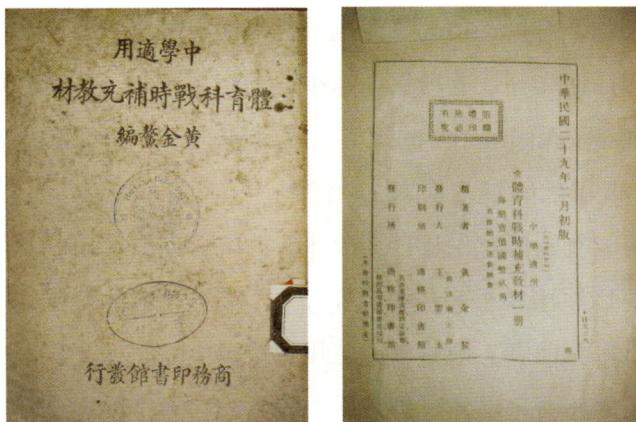

图4-1 《体育科战时补充教材》（中学适用），黄金鳌编，商务印书馆出版，1940年版

本教材是依照国民政府教育部颁布的体育课程标准加以补充编写，目的是使体育科分量加重、学生能力提高，以适应战时之需。书中所选用的体育活动大部分为我国固有的体育活动；所选教材、所需设备简便、易于使用，以适应我国战时经济条件；教材内容分为基础、实验、应用三个部分，前后联系有序、旨趣如一，概以促进国民皆兵的效果为终极目的。

本教材一共分为三个章节，第一章基础教材，第二章实验教材，第三章应用教材。其中基础教材包括竞技类和技巧类，实验教材包括举重、长途竞走、爬山、越野、摔角（跤）、驾车和游泳七项，应用教材分为基本能力、平装障碍竞走以及武装竞走三项。尤其武装竞走中包括了防毒面具竞走、武装赛跑、日常行军竞走、夜行军竞走和武装游泳，所选教材内容与战时对个人所需的能力相适应，战士需要进行武装训练，而学生经过体育课的学习同样可以达到接近士兵武装训练的效果，如有需要，系统学习过此教材的人也可以不用经过长期的军事训练便可成为士兵。

教材采用图文并茂的排版方式，语句精练，图示包括雄鸡决斗、背口袋、爬行游戏、背负替换跑、抬轿、爬行接力、胯下爬行、形意活动、蜈蚣行、熊跳、蝎行、矮人行、弯腰向前、弯腰向

---

[1] 课程教材研究所. 20世纪中国中小学课程标准：教学大纲汇编：体育卷. [M]北京：人民教育出版社，2001：447.

后、单足独立、朝天蹬、跳腿、穿棍、跳棍、叠人、游泳、引体向上等动作示意图，还包括围城、越野跑、摔角（跤）、扔手榴弹场地、路线示意图，共四十幅图片。

1944年，国民政府教育部国民体育委员会出版了由程登科编写的《战时体育补充教材》，这本书是作者于1941年（民国三十年）春受中华体育学会理事会委托而编写的，全书共分为八章：第一章总论，第二章田野运动，第三章障碍运动，第四章球类运动，第五章行军与远足，第六章角力，第七章举重，第八章劈刺。战时体育教材具有以下特点。

1. 内容还是以现代体育为主

现代体育运动项目还是战时教材的主要内容，如黄金鳌编写的《体育课战时补充教材》（中学适用）一册，本教材主要以促进国民皆兵之实效为终极目标。教材内容基本上是由现代体育运动的相关内容改编而来的，教材围绕战时需要的一些技能来组织体育活动，如武装竞赛等。再如《战时体育补充教材》，其内容包括田野运动，有投掷类、攀援类、爬行类、翻滚技巧类、器械类、跳远与跳高类，这些都是与现代体育的田径运动一致的项目。球类运动包括军士球、奋斗球、系绳球、竹篮球、拳球、独篮篮球等，这些内容和现代运动中的球类运动有关。

2. 体现了体育军事化和军事体育化的观点

程登科主张，体育军事化"是用原有的体育术科，不改体育内容，而以军事精神管理之、训练之，务使受训练者绝对服从。是故，以军事精神完成体育军事化"[1]。军事体育化就是"先分析军事上的战斗力，视何者运动对于军事有帮助者，则尽量地应用到军事上去，这是以军事为主的，故与学校体育稍有不同，即在提倡应用的体育，以体育训练兵士战斗力，增加兵士作战能力，是故非仅求健康身体而已，例如武装游泳，武装赛跑等等，游泳和赛跑，本为体育上的课程，现在应用到军事上去，以军事为主，故着武装游泳，着武装赛跑"[2]，战时体育教材巧妙地将战地环境与现代体育运动相结合，如《战时体育补充教材》第六节《跳远与跳高类》："一、用品　竹竿、木棍；二、地点　山河、土沟；三、活动方式，（一）令学生排列于约三公尺宽之土沟或小河之一边，学生个别依次出列，用武装或徒手由后方跑来，跳过土沟或小河之对边，对竿以一人为保险者，接握跳来者之臂肘，以免滑跌（如十九图）。（二）令学生排列于约五公尺宽之小河或土沟之一岸，个别依次出列，用撑杆跳远之方法撑跳过河对岸。"[3]将战争中飞跃河沟的动作和跳远结合在一起，这是军事体育化改造的实例。把体育项目和军事行动相结合，将现代体育运动结合战地环境进行练习，军事体育化、体育军事化是这类教科书最显著的特点。这也启示我们，可以根据不同的教学条件对现代体育进行规则或者器材上的改造，以达到备战的目的。

[1] 程登科. 读方万邦先生《我国现行体育之十大问题及其解决途径》中所持对体育军事化不切实用的检讨[J]. 体育季刊, 1935, 1（3）：353-361.

[2] 程登科. 读方万邦先生《我国现行体育之十大问题及其解决途径》中所持对体育军事化不切实用的检讨[J]. 体育季刊, 1935, 1（3）：353-361.

[3] 程登科. 战时体育补充教材[M]. ［出版地不详］, 教育部国民体育委员会, 1944：51-52.

抗日战争胜利后，国立编译馆除由馆内专任编审编辑部编定教科书外，主要采取三种方式以遴选部编教科书：（1）酌选坊间特优课文，收用版权，加以修订，作为部编教材；（2）指定优良学校自编实验教材，经试教适用后，送部审查合格者，再经修订作为部编教材；（3）登报征求依照课程标准新编教材，经审查合格后略作修改，采为部编教材。不管采取何种方式，部编教科书的每一种稿本，均须经过许多人编辑、校阅、审查、批评、修改或试验教学，才能被定为标准教材。1947年7月1日，开始施行《印行国定教科书暂行办法》及《实施细则》，各种教科书不仅在政治上受到官方的严格控制，而且连版面、装订、纸质、字体、插图都必须遵循统一标准。

（二）《体育科教材》

虽然目前来看，该教材的出版信息不全面，但是从该教材的内容看，推测是抗日战争时期的教材，如《体育科教材》说明所述："一、各种教材教学时，在可能范围内，应力求与实事接近，期使儿童获得真确事实观念，以符合时代性。二、游戏之初，应辅以简单之准备操，如整理队形，走步，及简单之柔软动作等。三、游戏中所需器具，应力求完备，以便教学。四、本教材不必按次教学，要以在规定之时期内，完全授毕为佳。五、每种教材所需时间，由教者斟酌行之。六、如碍于设备，节令，人数等，不便完全按本教材教学时，得变通运用。"

从目录的内容看，本书共分六节，"第一节含抗战意义的游戏：一军用电报、二会操、三工兵建筑、四阶级壕沟、五机关枪队、六打靶（一）、七打靶（二）、八手榴弹、九弹打敌人、十卷战、十一野战；第二节行军作战之初步练习：一排教练之几种动作、二行军、三班战骑举例；第三节夜间动作的训练：一昏夜行军、二夜间哨兵配置、三夜战；第四节登山涉水长足等训练；第五节运输训练：一模仿操　装运军需品、二游戏辎重车、三表演过站运输、四模仿操　交付货物、五游戏　公业已回家；第六节参观当地军事演习。"[1]

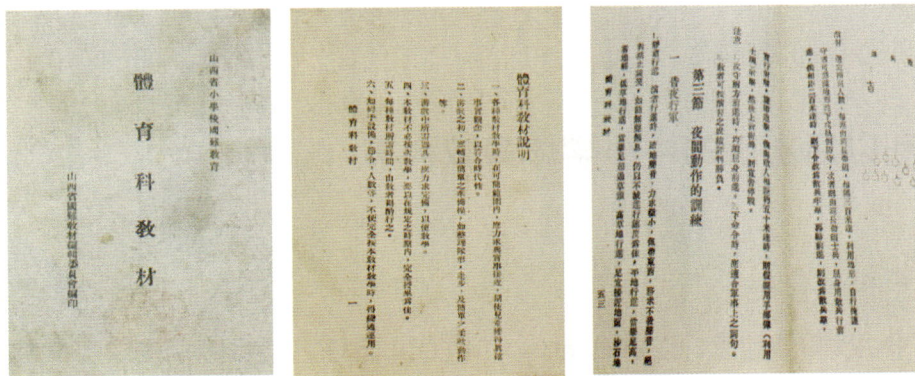

4-2

图4-2　《体育科教材》，山西省国难教材编辑委员会编印，出版者不详，出版时间不详

战乱时期体育的异化

---

[1] 山西省国难教材编辑委员会. 体育科教材[M]. [出版地不详]，[出版者不详]，[出版时间不详]: 3-5.

（三）《健康教育》

《健康教育》由方万邦编著，各地商务印书馆发行，于1942年（中华民国三十一年）发行初版，采用竖版的编排形式。

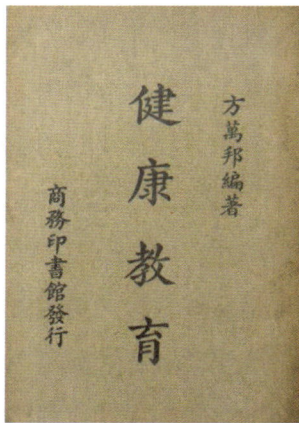

图4-3 《健康教育》，方万邦编著，商务印书馆出版，1942年版

书中序言为编者于1942年4月在重庆所写，序言曰："健康教育的历史是很短的，它在二十世纪教育园里才开始萌芽滋长，它虽然是时代的新产儿，因其是传播人类福音，增进人民幸福，世界各国莫不竭力推行，进展非常之速。在素称'东亚病夫'而又值国难当前的今日的中国，它更是复兴民族健康的救世主，抗战建国的原动力，我们要加速最后胜利的早临，自必积极推行这抗建基本工作的健康教育。健康教育的实施，愈早愈好，以小学时期为最重要，中学次之，大学与民众又次之。本书的取材，即以小学为主，渐次旁及其他。全书共分九章，都八万余言，关于健康教育的目的、内容、方法以及师资训练等阐述详尽，每章末均附有重要的问题及参考，以便读者们的研讨。本书除供师范学校应用外，并可作为小学教师、家庭父母及其他健康教育者的重要参考。"

《健康教育》共分为九章：第一章绪论，第二章健康教育的意义，第三章健康教育的原则，第四章健康教育的方法，第五章小学校的健康教育，第六章中等学校的健康教育，第七章安全教育，第八章性教育，第九章健康教育专业的训练。

六、抗日战争胜利以后出版的中小学体育教科书

（一）《小学体育教本》

《小学体育教本》这套书由沈寿金编著，正中书局1947年10月出版发行，教材采用教案形式编写，以星期为单位，全套书有多册，每册供一学年使用，教材对教学方法作了比较详尽的介绍。

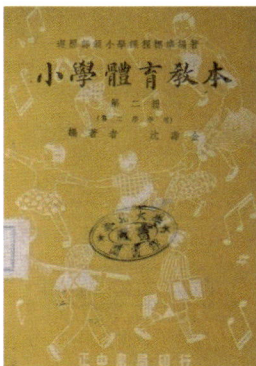

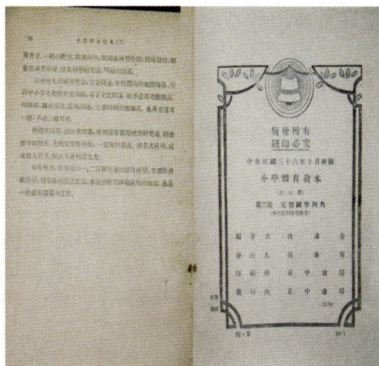

图4—4 《小学体育教本》（第二册），沈寿金编著，正中书局出版，1947年版

游戏运动依气候编制，春秋较平和，冬季较为剧烈；低年级垫上运动采用德琴动作、故事、游戏混合编制；低年级故事游戏采用歌游形式，主张游戏时必须先唱歌；中高年级整队，采用童军制，但力避军事化。

（二）《小学徒手操》

《小学徒手操》是由国民政府教育部国民体育委员会主编（编著者为吴澄、王子鹤），正中书局出版发行。教材包括六章，各章目录如下：第一章教法概述，第二章小学初年级模仿操，第三章小学中年级简易徒手操，第四章小学高年级男生徒手操，第五章小学高年级女生徒手操，第六章徒手操部位及动作名称之解释。

图4—5 《小学徒手操》，吴澄、王子鹤编著，正中书局出版，1948年版

这一时期出版的体育教科书以单项教材为主，中学阶段较多使用的还是教育部编写的《体育教授细目》。

（三）《体育游戏一百则》

《体育游戏一百则》由宗嘉谋编著，正中书局发行，共一册，于1947年（中华民国三十六年）发行初版，1948年发行第二版。

图4—6　《体育游戏一百则》，宗嘉谋编著，正中书局出版，1947年版

　　《体育游戏一百则》是为中小学及师范学校而编著，以适合战时教育及国防体育为标准，寓教于游戏之中，注重培养爱国观念。书中列举游戏共一百则，分为徒手、器械及武术竞争三类；每则游戏均分为准备、用具、排列、方法、规则等项目，除可供中小学生应用外，社会集团、军队士兵均可采用。

　　编者在本书中对体育游戏作了系统的概论，包括"游戏在教育上的价值""游戏在人类生活中之需要性""游戏教材之选择及编配""教学游戏的要点及其程序"。

　　一　游戏在教育上的价值　游戏为体育教材之一部门，其功能不单对体育教学本身辅助很多，即与整个教育贡献尤大，所以近代先进各国，一般教学专家，无不重视之，按游戏教学除发达身体内外各器官之功能，以谋全体平衡发育之体育共同目标之外，尚寓有：顺应人的爱好活动的本性，发展其运动能力，以养成日常生活、国防需要之运动技能；培养勇敢、敏捷、耐苦、诚实、公正、快乐、牺牲、服务、守法、合作、互助、爱国的公民道德，以作复兴民族御侮抗敌的准备；以及养成爱好活动之习惯，以作国民正当娱乐的基础。这是人类生存条件，亦是整个教育的目的。

　　二　游戏在人类生活中之需要性　人类除吃饭、睡觉、工作之外，便是休息和游戏，这是自然的规律，天赋的本性；在生理心理方面，均需要有相当的时间及适宜之游戏，以为生活之调剂。如精神不足，则影响健康，减低工作效率，妨碍国家生产；反之，精力过剩，则胡作非为，影响社会治安，关系之大，于此可见一般（斑）。

　　三　游戏教材之选择及编配　选择及编配游戏教材，必须适合儿童身心两方面为原则，因为各个年限的儿童，其游戏方式及兴趣成分不同，兹就儿童发育上，分五阶段简述之：1. 从出生到三足岁、2. 从四岁到七岁、3. 从八岁到十岁、4. 十一岁到十四岁、5. 十五岁后是第五阶段。

　　四　教学游戏的要点及其程序　教学游戏时，要注意学生的利益及身心的发育，教师不要固执自己的意见，态度要郑重和蔼，事先要准备充分，方法要讲述简明，要因势利导，着重兴

趣，少用消极的体罚……[1]

七、战争时期体育教科书的特点

（一）以小学教材为主，单项教材居多

我们对这一时期的体育教科书进行了统计整理，发现小学教材数量最多，而且单项教材居多，即以课程标准规定的某个项目为主来编写教材，如：周鹤鸣的《小学垫上运动与叠罗汉》（正中书局1948年版）包括的内容为垫上运动和叠罗汉；彭泽芬的《小学韵律活动补充教材》（教育部国民体育委员会1945年版）就只包括韵律活动，它分基本听音动作和舞蹈（唱歌、歌舞）两部分，都是围绕韵律活动组织教材内容。周鹤鸣等编写的《初中器械运动》是根据国民政府教育部颁布的体育课程标准编写的，供三年教学之用，全书共分为八章，第一章器械运动之意义，第二章教学，第三章部位与名称，第四章器械之设置与保管，第五章初中各年级单杠教材，第六章初中各年级双杠，第七章初中各年级木马，第八章初中器械上叠罗汉。教材都是围绕器械来设计体操动作。这一时期系统成套的教材少，笔者统计只发现《小学体育教本》第一至第六册一套，这是根据体育课程标准编写而成的小学一到六年级的教材。初、高中体育课程标准中就指定初高中使用重印版"体育教授细目"系列作为教科书。

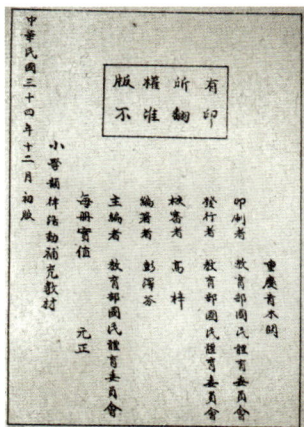

图4—7　《小学韵律活动补充教材》，彭泽芬编著，教育部国民体育委员会出版，1945年版

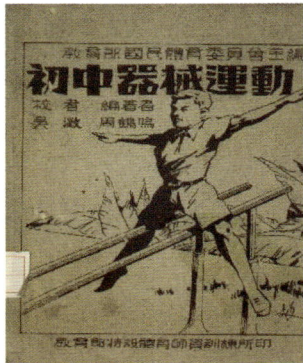

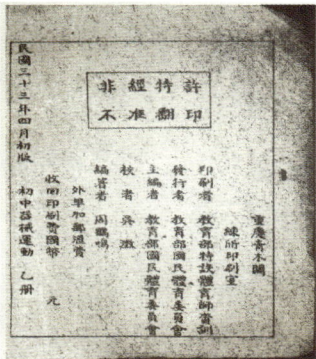

图4—8　《初中器械运动》封面和版权页

[1] 宗嘉谋. 体育游戏一百则[M]. 上海：正中书局，1947：2-3.

战乱时期体育的异化

（二）多根据个人体会或心得编写

本时期的教材多是作者依据自己多年的教学心得或者训练经验编写的，如彭泽芬的《小学韵律活动补充教材》就是作者结合十几年教学的经验编写而成。该书序言所述，"彭泽芬女士，性好音乐，尤长于'韵律活动'，曾在昆明任教时，与之同事有年，常见彭女士于授'韵律活动'功课，领导诸生操作时，莫不皆大欢喜，尽兴而散，考其所以致此之由，固由其教授之得法，而其取材之新颖与得当，尤为成功之主因"[1]。再如程登科的《战时体育补充教材》，其中教材设置的教学环境是模仿战时的地形等环境，教材的内容也是由作者在各个报纸杂志多年发表的一些文章积累而成的。温敬铭编写的《短兵术》（教育部国民体育委员会1945年版）是作者根据研究国术及中西体育的心得，经过多次修改和数年的试验编写而成的。这些教材都是由国民政府教育部国民体育委员会主编和出版发行的，多用毛笔抄写。

---

[1] 彭泽芬. 小学韵律活动补充教材[M]. 上海：正中书局，1945：1.

本章小结

　　抗日战争时期是中国教育史上比较特殊的一个时期，体育教科书的发展也经历了很大的起伏变化。一是体育课程标准的颁布、教科书的出版与最后实施存在很大差异。从全民族抗战至新中国成立前，国民政府颁布了多部有关体育教科书的法规文件，进行了两次课程标准的修订工作。有关学校体育的法规、标准、大纲、章程中，对体育课程目标、教材内容、教学方法等都作了较为明确的规定。但由于战乱等原因，这些体育课程法规、文件及要求，以及与"体育教授细目"系列为教材搭配进行教学改革的计划，均未得到全面实施，体育课程和教科书的相关规定形同虚设。

　　二是应战时需要，中学以上增加军事训练内容。抗日战争使得这一时期的体育教科书呈现迎合战时需要的特点。国民政府教育部规定在中学以上进行普遍的军事训练，针对男女生提出不同的训练内容，重视军事、国防所需运动技能的项目及非常时期的身体锻炼，对学生进行爱国主义教育。有关当局也加强了对学生的身体训练和军事训练，体现了以军事精神完成体育军事化的思想。根据战时体育方针和1940年3月公布的《各级学校体育实施方案》的要求，学校体育普遍增加了战时教科书的内容，编写了战时体育教材和有关童子军的教材。

　　三是编审制度不断变革，教科书由国家审定的基本宗旨没有改变。自清末废科举、兴新学，我国官方组织编写体育教科书以来，一直采用私家编写出版、国家审定的方式。各出版社公开竞争、各显其能，"优存劣汰"，为提高教科书的质量创造了条件。但是，当时有不少私家出版的教科书"其编制、方法、取材内容，每多稗贩"，"对于国家政策之推行，不能互相呼应"。鉴于此，国民政府教育部于1932年设立教科书编辑委员会，后改隶国立编译馆。国立编译馆成立初期，主要从事教科书的审查工作，"全国经费用于审查教科图书者十分之七"。1932年，国民政府教育部先后颁布《教科图书审查条例》《审查教科图书共同标准》，明确规定各级各类学校采用的教科书不能违背三民主义、党纲及精神，以符合教育目的、学科程度及教科体裁为合格。

　　四是编写出版数量小学多于中学，教材内容有所扩展。体育教科书编写出版数量依旧是小学多于中学。教科书的选编注意结合国情，既有国际上普遍实施的田径、体操、韵律操等竞技体育内容，又有民族传统体育、节令风俗体育及培养学生适应生活的野外体育活动等内容，对培养学生良好卫生习惯和教授保健知识方面也给予了一定重视。这一时期新编了一批单项教材，既有师资培训用书，也有作为学校教材的拓展。总体来看，教材内容有所扩展，以走步、体操、游戏为主的三段教科书内容逐渐演变为以田径、球类、体操和韵律活动为主的体育活动内容。教材内容体系逐步走向生活化、娱乐化、竞技化，但以竞技化的教材内容为主。[1]

[1] 耿培新. 中国百年教科书史体育卷[M]. 北京：人民教育出版社，2020：112-114.

本章小结

后　记

　　教科书是指课堂内外较适合学生使用的教学材料，是供给学校师生用以施行教学的一种工具，或者说是教师用以训练学生，教他们如何学习知识的一种工具。虽然它并不能完全承载人类创造的所有知识和经验，但是书本是扩展学生见闻、使学生增进知识最有效的途径之一。清末民国时期的体育教育作为从国外引入的科目，虽然其内容和形式都不如语文、历史等学科那么丰富，而且发行出版的教材基本上是教师用书，但是它对我国的学校教育却具有重要的价值。

一、传播体育知识，培养社会需要的合格人才

　　教育离不开教材，教科书最大的特性就在于它的教育性，其主要目的是宣传新知识、新思想，以培养社会需要的合格人才。教科书的教育价值主要借助课堂这种特定的场合，通过教师的教授、传播来实现。在学校教育过程中，教科书作为师生之间的媒介引起教与学双方的互动，在知识传播中发挥着重要作用。假如没有教科书这类载体，单凭教师口授，学生没有依凭，知识传播的速度和效果就会受到影响，学生接受知识的数量受到限制，质量也就难以保证。"从教材发展史上看，教材自产生起，就具有社会教化和培养人的双重任务。"[1]清末民国时期的体育教科书就是通过对当时学生各种体育知识的传播和理念的灌输，以培养当时社会需要的合格人才。首先，清末的体操教科书传播的主要是兵士在战争中所需要的知识，培养兵士所需要的技能，以培养军国民。其次，以传播西方近代体育知识为主的体育教科书传载强身健体的方法，规范儿童的各种行为习惯，有效提高国民身体素质。最后，传播与强身健体相关的人体运动科学知识，力图使学生通过对这些知识的掌握来锻炼身体，强健体魄，成为合格的公民。

二、传播体育教材教法知识，丰富了现代体育教学法内容

　　教材是教师教学工作的主要依据，或者说是其教学活动的"话本"或"剧本"，它可以减轻教师的工作量，缩短讲述时间，为教师采用创造性教学策略提供有利条件。[2]清末民国时期的中小学体育教科书传授了很多现代的教育教学知识、教材法等。通过体育教科书介绍体育教材教法，使教

---

[1] 曾天山. 教材论[M]. 南昌：江西教育出版社，1997：30.

[2] 曾天山. 教材论[M]. 南昌：江西教育出版社，1997：33.

师掌握现代体育教育教学知识是其主要功能之一。

三、体育教科书成为近代西方体育传入的主要媒介

清朝末年，教会学校开办的新式学堂把田径、球类运动等体育项目作为课外活动。《奏定学堂章程》正式颁布后，体操被列为学校的必修课程之一。这样，无论是瑞典还德国的体操，抑或是源自美国的篮球、英国的足球、田径等现代体育项目，还是近代自然科学，如生理学、解剖学、卫生学等，都被作为体育教科书的内容，在各级各类学校教授。而且，较为科学完整的欧美近代体育规程、竞赛的组织、具体项目的运动规则以及竞技运动发展的历史等相关知识也被列入教科书的内容。与此同时，清末民国时期的体育教科书中出现的大量的有关体育教科书或其他学科教科书，以及体育器材等的广告，起到了对教材和体育器材的宣传作用，体育教科书成为欧美近代体育传入中国的主要媒介。

四、逐渐完备的编写体例为现代体育教科书提供了范式

清末民国时期的中小学体育教科书种类，经历了由单一到多元的过程，从清末只有自日本引入的体操教科书，到南京国民政府时期出现多种体育教科书，再到出现从小学一年级到高中三年级每学期分册的全套教科书。其编写体例也逐渐完善，教科书内容也愈发丰富，分类也越来越科学。

清末民国时期的体育教材采用了多种分类方法，按人体解剖的部位来进行分类是清末体操教科书的主要分类方法。此外也有按运动项目的名称来分类的，也有按照人体基本活动能力来分类的，即以人的走、跑、跳、爬等动作技能来划分教材内容。此外还有综合分类法，即几种分类方法混合在一起使用，教材的一部分采用一种分类方法，另一部分采用其他分类方法。从教材内容的排列方式看，清末的教材基本采用直线式排列方法，到了南京国民政府时期，体育教材的排列方式就有直线式排列、螺旋式排列和混合式排列几种方式，这些教材排列的方法直到今天仍然是体育教科书排列的方法。

清末民国时期的中小学体育教科书种类、教材内容的分类方式、教材的排列方式，都为当今中小学体育教科书的编写提供了很好的借鉴和参考。

五、反映了中国近代学校体育思想演变的过程

体育教科书是一定时期的教育方针和教育宗旨的具体反映。新的教育方针的确立，以及西方各种体育思想的输入，都引起了人们体育教育观念的更新。这些新的教育理念在中小学体育教科书中得到了体现，它极大地影响了中小学体育教科书的发展，同时，我们也可从中小学体育教科书中反

观这些思想在中国的演变进程。如清末民初的军国民主义体育思想、国民政府时期的自然主义体育思想以及抗日战争时期的军事体育化和体育军事化思想等，这些思想均在体育教科书中得到了体现。

清末民国时期，体育教科书的发展有很多历史经验教训值得我们借鉴，对我们今天的体育教科书的编写亦有着很好的启示作用。如教育宗旨、学制、课程标准等对体育教科书编写的影响，在编写教科书的时候必须综合考虑教师、学生和社会三者的需要，要建立优秀的体育教科书编写和研究团队等。只有总结过去的经验，结合时代的需求，才能编写出更好的、能切实为社会主义建设服务的体育教科书。

本书是在我的博士论文的基础上经过重新修改和加入部分资料编写而成，本书能够出版首先要感谢我的博士生导师石鸥教授，是先生的高屋建瓴引领我走入体育教科书的研究。感谢首都师范大学教科书博物馆提供了大量的清末民国时期体育教科书插图。更要感谢广东教育出版社孔婷编辑的精细编校，她为本书的编写修改做了大量的工作。本书的写作也参考和借鉴了同行专家、学者的有关论著，吸收了他们的许多研究成果，在此表示诚挚的感谢。

鉴于鄙人学识浅陋，研究还有很多不完善的地方，在此，恳请各位专家、学者、同仁不吝赐教！

2024年6月于长沙

（刘斌，湖南师范大学教授、硕士生导师，全国学生体质健康抽查复核测试组专家）